Tier und Totem

Sigrid Hellbusch
Hermann Baumann
Kurt Derungs (Hg.)

TIER UND
TOTEM

Naturverbundenheit in archaischen Kulturen
Texte zum Totemismus

edition amalia

Umschlagbild: Wandmalerei indischer Urstämme (Warli)
Gesellschaft für bedrohte Völker, Waisenhausplatz 21, CH-3011 Bern

**Hellbusch, Sigrid/
Baumann, Hermann/Derungs, Kurt (Hg.):**
Tier und Totem.
Naturverbundenheit in archaischen Kulturen.
Texte zum Totemismus.
Bern 1998
ISBN 3-905581-03-5

1998

© edition amalia, Humboldtstrasse 43, CH-3013 Bern
Herstellung: Lang Druck AG, Bern

Inhaltsverzeichnis

Kurt Derungs

Ototeman

Eine erstaunliche Fülle von europäischen Wildgeistersagen berichtet von Begebenheiten, die in der Presse von realen Personen geschildert werden und als unterhaltsame Kuriositäten wiederkehren. Die Ereignisse sind folgende: Ein Mann erschlägt auf dem Weg ohne Notwendigkeit eine Kreuzotter. Aus Überheblichkeit nimmt er die tote Schlange und knüpft sie an einem Baumast auf. Er geht nach Hause und vergisst die Sache. Zur selben Zeit ist seine Frau schwanger. Als die Frau das Kind auf die Welt bringen sollte, erleidet sie eine Fehlgeburt, was der Schlangentöter plötzlich in Zusammenhang mit seiner Untat sieht. Oder ein langjähriger Wilderer lässt ein Reh qualvoll in seiner Schlinge verenden. Nach einer gewissen Zeit bekommt der Mann gesundheitliche Probleme und heftige Arm-Schmerzen. Diese verfolgen ihn über Jahre hinweg und treffen auch seine Familie, da sein kleiner Sohn ständig krank ist.

Besonders dramatisch sind Berichte von den Philippinen. In einer Zeitschrift in Manila wird eine junge Familie geschildert, in der die Frau gerade ihr zweites Kind, einen Sohn, zur Welt gebracht hatte. Eines Nachts erwacht die Mutter durch das Schreien des Babys und beginnt, das Kind zu stillen. Während sie das Kind hält, bemerkt sie jedoch plötzlich etwas Kaltes ihren Arm entlanggleiten. Es stellt sich am folgenden Tag heraus, dass sich ein kleines Schlänglein beim Kind aufhält und mit ihm weilt. Das Tier wurde als ein Omen angesehen, da das Kind auch keine Verletzungen aufwies. Die Familie und die Hebamme beschlossen, die Schlange nicht zu töten, jedoch gesondert vom Kind zu halten. Daraufhin verweigerte das Baby die Mutterbrust, und erst, nachdem das Schlänglein aus seinem Gefängnis befreit wurde und wieder beim Kind weilte, beruhigte es sich. Wenige Tage später holte die Hebamme einen „weisen Mann", der sich das Kind und das Tier anschaute und die Situation folgendermassen erklärte: „Die Schlange ist der Zwilling des Babys, aus dessen Ei geschlüpft im Augenblick seiner Geburt. Schlange und Baby hatten einander gefunden. Beide waren darüber glücklich, konnten sie doch nun zusammen aufwachsen. Der Familie sollte das nicht zum Schaden gereichen: finanzieller Erfolg sowie gute Ernten würden nicht auf sich warten lassen. Sie würden mehr haben als jemals erträumt. Freilich sei eine Warnung angebracht: Man solle sich hüten vor, gleichzeitig aber doch gewappnet sein für Herzeleid. Wohlstand werde das Kind ihnen bringen, zugleich aber schmerzvolle Erfahrungen. Eine Schlange sei eine Schlange, man dürfe ihr nichts antun. Ihr Sohn aber sei ihr Sohn."

Die Familie akzeptierte ihr Schicksal und liess Sohn und Schlange zusammen aufwachsen. Nur die Mutter konnte sich nie mit diesem Anblick abfinden, schwieg jedoch, da sich tatsächlich beruflicher und finanzieller Erfolg einstellte. Zu ihrem Unglück stellte sich nach einiger Zeit heraus, dass die Hausschlange auch andere Schlangen anzog, die im Haus und beim Kind weilten und es freundschaftlich behandelten. Allmählich wurde die junge Frau krank, litt unter Schlaflosigkeit und musste psychiatrisch betreut werden. Die Diagnose des Arztes war, dass nur ein Leben ohne Schlange für die Frau Hoffnung versprechen würde. In Sorge und Verzweiflung schlich ihr Mann eines Nachts in das Schlafzimmer des damals zweijährigen Sohnes, suchte die Schlange, die dem Kind zugeordnet war, und erschlug sie mit wenigen Hieben. Gleichzeitig zuckte der Körper des Kindes im Schlaf ein einziges Mal zusammen. Am nächsten Morgen lag das Kind tot im Bett. Der Gesundheitszustand der Frau aber besserte sich, und nach einiger Zeit bekam sie ein drittes Kind. Schlangen spielten in ihrem Leben keine wichtige Rolle mehr.

Sogar noch übereinstimmendere „Märchen-Motive" werden von den Philippinen berichtet. So wird ein junges Mädchen geschildert, das ebenfalls eine Zwillings-Schlange von Geburt an besass. Das Mädchen spielte mit dem Tier, und überall dort, wo sich das Kind hinbegab, folgte ihr auch die Schlange. Dies dauerte so lange, bis das Mädchen etwa neunzehn Jahr alt war und heiratete. Von da an verschwand die Geisterschlange. Als nun die junge Frau ihr erstes Kind zur Welt brachte, starb dieses. Alle anderen Kinder jedoch blieben am Leben. Dazu gehören Berichte über alte Frauen und Männer, die eine Zwillings-Schlange besassen. Als die entsprechenden Personen starben, fand man das Tier, das sich oft im Korn- oder Reisspeicher aufhielt, ebenfalls tot daliegen.

Solche Begebenheiten werden immer wieder berichtet, und es stellt sich nun die Frage: Hat hier, wie im Fall des jungen Mädchens, eine Art Austausch der Existenzen - der menschlichen mit den tierischen - stattgefunden? Hat sich der Lebensgleichlauf des Mädchens auf ihr Kind übertragen, so dass beim Tod der Schlange auch das Kind sterben musste? Oder ist das nun einfach alles spannende Unterhaltung? Und schliesslich: gibt es eine plausible Erklärung für diese Fälle? Aus ethnologischer Sicht kennen wir durchaus solche Phänomene, und sie lassen sich mit Vorstellungen erklären, die bis heute im Totemismus überlebt haben. Dort ist die Vorstellung von einem tierischen Zwilling, einem Zweiten Ich, durchaus eine reale Anschauung, wenn nicht ein Hauptmerkmal des Totemismus überhaupt. Ähnliches finden wir aber nicht nur in der Religions-Ethnologie, sondern auch in zahlreichen Mythen, Märchen und Sagen. Eines der bekanntesten ist das Märchen von der Unke. Solche Lebensgleichläufe sind nach der Lektüre dieses Buches sicher verständlicher.

Der Totemismus selbst ist ein weltweites Phänomen, besonders aber in aussereuropäischen Kulturen in Randgebieten noch lebendig. In Europa erinnern nebst den unschätzbaren und recht häufigen Erzählungen noch gewisse Bräuche und Kulte an einstigen Totemismus. Spuren und Relikte finden wir hier vor allem in der Anschauung der Kinderherkunft aus der seelenvollen Natur: Steine, Quellen, Gruben und Bäume dienen oder dienten als Seelenträger und können mit den Totemzentren der australischen Aborigines und mit deren Ahnenkult verglichen werden.

Das Wort „Totem" wiederum ist nordamerikanischer Herkunft und gelangte im Zuge der europäischen Kolonisation nach Europa. Die Algonkin-Indianer nennen ihr entsprechendes Tier oder Wesen ototeman, was mit „er ist aus meiner Verwandtschaft" übersetzt werden kann. Freilich ist Totemismus nicht gleich Totemismus, und kulturelle Bedeutungsunterschiede wie regionale Entwicklungen müssen immer auch mitberücksichtigt werden. Dazu kommt die beschränkte Berichterstattung der Untersucher, ihr eigenes Weltbild und ihre Sozialisation.

Dennoch lassen sich meines Erachtens sowohl Grundzüge wie auch Frühformen des Totemismus herausarbeiten, die ich in der Abstammung und der verwandtschaftlichen Beziehung von Mensch und Totem sehe, in der oben beschriebenen Vorstellung des Zweiten Ich (Lebensgleichlauf), in der Verwandlungsfähigkeit von Mensch und Totem, in der Kinderherkunft bzw. der sogenannten „übernatürlichen" Empfängnis und schliesslich in einer Art Reinkarnation bzw. einem alten Wiedergeburtsglauben, der mit einem zyklischen Denken und einer ausgesprochenen Ahnenverehrung zusammenhängt.

Somit will dieses Buch Anregung und Querschnitt zugleich sein, sich heute wieder eingehender mit dem Totemismus zu beschäftigen. Interessanterweise fand nämlich ein verwandtes Phänomen, der Schamanismus, zwar breiten und populären Eingang in die westliche Literatur - ich erinnere z.B. an die Heilungsrituale und an die medizinischen Untersuchungen -, jedoch nicht der hochaktuelle Totemismus. Aktuell deswegen, weil er nicht nur für Mythen, Märchen und Sagen erklärend sein kann, sondern auch als Grundlage eines anderen Naturverständnisses anwendbar ist. Offenbar hat die etablierte Ökologie, die ethnologische Erkenntnisse notorisch ausklammert, den Totemismus ebenso „vergessen" oder verdrängt, wie dies die sogenannten Hochkulturen geschichtlich getan haben. Gerade aber in der praktischen Ökologie wären die bestehenden Mensch-Natur-Beziehungen zu hinterfragen und neue Modelle aufzubauen. Ich erwähne z.B. die von mir konzipierte Landschaftsmythologie, die mit solchen Modellen erfolgreich arbeitet.

Die Texte selbst sind teilweise schon etwas älter, haben jedoch von ihrer Qualität nichts eingebüsst. Ausgewählt wurden deutschsprachige Vorlagen, die überblicksmässig in das Thema einführen. Es hat sich nämlich folgendes, ethnologisch-kulturelles Problem gezeigt: Die sogenannten „Primitiven" oder Ureinwohner sind in den letzten Jahrzehnten nicht mehr ohne weiteres bereit, dem weissen Mann als ethnologische „Rohstofflieferanten" für seine philosophischen Analysen zu dienen. Zu Recht verweigern sie Aussagen oder geben falsche Informationen - oder bestätigen das, was man hören will. Da auch der Totemismus sich verändert oder langsam verschwindet, sind somit ältere Untersuchungen von unschätzbarem Wert, wenn wir sie auch kulturkritisch zu lesen haben.

So wird des öfteren geschrieben, der Totemismus gehe auf eine vaterrechtlich-patriarchale Jägerkultur zurück, die dann auch noch in die Vorgeschichte der Menschheit projiziert wird. Erstens hat sich auch der Totemismus (und Schamanismus!) entwickelt, so dass wir kulturgeschichtlich besonders die Frühformen im Auge behalten sollten. Hier sprechen die Anzeichen eher für eine Tier- und Pflanzenwelt mit einer entsprechenden „matrizentrischen" Gesellschaft. Zweitens fehlt auch im Totemismus eine breite Geschlechterforschung, sowie eine weitergehende Untersuchung zum Thema Totemismus und Matriarchat. Es hat sich nämlich gezeigt, dass zahlreiche Kultur- und Kultgegenstände wie z.B. das Schwirrholz der Aborigines, das heute den Frauen bei

Strafe vorenthalten und nur den Männern vorbehalten ist, in den Mythen einstmals von den Frauen erfunden oder wenigstens besessen wurde. Es waren die Frauen, welche die Zeremonien ausführten, die heute so gerne als männlich beschrieben werden. Man vergleiche in diesem Buch die Arbeit von Sigrid Hellbusch.

Hier haben wir noch einen weiten Weg vor uns, um die totemistischen Phänomene kulturgeschichtlich aufzuarbeiten und in ihren ursprünglichen Zusammenhängen zu verstehen. Dazu bietet sich dieser Sammelband an, wenn wir uns mit den Texten etwas länger beschäftigen und über die Aussagen reflektieren. Schliesslich ist es ein Thema, das nicht nur den Menschen und die natürliche Mitwelt einander näherrücken lässt, sondern auch ein Gebiet, das Menschen mit ganz verschiedenen Kulturhintergründen miteinander verbindet oder sie wenigstens gemeinsame Züge, Motive und Denkweisen erkennen lässt.

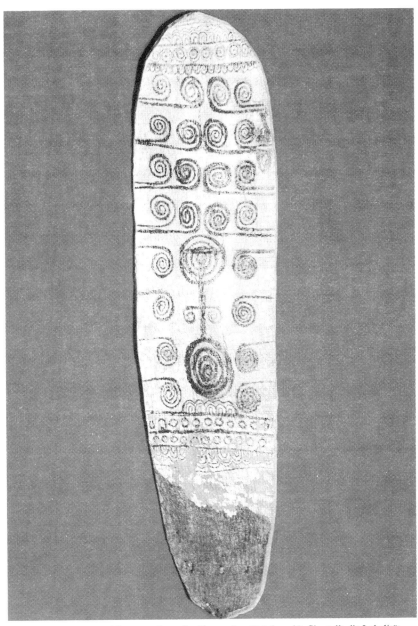

Rindenmalerei eines Njangomada aus La Grange (ca. 30 Jahre alt). Sie stellt die Lokalität seiner spirituellen Präexistenz dar. Die zwei mit einer Linie verbundenen konzentrischen Kreise in der Mitte sind zwei Wasserlöcher, an denen er sich als „jadangal" = Geistkind vor seiner Geburt aufhielt. Die Spiralen sollen das die Wasserlöcher umschliessende Buschland wiedergeben. Die sich um drei waagerechte Linien gruppierenden, abschliessenden Ornamente werden als felsiger Hügelzug gedeutet.

Helmut Petri

Traum und Trance

Als im Jahre 1788 die Engländer im Südosten Australiens die Straf-
kolonie Neu-Süd-Wales begründeten, soll es schätzungsweise im gesamten Erdteil nicht mehr als 300'000 dunkelhäutige „Ureinwohner"
gegeben haben, die sich in etwa 500 Stämme oder sonstige erweiterte
Sozialverbände und eventuell ebenso viele Sprachen oder Dialekte
aufgliederten. Diese von den Anthropologen vorwiegend dem „australiden" Formenkreis zugeordnete Menschheit hatte vor der Ankunft der
Weissen in einer relativen Isolierung existiert. Von den welthistori-
schen Prozessen nur schwach berührt, lebten diese Menschen für viele
Jahrtausende in einem zu fast vier Fünftel aus Trockensteppe bestehenden Erdteil, der fremden Eroberern, also auf Expansion bedachten eth-
nischen Gruppen, kaum Anreize zu bieten hatte. Ökonomisch verharr-
ten sie in ihrer Gesamtheit in einem schweifenden Jäger- und Sammler-
tum. Dieser sich überall gleichbleibenden wildbeuterischen und halb-
nomadischen Lebensweise entsprach ein bescheidenes und in techno-
logischer Hinsicht nur wenig differenziertes Inventar an materiellem
Besitztum. Die Grundlagen der gesellschaftlichen Organisationsformen
bildeten die sich aus einer oder auch aus mehreren erweiterten Familien
konstituierenden Lokalgruppen, die jeweils die wirtschaftlichen und
politischen Einheiten darstellten, jedoch von einem kontinentweiten
und recht komplizierten System der Verwandtschaftsordnung durch-
schnitten wurden, das sich weniger nach dem Prinzip blutmässiger Bindungen, sondern vorherrschend nach sozialen, durch Mythos und Tradition sanktionierten Normen orientierte. Grössere, über den engen
Rahmen der Lokalgruppe hinausgreifende gesellschaftliche Zusammenschlüsse konnten nur in Ansätzen festgestellt werden. Die religiösen
und philosophischen Vorstellungen, die diesem hier nur in groben Um-
rissen gezeichneten Kulturmuster Inhalt und Substanz gaben und zum
Teil auch heute noch geben, kristallisieren sich um die Zustände des

Traumes oder der Trance als kreative Prinzipien und einer daraus resultierenden Ordnung der Welt und des Kosmos, die von der ethnologischen Wissenschaft als „totemistisch" bezeichnet wurde.

Was ist nun von diesen in sich ruhenden und durch ihre tradierten
Wertsysteme geformten Kulturen der farbigen Australier voreuropäi-
scher Zeit bis heute übriggeblieben? Bis zu welchem Ausmass ist es
diesen oft fälschlich als „primitiv" und als „überlebende Monumente"
früher Menschheitsentwicklungen kategorisierten Völker möglich gewesen, ihr kulturelles Erbe bis in die Gegenwart einer industriaiisierten
und nivellierenden Weltzivilisation zu bewahren?

Im Verlauf der 175 Jahre, die seit der ersten Landnahme durch die
Engländer vergingen, erloschen die meisten Stämme oder Gruppen der
dichter besiedelten Randgebiete des australischen Südens. Die wenigen
Familien oder Individuen, die diesem graduellen Völkertod entgingen,
wanderten teils ab, teils wurden sie gezwungen, sich dem neuen Le-
bensstil der Weissen irgendwie anzupassen. Nicht ganz so düster ist
das Bild in den Gebieten bisher noch schwacher europäischer Sied-
lungskonzentration: in den trockenen Zonen des Inneren und im nördlichen Küstengürtel. Die alte Lokalgruppenverfassung und die sich mit
ihr verbindende uneingeschränkte Wildbeuterwirtschaft existieren hier
nicht mehr, und neue gesellschaftliche Zusammenschlüsse in partieller
ökonomischer Abhängigkeit von der weissaustralischen Kolonialzivili-
sation traten an ihre Stelle. Andererseits ist es aber eine Beobach-
tungstatsache, dass die Angehörigen solcher neuen sozialen Bildungen
in ihrer überwiegenden Mehrzahl an den überlieferten Wertsystemen
festhalten. Unter Einwirkung des abendländischen Gesellschafts- und
Kulturtypus unterliegen zwar diese tradierten Wertsysteme bestimmten
Modifikationen und Anpassungen an neue Situationen, aber ihre Substanz, also ihre zeitlose Verbindlichkeit auch für den in teils loserem,
teils engerem Kontakt mit den Europäern lebenden Farbigen, wird dadurch kaum betroffen.

Was dürfen wir nun unter „Totemismus" verstehen? Es ist damit
gemeint eine bestimmte Anschauungsweise von der Natur und dem
menschlichen Dasein, die sich unseren herkömmlichen Verstandeska-
tegorien nur sehr schwer erschliesst. Nicht nur für die Australier, sondern auch für viele Völker älterer und neuerer Zeit wurde sie zu einer
ganz wesentlichen Grundlage ihrer geistigen, sozialen und wirtschaftlichen Lebensbewältigung. Im Jahre 1881 bezeichnete Frazer den Totemismus als ein auf Wechselseitigkeit beruhendes emotionales Verhältnis zwischen einer Menschengruppe einerseits und einer Manife-

station der Natur andererseits. Eine präzisere Definition des Totemismus ist nicht denkbar, und so steht sie bis auf den heutigen Tag. Trotzdem reicht sie nicht aus, dieses Erscheinungsbild in der verwirrenden Vielfalt seiner Formen unserem Verständnis voll zu erschliessen. Die Feststellung, dass bestimmte Menschengruppen zu einem Tier, zu einer Pflanze oder zu einem sonstigen Naturphänomen in einer rational nur schwer fassbaren Relation stehen, die unter Umständen auf dem Glauben an einen gemeinsamen mythischen Ursprung beruht, besagt als solche nur wenig. Das eigentliche Problem ist, welchen Einfluss diese Beziehung auf die Denknormen, die Überlieferungen und die sozialökonomischen Lebensformen solcher - nach ethnologischer Sprachregelung als „totemistisch" klassifizierten - Menschengruppen nimmt. Hier beginnen die echten Schwierigkeiten, und wir sehen uns einer höchst komplexen geistigen Welt gegenübergestellt, die mit unseren Denkkategorien nur schwer bewältigt werden kann.

Vielleicht dürfen wir den Totemismus in seiner spezifisch australischen Form als eine Weltbetrachtung ansprechen, die den Menschen und seine gesellschaftlichen Zusammenschlüsse aus der Umwelt organischer und anorganischer Natur, in die sie hineingestellt sind, aber auch aus der Welt des Übersinnlichen nicht herauslöst. Der Mensch, der Kosmos und die Natur in der Vielfalt ihrer Erscheinungsformen, aber auch die jenseitigen Dimensionen werden in der philosophisch-religiösen Sicht des farbigen Australiers zu einer Einheit, zu einem Ganzen, das schliesslich die uns gewohnten Kategorien Raum und Zeit bis zu einem gewissen Grade bedeutungslos werden lässt. Es verschwimmen die Grenzen zwischen Vergangenheit, Gegenwart und Zukunft, zwischen diesseitiger und jenseitiger Welt. Ein Denken in geschichtlichen Abläufen hat hier keinen Raum.

Damit soll aber nicht gesagt sein, dass die Australier Menschengruppen ohne Geschichte waren. Sogenannte geschichtslose Völker liessen sich bisher nirgends nachweisen.

Die fernere Vergangenheit - und man versteht darunter die rational nicht mehr messbare Zeittiefe vor der Generationsstufe der Grosseltern - wird für den australischen Eingeborenen zur „Ur- oder Traumzeit", „the eternal dreamtime" nach Elkin, um hier nur einen der Autoren zu nenne, die sich mit dem Problem der Ur- oder Traumzeit beschäftigt haben. Es ist die „creative period", also die Periode der Schöpfung und der Institutionalisierung aller geistigen, sozialen, wirtschaftlichen, aber auch materiellen Kulturzüge durch bestimmte mythische Ahnen oder Heroen, die nach Auffassung der Eingeborenen - und selbst auch noch solcher, die in einem engen Kontakt mit der weissaustralischen Gesellschafts- und Wirtschaftsform stehen - eine Weltordnung etablierten, die eine „ewige", das heisst zeitlose, Gültigkeit hat.

Die formative Periode oder die Zeit der Schöpfung, in der Wesen, die göttliche, aber auch menschliche Qualitäten hatten, die Welt so einrichteten, wie sie in den Vorstellungen des traditionsverhafteten farbigen Australiers immer noch existent ist und in Zukunft existent sein sollte, wird - soweit wir das quellenmässig belegen können - als „Traum" oder als Zustand psychischer Entrücktheit bezeichnet. „Altjeringa" bei den Aranda Zentralaustraliens, „tjukurpa" unter den Gruppen oder Territorialverbänden der westlichen Küste, „ungur" unter den Stämmen der zentralen und nördlichen Kimberleys oder „bugarigara" unter den Eingeborenen am Nordrande des Canning Basins (an der Timorsee-Küste Westaustraliens) - um hier nur einige Beispiele anzuführen - sind Begriffe, die sowohl die schöpferische Periode der Urzeit, als auch den Traum- oder Trancezustand eines gegenwärtig lebenden Menschen beinhalten. Aus einer solchen Identifikation der kreativen Periode mit nach unseren gedanklichen Schemata „irrationalen" Erfahrungen lässt sich vielleicht die Schlussfolgerung ziehen, dass der farbige Australier der Gegenwart in Traum und Trance urzeitliches Geschehen nachvollzieht oder neu verlebendigt und damit die Grenzen zwischen Vergangenheit und Gegenwart überwindet.

Ob nun Traum oder Trance der Zustand war, in dem die als „totemistisch" konzipierten Ahnen* ihre schöpferischen und gesetzgeberischen Leistungen vollbrachten, bleibt ein offenes Problem.

Tatsache bleibt, dass alle Kulthandlungen, die ur- oder traumzeitliche Geschehnisse sinngemäss nachvollziehen oder bestätigen, zwar in einer stereotypen und auch gewissen ehrerbietigen Form vorgenommen werden, aber allen Beteiligten Verhaltungsweisen einräumen, die mit paranormalen Erfahrungen einer Entrücktheit oder auch Zuständen einer Ergriffenheit überhaupt nichts mehr zu tun haben. Man verhält sich respektvoll gegenüber alten Männern, die mit den urzeitlichen Ahnen in

---

*Wesen, die ihr Menschsein mit den Qualitäten von Naturspezies, wie Tieren, Bäumen, Pflanzen, oder auch kosmischen, meteorologischen und sonstigen Erscheinungen der belebten und unbelebten Welt vermischten. Beispiel: Der Emu-Vorfahre der xy-Lokal-Tradition hat zwar menschliche Gestalt und ist auch mit allen menschlichen Stärken und Schwächen behaftet, vereint in sich aber gleichzeitig alle Eigenschaften des Emu-Laufvogels, dessen äussere Formen er jederzeit annehmen kann. Wenn es sich auch nach unseren Vorstellungen hier um Fabelwesen handelt, so sollten wir doch nicht übersehen, dass sie für den farbigen Australier eine zeitlos erfahrbare Realität bedeuten. Genau wie in der Ur- oder Traumzeit soll es angeblich auch heute noch bestimmten, in der Tradition tief verwurzelten Schamanen oder inspirierten Medien möglich sein, sich nach Belieben in ihre sogenannten „totemistischen" Partner aus dem Naturreich zu verwandeln, zumindest in den Zuständen des Traumes und der Trance.

Verbindung gebracht werden; man beschäftigt sich in besonders respektvoller Weise mit den „darogo" oder „gogur", den brettförmig geschnitzten und mit konventionellen Motiven ornamentierten Emblemen der ungeschriebenen mythisch-historischen Überlieferung, die in unterschiedlichen Graden mit den totemistischen Heroen in Zusammenhang gebracht werden; sonst aber bleiben bei den „kultischen Handlungen" allen möglichen Improvisationen, Scherzen und sogar Obszönitäten Türen und Tore geöffnet.

Unter den Farbigen am Nordrande der westlichen Küste bezeichnet man ein „business" (Geschäft, Kulthandlung) jedweder Art als „widu widi", das heisst: grosser Spass oder grosses Spiel. Religion, geschichtliche Tradition und Humor schliessen in dieser Welt einander nicht aus. Der tierische Ernst wurde noch nicht erfunden oder wurde unter dem Eindruck der Erfahrungen, die man mit der weissen Zivilisation machen musste, überwunden. Das letzte Wort kann hier noch nicht gesprochen werden. Für alle diese Leute ist „tjukurpa" oder „bugari-gara" und so weiter nicht nur ein Synonym für Traum, Trance und die grosse mythisch-historische Vergangenheit, sondern auch für alle gegenwärtigen Institutionen, Werte und materiellen Dinge, sofern sie in irgendeiner Form durch die Tradition legitimiert werden können.

Gewährsleute des Verfassers der Jahre 1954/55, 1960 und 1963, die den verschiedensten Stämmen oder Territorialverbänden der nördlichen „Western Desert" zugehörten, bezeichneten mit dem Terminus, „bugari-gara" den Gesamtkomplex ihres überlieferten kulturellen Erbes. „Bugari-gara" (= in den Traum hineingehörig) waren für sie die Normen des Verhaltens, die Verwandtschaftssysteme und die daraus resultierenden Eheregelungen sowie sozialen Meidungsvorschriften, sämtliche Institutionen rechtlicher Art und vor allem die verschiedenen Formen des Kult- und Rituallebens, aber auch die sich damit verbindenden Sakralobjekte und geheimen Buschplätze. Unter „bugari-gara" wurden ausserdem verstanden die oft komplizierten totemistischen Bindungen des einzelnen und der Gruppe, die individuell unterschiedlichen inspirativ-medialen Begabungen, mit der jenseitigen Dimension Kontakte zu gewinnen, und schliesslich auch die - allerdings nur in unserer Sicht - äusserst profane wildbeuterische Wirtschaftsbetätigung und das traditionelle dingliche Kulturinventar. Die uns geläufige Scheidung zwischen „sakralen" und „profanen" oder auch „geistigen" und „materiellen" Lebensbereichen hat in der Daseinsbetrachtung des farbigen Australiers einen nur sehr unauffälligen Platz. Als Resultate der Wirksamkeit totemistischer Heroen in der „bugari-gara" (= Urzeit) stehen beide Sphären in einer engen Verzahnung, greifen ineinander über.

Traum oder Trance als schöpferisches Prinzip gehen aber über den bisher vorgezeichneten Rahmen hinaus. In diesem, sich von unseren Vorstellungen einer Wirklichkeitserfahrung abhebenden Zustand, in den der Mensch während des Schlafes passiv übergeführt wird oder den er als Medium oder Inspirierter sogar aktiv herbeiführen kann, vollzieht sich auch die Vermehrung des Menschengeschlechtes und selbst - allerdings nur gelegentlich nachweisbar - die Vermehrung im Reiche der Tiere und Pflanzen. Wir stehen hier an der Schwelle eines ganz wesentlichen Vorstellungskreises der farbigen Australier: Jeder Mensch und gegebenenfalls auch jeder Organismus hat seinen spirituellen Widerpart, sein transparentes, geistiges Abbild, das an eine bestimmte Lokalität gebunden ist und als „präexistent" angesehen wird. In zahlreichen Sprachen oder Dialekten der westlichen Wüste heissen solche Abbilder „jadangal", in den englischsprachigen Quellen vielfach als „spirit-children" übersetzt. Sie gelten als die von den totemistischen Ahnen der Urzeit hinterlassenen Lebens- und Schöpferkräfte, die aus der Vergangenheit über die Gegenwart bis in die Zukunft hinein wirksam sind und die zu den personifiziert vorgestellten Mächten der Fruchtbarkeit und Zeugung werden. Im Zustand des „bugari", das heisst der Trance oder des Traumes, sieht und erlebt ein Vater an einer bestimmten Stelle des Landes das „jadangal", die spirituelle Präexistenz seines zukünftigen Kindes. Diese nahezu transzendente Erfahrung kann für die Menschwerdung von entscheidenderer Bedeutung als der geschlechtliche Akt sein. Es wird verständlich, dass ein solcher, immerhin nicht alltäglicher Fragenkomplex zum Gegenstand einer umfangreichen theoretischen Literatur wurde.

Weniger verständlich bleibt aber, dass ein verhältnismässig grosser Kreis von Autoren diesen „Konzeptionalismus" der Farbigen als ein Symptom „primitiver Geisteshaltung" simplifiziert, als ein Nichterkennen der physiologischen Zusammenhänge zwischen Zeugung, Schwangerschaft und Geburt. Ein kurzfristiges Zusammenleben mit australischen Eingeborenen genügt, um die Erkenntnis zu gewinnen, dass man über diese Dinge genausogut Bescheid weiss wie in allen anderen Teilen der Welt. Es kommt hier nur noch etwas mit hinzu: ein spirituell-mythischer Aspekt, der sich mit unseren rationalen Hilfsmitteln nicht so ohne weiteres bewältigen lässt.

Darstellung eines „Miruru", eines Geistes als individuelle Traumerfahrung eines Garadjeri. Rindenmalerei aus La Grange, Nordwest-Australien.

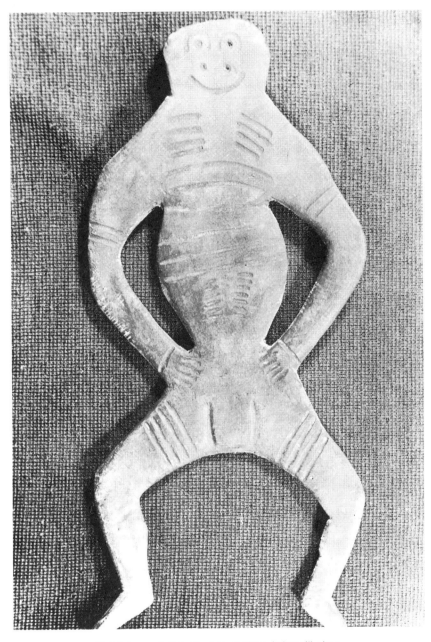

Figürliche geschnitzte Darstellung eines „jadangal", eines
präexistierenden Geistkindes aus dem Jahre 1960, La Grange.

Solche präexistenten Potenzen, die die Bewohner der westlichen Wüste als „jadangal" bezeichnen, sichern nun nicht nur den Fortgang des Menschengeschlechtes, sondern auch die Kontinuität des Naturprozesses in seiner Gesamtheit. Im Kultleben, das ja schliesslich auch unter die Begriffsbestimmung „Traum" und „Traumzeit" fällt, werden die Fruchtbarkeit und Leben spendenden Mächte der Überlieferung aktiviert. Durch rituelle Handlungen und bestimmte Verhaltensweisen versucht man, sich selbst die Gewissheit zu geben, dass eine Konstanz im Naturgeschehen bewahrt bleibt, dass Trockenheit und Regen sich ablösen, dass man Jahr für Jahr eine gute Ernte der wildwachsenden Früchte und Nahrungspflanzen, aber auch eine reiche Jagdbeute erwarten kann. Die Natur wird zu einem Partner des Australiers. Er stellt sie in sein kultisches und gesellschaftliches Leben hinein.

Aus dieser Anschauungsweise erklärt sich vielleicht auch, warum die farbigen Australier niemals zur produktiven Wirtschaftsform des Garten- oder Feldbaues übergingen. Nicht so sehr eine sogenannte „Primitivität" oder, wie das manchmal milder ausgedrückt wird, eine „kulturelle Indifferenziertheit" liess sie im Wildbeutertum verharren, sondern eher die kulturbedingte Überzeugung, dass es die Schöpferkräfte der traumzeitlichen und totemistischen Ahnen sind, die Vermehrung und Wachstum in Natur und Menschendasein bewirken. Auch heute noch, nach teils längeren, teils kürzeren Kontakten mit der weissen Zivilisation, sind viele Farbige davon überzeugt, dass Bodenkultivation einen unzulässigen Eingriff in eine höhere Weltordnung und damit ein Sakrileg darstellt.

Individuen mit einem besonders intensiven Traumleben und mit der Gabe, sich willentlich in Trance zu versetzen, sind Schamanen, Medizinmänner oder inspirierte Medien. In den Sprachen und Dialekten der westlichen Wüste werden sie „maban" genannt, und als Persönlichkeiten von hohem sozialen Prestige nehmen sie nicht selten führende Stellungen im Gemeinschaftsleben ein. Nach Auffassung ihrer Mitmenschen, aber auch in der Selbstbewertung, haben sie die gleichen paranormalen und kreativen Fähigkeiten wie die Wesen der Ur- oder Traumzeit, als deren direkte Rückverkörperung sie bisweilen sogar gelten. In den psychischen Zuständen „bugari", „tjukur" und so weiter können sie sich jederzeit verwandeln, unsichtbar machen, sogenannte Himmelreisen durchführen, Kontakte mit ihren persönlichen Hilfs- oder Schutzgeistern aufnehmen, das Landschaftsbild verändern, Kranke heilen, Einfluss auf das Wetter nehmen und anderes mehr. Ausserdem werden ihnen hellseherische Fähigkeiten zugesprochen. In Traum oder

Trance erkennen sie zukünftiges und räumlich weit abliegendes Geschehen und gewinnen damit die Möglichkeit, auf das soziale, politische und wirtschaftliche Handeln ihrer Gruppe bestimmend einzuwirken. Schliesslich haben die „maban" noch eine Funktion, die in der ethnographischen Literatur bisher nur unzureichend berücksichtigt wurde: Viele ihrer Traum- und Tranceerfahrungen gestalten sie zu dramatischen Gesanges- und Tanzkompositionen geheimen und öffentlichen Charakters, die als geistig-literarische Güter von Gruppe zu Gruppe und von Stamm zu Stamm weiter verhandelt werden.

Abschliessend soll nur noch darauf verwiesen werden, dass die farbigen Australier auch ein Traumerleben kennen, dem sie keinerlei kreative Bedeutung beimessen, das sie teils ignorieren, das sie teils beängstigt oder das sie auch zu bestimmten Gedanken und Vorstellungen anregt. Diese, vielleicht als „alltäglich" zu bezeichnenden Träume - und es gehören dazu auch solche, die sich in einer gewissen Stereotypik wiederholen - bilden eine eigene interessante Thematik, die hier jedoch nicht berücksichtigt werden kann.

Bernhard Ankermann

Verbreitung und Formen des Totemismus

Definition des Totemismus

Totemismus ist ein dauerndes Verhältnis zwischen einer Menschengruppe und der als Totem bezeichneten Klasse von Objekten. Es erheben sich nun die Fragen: Welcher Art ist die Menschengruppe, welcher Art das Totem und welcher Art das Verhältnis zwischen beiden?

Die Menschengruppe ist naturgemäss, da sie sich dauernd erhalten soll, die Familie, die Sippe, allgemein gesagt, eine aus allen denjenigen bestehnde Gruppe, welche gemeinsamer Abstammung zu sein glauben und sich daher als Blutsverwandte betrachten. Welche Personen zu dieser Blutsverwandtschaftsgruppe gehören, bestimmt sich natürlich durch die Art, in der die Abstammung gerechnet wird. Ich werde für diese Gruppe im folgenden stets den Ausdruck Sippe gebrauchen.

Für die das Totem bildende Klasse von Objekten bietet sich eine sich selbst fortpflanzende Tier- oder Pflanzengattung am natürlichsten dar. Tatsächlich sind Tiere und Pflanzen, hauptsächlich aber Tiere, in der Rolle des Totems am allerhäufigsten, so häufig, dass andere Toteme, wie Gestirne, Regen, Regenbogen usw., gar nicht dagegen in Betracht kommen.

Das Verhältnis zwischen Totem und Mensch stellt sich im allgemeinen als eine Art von Verwandtschaft dar, nicht selten gesteigert zur vollständigen Identifizierung beider Teile, so dass die Angehörigen der Totemsippe sich einfach mit dem Namen des Totems nennen. Aus diesem engen Verhältnis ergeben sich für beide Teile, besonders für den menschlichen, gewisse Verpflichtungen, die beim Menschen bis zu einer Art Kult auswachsen können, meistenteils Tabuvorschriften sind.

Wir können also die folgende Definition aufstellen: **Totemismus ist der Glaube, dass zwischen einer Gruppe von Blutsverwandten (Sippe) einerseits und einer Gattung von Tieren, Pflanzen usw. andererseits ein spezifisches, ewiges und unlösbares Verhältnis besteht, das in der Regel als Verwandtschaft aufgefasst wird und beiden Teilen gewisse Verpflichtungen auferlegt.**

Zu diesen Verpflichtungen wird von allen Ethnologen, die bisher über dieses Thema geschrieben haben, auch das Verbot gezählt, in die eigene Totemgruppe zu heiraten, das Gebot der Exogamie.

Art des Totems

Die allgemeine Annahme, dass unter den als Totem geltenden Objekten Tiere bei weitem überwiegen, wird durch die afrikanischen Verhältnisse in vollem Umfange bestätigt. Zu den Tiertotemen sind wohl zum grössten Teil auch die „Himmelserscheinungen" zu rechnen, denn sowohl die Himmelskörper wie die meteorologische Erscheinungen wie Blitz und Regenbogen, auch das Echo, werden vielfach als Tiere aufgefasst. Immerhin ist zu beachten, dass das Pflanzentotem die zweite Stelle einnimmt.

Die Statistik leidet natürlich darunter, dass ihr nur ein Teil, vermutlich nur ein kleiner Teil der totemistischen Stämme Afrikas zugrunde liegt. Ferner daran, dass nur von wenigen dieser Stämme vollständige Verzeichnisse der Sippen mit ihren Totemen vorliegen. Endlich muss erwähnt werden, dass das mehrfache Vorkommen eines und desselben Totems bei einem Stamm, das wohl in der Regel auf Spaltung der ursprünglichen Totemgruppe zurückzuführen ist, das Bild in gewissem Sinne fälscht. So bekommt man eine unrichtige Vorstellung, wenn man z.B. bei den Kamasia die Sonne elfmal als Totem findet und daraus schliesst, dass dieser Stamm eine besondere Vorliebe für das Sonnentotem gehabt habe. Die grosse Zahl der Sonnensippen ist einfach bedingt durch Ursachen, die mit dem Totemglauben nichts zu schaffen haben, nämlich durch eine besonders starke Vermehrung der Mitgliederzahl der Muttergruppe, die notwendig zu einer Teilung in mehrere Gruppen führte. Auf dieselbe Weise erklärt sich auch die Häufigkeit des Rindertotems bei den Banyoro und Bahima, bei denen aber schon eine Differenzierung eingetreten ist, indem jede Sippe ein Rind mit ganz bestimmten Merkmalen - bestimmte Färbung, Gestaltung der Hörner und dergleichen - als Totem hat.

Verhältnis zum Totem

Die erste und wichtigste Frage ist die nach dem Verhältnis, in dem der Mensch zu seinem Totem zu stehen glaubt. Das für den echten Totemismus als typisch angesehene Verhältnis der Verwandtschaft zwischen ihnen, das oft einen Ausdruck in dem Glauben findet, dass beide, Totem und Menschensippe, von demselben Ahnen abstammen, ist auch in Afrika nicht selten.

Die Tschi sprechenden Völker (Fanti, Asante usw.) nennen das Totemtier „Grossvater" (nana heisst Grossvater, Grossmutter, allgemein aber Ahn, Vorfahre. Da die Sippen der Tschi mutterrechtlich sind, so ist wohl richtiger Grossmutter zu übersetzen). Die zwei totemistischen Ursprungslegenden zeigen, dass der Glaube an die Abstammung der Sippe von einem Tier im Volk noch lebendig ist. In beiden Fällen handelt es sich um junge, in neuerer Zeit abgezweigte Sippen, und in beiden Fällen wird ihre Entstehung auf ein Tier zurückgeführt, das menschliche Gestalt annahm und sich in eine Frau verwandelte. Auch die Angabe, wenn ein Mitglied der Leopardensippe zufällig einen Leoparden tötet, so sage er: „Ich habe meinen Bruder getötet", spricht für das Vorhandensein des Glaubens an Verwandtschaft zwischen Mensch und Totem.

Von den östlichen Nachbarn der Tschi, den Ewe, erklärt Ellis: „The general notion is that the members of the clan are directly descended from the animal, or plant, eponymous." Die Einwohner von Hodzo bezeichnen sich als „Kinder der Riesenschlange". Für den Zweig der Ewe, der Dahome bewohnt, wird der Glaube an Abstammung vom Totem ausdrücklich bestätigt. Die Angehörigen eines und desselben „Stammes" betrachten sich als Nachkommen ihres tohui. Dieses tohui „peut être un animal ou une plante, ou un être humain qui, à sa mort, a su s'incarner dans une source, un rocher, du sable, de la glaise, etc."

Tautain bezeichnet als den allgemeinen Glauben aller senegambischen Völker, „que chaque famille a un parent parmi les animaux". Nach Arein schliesst sogar das Mande-Wort für Totem (ntene, tenne, tne, tanna) „einen Begriff entfernter Verwandtschaft" ein „et, si mes renseignements sont exacts, équivaudrait à „soeur aînée du père", c'est-à-dire du patriarche primitif". Ähnlich scheinen die Ansichten der Schilluk zu sein. Die meisten Sippen führen ihren Ursprung auf einen menschlichen Ahnen zurück, einige aber auf ein Tier, und eine Sippe erzählt, dass ihr Stammvater Den, ein Strauss und eine Krähe als Drillingsgeschwister zur Welt kamen.

Bei den Wadschagga glaubte eine Sippe vom Hundsaffen abzustammen. Eine andere betrachtet den Elefanten als Verwandten, weil sich ein Mädchen der Sippe einst in einen solchen verwandelt hat. Ebenso hat sich der Ahnherr einer dritten Sippe in eine Riesenschlange verwandelt, die nun als Totemtier gilt.

Die Bakuena, die das Krokodil haben, nennen es ihren Vater. Ebenso bezeichnen die Banoku das Stachelschwein als „unseren Bruder, unseren Herrn, einen von den Unseren". Die Batau weigern sich, das Fleisch des Löwen anzurühren, denn wie könnte man seinen Grossvater essen? Man beachte, dass diese Angaben aus der Zeit vor der Entdeckung des Totemismus stammen und also nicht durch theoretische Anschauungen beeinflusst sein können.

Auf ein Verwandtschaftsverhältnis können die Namen aller Omaanda gedeutet werden, in denen der Stamm „kue" vorkommt, der „verschwägert" bedeutet. So würde z.B. Ekuejuva „die mit der Sonne verschwägerte Sippe", Ekuahorongo „die mit dem Kudu verschwägerte Sippe" usw. bedeuten.

Wir finden den Abstammungsglauben bei den Mandjia. „Die Leute von Bon-Kenguétolo stammen von einem Manne ab, dessen Sohn ein Hund war. Sie enthalten sich alle des Hundefleisches." „Die Leute von Bugumi stammen von einem Manne ab, dessen erster Sohn früh starb und der dann eine Tochter und einen Sohn in Tiergestalt (mbô, eine Art Hund) hatte. Die Bugumi enthalten sich gleichfalls des Hundefleisches." Die Ka des Dorfes Nzara, die zu den Bauda gehören, glauben von einem Manne abzustammen, dessen Frau zuerst einen Knaben, dann eine Eule zur Welt brachte. Hier läge mindestens Seitenverwandtschaft mit der Eule vor.

Auch bei einigen madagassischen Stämmen gilt das Totemtier als Ahnherr. Die Betsimisaraka verehren die Lemuren als ihre Ahnen. Ebenso glauben einige Stämme Süd-Madagaskars vom Wildschwein abzustammen, ein anderer vom Hunde, wieder andere vom Schaf, vom Eisvogel, vom Krokodil. Eine Betsimisaraka-Familie leitet ihren Ursprung von einer Frau her, die in Gestalt einer Kuh zur Welt kam.

Eine Reihe von Völkern fasst das Verhältnis zwischen Mensch und Totem etwas anders auf. Sie glauben, dass der Mensch nach dem Tode sich in das Totemtier verwandelt oder dass seine Seele in das Tier geht. Ein Verwandtschaftsverhältnis ist auch hier vorhanden, denn in jedem Totemtier steckt ja ein verstorbener Sippengenosse, das Tier ist ein verstorbener Verwandter. Aber während sonst der Ursprung der Verwandtschaft in die Urzeit zurück verlegt wird, indem Tier- und Menschensippe von demselben Ahnen herstammen, wird hier die Verwandtschaft bei jedem Todesfall in der Sippe gewissermassen wieder erneuert. Fragt man z.B. einen Moganzulu, was aus ihm nach seinem Tode würde, so antwortet er: „Mi nakwa, nayeta dupa" („Ich werde sterben und als Flusspferd wiedergeboren werden"). Von dem Verbum yeta ist das Substantiv lyeta abgeleitet, das das Totemtier bezeichnet, in dem jeder Angehörige der Verwandtschaftsgruppe wiedergeboren wird.

Der Glaube ist aber keineswegs auf das nördliche Kongobecken beschränkt, sondern scheint eine viel weitere Verbreitung zu haben. Bei den Siena oder Snufo im westlichen Sudan ist der Glaube sogar zu einer vollständigen Seelenwanderung entwickelt. Beim Tode eines Menschen geht seine Seele in ein eben zur Welt kommendes Individuum der Totemgattung über, und umgekehrt tritt die Seele eines sterbenden Totemtieres in einen Neugeborenen derjenigen Familie, welche seinen Namen trägt. Daher darf das Tier nicht getötet oder gegessen werden, denn man würde sonst einen Verwandten töten oder verzehren. Die Siena haben also die völlige Identität von Mensch und Tier in ihrer Weise erklärt: im Menschen steckt die Tierseele und im Tier die Menschenseele, und beide wechseln in unaufhörlichem Zyklus ihren Aufenthaltsort.

Damit sind einige Völker aufgeführt, bei denen wir Belege für ihren Glauben an Verwandtschaft mit oder Abstammung vom Totemtier besitzen. Bei vielen anderen herrscht die Auffassung, dass zwischen Mensch und Tier nur ein Freundschaftsverhältnis bestehe, das in wechselseitiger Schonung und Hilfe seinen Ausdruck findet. Der Ursprung dieses Verhältnisses wird auf den Begründer der Sippe zurückgeführt und in der Regel dadurch erklärt, dass dieser von einem Tier der heiligen Gattung Hilfe in grosser Not empfangen oder aus drohender Lebensgefahr errettet worden sei. Allgemein bekannte Legenden wissen davon zu berichten. Der Charakter dieser Legenden ist stets derselbe. Der Ahnherr der Sippe verirrt sich im Walde und ist in Gefahr zu verhungern oder zu verdursten. Ein Tier führt ihn zu einer Quelle oder zeigt ihm den Weg nach Hause. Oder er flieht vor verfolgenden Feinden und wird durch einen breiten Fluss aufgehalten, ein grosser Fisch trägt ihn auf seinem Rücken hinüber. Oder der Stammvater ist als kleines Kind allein in einem Hause, das in Brand gerät. Ein Hammel, der ebenfalls in dem brennenden Hause eingeschlossen ist, ruft durch sein verzweifeltes Blöken Leute herbei, die das Kind retten. Immer hat das Tier der Familie einen Dienst geleistet, wissentlich oder unwissentlich, und von nun an wird es behandelt, als wenn es selbst zur Familie gehöre. Eine Frau, deren Mann gestorben ist, bringt ein Kind zur Welt. Der verlassenen Mutter, die sich nicht zu helfen weiss, kommt ein Schuppentier zu Hilfe und übernimmt die Wartung des Neugeborenen. Zum Dank wird es zur Familie gerechnet und von den Sippenangehörigen „Bruder" genannt.

Diese Legenden sind offenbar erfunden, um den Glauben an Verwandtschaft zwischen Mensch und Tiergattung zu erklären: das Tier ist in die Familie aufgenommen worden, weil es einmal einem ihrer Mitglieder einen grossen Dienst erwiesen hat. Einen ganz anderen Charakter tragen Legenden, in denen erzählt wird, der Genuss eines bestimmten Tieres oder einer Pflanze habe einem Vorfahren Krankheit oder Tod gebracht. Sie sind augenscheinlich dazu bestimmt, das Speiseverbot zu erklären. Hier ist der Glaube an Verwandtschaft nicht vorhanden, das Totemtier ist nicht der Ahnherr oder der Bruder, sondern nur etwas Verbotenes, dessen Genuss, dessen Berührung, ja dessen Anblick schon gefährlich ist und vermieden werden muss. So darf bei den Wadschagga die Sippe der Soi keine Ziegenherzen essen, weil ihr Ahnherr an einem solchen gestorben ist. Nach einer Sage der Baganda hat jede Sippe dasjenige Tier als Totem gewählt, dessen Fleisch ihr nicht bekommen war.

Wir haben also eine zweifache Auffassung: das Totem gilt als ein Verwandter, ein Familienangehöriger, also als freundlich gesinnt, oder als etwas Gefährliches, zu Meidendes, also Verbotenes. Daneben finden wir als Drittes in einigen Fällen eine Art historischer Überlieferung von einer Einführung des totemistischen Systems durch einen Gott, einen Kulturheros oder einen Herrscher der Vorzeit. So erzählen die Baganda, dass Kintu, ihr erster König, den Totemismus eingesetzt habe. Damals habe das Volk nur von der Jagd gelebt. „Als nun die Tiere anfingen spärlich zu werden, gab Kintu unter Beistimmung seines Volkes das Gesetz, dass gewisse Tierarten für bestimmte Familien Tabu sein sollten. So blieben diese besonderen Tiergattungen anderen Familien überlassen, und die Tiere hatten mehr Aussicht sich zu vermehren, als wenn es jedermann freigestanden hätte, jede Art zu jagen."

Bei den Atschewa hat eine Königin der Vorzeit, Namens Nyangu, alles Volk zusammengerufen und jeder Familie einen neuen Namen und damit ein eigenes Totem gegeben, „to prevent the evils of close inter-marriage".

Die Auffassung des Menschen von seinem Verhältnis zum Totem prägt sich auch in den üblichen Bezeichnungen für dieses aus. Die afrikanischen Worte für Totem zerfallen nach ihrem Sinn in zwei Gruppen: In der einen bedeutet es etwas Verbotenes, in der anderen ist es eine Verwandtschaftsbezeichnung wie Ahn, Bruder. Ein besonderes Wort für Totem gibt es nicht. Man bezeichnet das Totem einfach mit seinem Namen und der dazugehörigen Verwandtschaftsbezeichnung, also etwa „Grossvater Krokodil".

Verhalten gegenüber dem Totem

Wie man sich auch die Entstehung des Totemismus denken mag, gewiss ist, dass die Entwicklung denselben Verlauf genommen hat, wie bei allen Formen, die sich die geistige Kultur geschaffen hat: die ursprünglichen Motive geraten in Vergessenheit, der Sinn des Ganzen verdunkelt sich, aber die Handlungen, die damit verbunden waren, werden treulich weiter vollzogen und ziemlich unverändert von Geschlecht zu Geschlecht vererbt. Man kann also auch in diesem Falle voraussetzen, dass sich die in Verbindung mit dem Totem vorgeschriebenen Handlungen besser erhalten haben werden als die Ideen, die ihnen zugrunde liegen oder gelegen haben, dass also das Verhalten des Menschen gegenüber seinem Totem weiter beobachtet wird, auch wenn die Kenntnis des Verhältnisses, in dem beide zueinander stehen, längst verblasst ist.

Hier stellt sich nun aber die Tatsache heraus, die schon häufig die Verwunderung der Forscher erregt hat, dass totemistische Riten fast vollständig fehlen oder wenigstens sehr zurücktreten. Der Mensch hat im allgemeinen seinem Totem gegenüber nur die einzige Pflicht, es zu schonen, nicht zu verletzen, nicht zu töten und nicht zu essen; sonst braucht er sich in keiner Weise um es zu kümmern und ist zu keinem Kult verpflichtet. Es ist daher kein Wunder, dass auch in Afrika der Totemismus, von der praktisch-ethischen Seite betrachtet, wesentlich als Speiseverbot erscheint und von vielen Beobachtern nur als solches aufgefasst worden ist.

Aber selbst dieses Tabu ist nicht ganz ohne Ausnahme. Manche Stämme dürfen das Totemtier zwar nicht essen, aber doch töten. Andere töten das Tier ruhig und entschuldigen sich nachträglich bei ihm, oder sie nehmen eine Zeremonie vor, die wohl das erschlagene Tier versöhnen soll.

Als Gegenleistung für die Schonung, die der Mensch seinem Totem zu teil werden lässt, erwartet er von diesem eine gleiche Rücksichtnahme gegenüber den Angehörigen der Totemgruppe. Man ist des festen Glaubens, dass Leute, die ein Raubtier oder eine Giftschlange als Totem haben, bei einer Begegnung mit ihnen ganz ohne Furcht sein können, und wenn dieser Glaube, was ja nicht ausbleiben kann, einmal getäuscht wird, so hilft man sich etwa in der Art, wie es von den Dinka berichtet wird. Diese unterscheiden nämlich zwei Arten Löwen, die eine, welche Rinder und die andere, welche Menschen frisst. Nur die ersteren betrachtet die Sippe, die den Löwen als Totem hat, als ihre Verwandten, die anderen aber nicht.

Sehr charakteristisch ist das Verhalten gegenüber einem tot aufgefundenen Totemtier. Überall, wo dieser Fall erwähnt wird, wird hervorgehoben, dass Bezeugungen der Trauer, wie beim Tode eines Verwandten, üblich sind. Mehrfach aber wird berichtet, dass man das Tier ordnungsmässig bestattet. So pflegen die Dinka ihre Totemtiere zu beerdigen, dasselbe tun zwei Sippen der Tschi. Hierher gehört auch die Sitte der Baziba, den Vogel, mit dem sie in mystischer Verbindung stehen, wenn sie ihn tot finden, mit Gras zu bedecken.

Zwei Sippen der Dschagga haben die Gewohnheit, ihre Totemtiere (Hundsaffen und Riesenschlange) zu Hochzeiten einzuladen, offenbar weil sie sie als Familienmitglieder ansehen.

Trilles führt einen feierlichen Gesang an, in dem der menschliche Stammvater und das Totemtier gleichzeitig angerufen werden, beide unter demselben Namen, dem des Tieres, und beide mit dem Titel „Vater". Der Ahne war bei der Zeremonie durch seinen Schädel, das Tier durch Knochen und Krallen repräsentiert, ausserdem wandte sich der Sänger bald an den vor ihm liegenden Schädel, bald nach dem Walde, dem Wohnort des Totemtieres. Trilles spricht auch von totemistischen Tänzen, in denen der Tänzer das Totemtier nachahmt und die die „Vereinigung des Sippenhauptes mit seinem Totem" darstellen sollen. Sie sollen besonders bei Siegesfesten getanzt werden. Die Betschuanen „tanzen" oder „singen" ihr Totemtier.

Die Verbindung zwischen Mensch und Totem äussert sich nicht bloss in gegenseitiger Schonung, sie nimmt nicht selten eine positive

Form an und führt zu magischen Handlungen. Eine besondere Stellung nimmt eine Zauberhandlung ein, die Roscoe von dem Heuschrecken-Clan der Baganda erwähnt. Wir haben von ihm darüber zwei Berichte, die nicht ganz übereinstimmen. Der erste lautet: „In the season when Nsenene (green locusts) fly, any married woman of the nsenene clan may catch them for her husband to eat; who immediately after eating them must have intercourse with his wife, in order to cause the locusts to increase and avert any ill consequences to her children, which might otherwise arise from her catching her totem: this is an annual ceremony when the locusts first appear." Im zweiten Bericht heisst es: „Before anyone may eat the first meal of the season, a man of the Grasshopper Clan must jump over his wife, or have sexual intercourse with her; otherwise some member of the family would fall ill. The ceremony took place in order that other clans might eat freely of the grasshopper, and also to increase the number of the insects". Beide Berichte stimmen in der Hauptsache, nämlich in dem Zweck der Zeremonie, überein: sie soll das Übel, das das Fangen und Töten der Heuschrecken durch eine Frau der Heuschreckensippe über ihre Familie bringen könnte, abwenden und für Wiedervermehrung der Heuschrecken sorgen.

Dass das Verbot, das Totem zu verletzen, nicht bei allen Stämmen streng innegehalten wird, ist schon ausgeführt worden. Aber abgesehen von diesem Nachlass der anfangs strengen Tabusitte findet sich hin und wieder eine rituelle Tötung des Totemtieres. Bei den Bini bildet die Tötung des Totemtieres einen Teil der Begräbnisriten. Am ersten Tag der Beerdigungszeremonien wird aus dem Tier oder der Pflanze, die als Totem dienen, eine Suppe gekocht und teils dem Toten geopfert, teils von der Familie oder von Fremden gegessen.

Frazer sieht hierin eine feierliche Kommunion mit dem Totem; diese Auffassung wird gestützt durch die ausführlichen und interessanten Mitteilungen von Trilles über das Totemopfer der Pangwe. Bei ihnen findet nach der Tötung des Totemtieres zunächst eine Erneuerung der Blutsbrüderschaft statt. Die Teilnehmer machen sich Schnitte in die Arme, mischen etwas von ihrem Blut mit dem des Totemtieres und reiben die Mischung in ihre Wunden. Dann folgt die Kommunion. Die Sippengenossen trinken das Blut des Tieres und essen sein Fleisch. Eigentlich ist die Scheidung zwischen den Zeremonien der Blutmischung und denen des Trinkens des Blutes und Essens des Fleisches überflüssig; alle bezwecken dasselbe, das körperliche Einswerden mit dem Totem. Dieses Opfer findet bei verschiedenen Gelegenheiten statt: bei der Wahl eines neuen Totems, also bei Gründung einer neuen Sippe;

wenn sich die totemistische Gruppe in besonderer Gefahr befindet; endlich, wenn die Zaubermedizin der Sippe, zu dem auch Teile des Totems gehören, verlorengeht und ersetzt werden muss.

Alle diese magischen oder kultartigen Handlungen stehen durchaus in zweiter Linie. Hauptsache ist überall das Gebot, das Totem zu respektieren und zu schonen. Verstösse gegen dieses Hauptgesetz des Totemismus werden streng gestraft oder vielmehr sie strafen sich selbst auf magischem Wege durch Tod oder Krankheit des Übeltäters. Abgesehen von der interessanten Tatsache des automatischen Eintretens der Bestrafung ist besonders merkwürdig die Art der Erkrankung. Diese ist nämlich in der weit überwiegenden Mehrzahl aller Fälle eine Hautkrankheit.

Hierher gehört ferner die Angabe, dass die Nkomi-Frauen Monstra in Gestalt des Totemtieres zur Welt bringen, wenn ein Mitglied der Familie das Totemverbot übertritt. Dass die Strafe nicht den Täter, sondern seine Kinder trifft, finden wir auch sonst. Wenn bei den Wagogo ein Kind einen Ausschlag hat, so sucht man die Ursache darin, dass der Vater vom Totem gegessen hat.

Vererbung des Totems

Das Ergebnis eines Überblicks der totemistischen Völker Afrikas ist, dass das Totem vom Vater auf die Kinder vererbt wird. Die Ausnahmen sollen im folgenden besprochen werden.

Am sichersten und ausführlichsten sind die Berichte über die Tschi-Völker. Alle Quellen stimmen darin überein, dass bei den Tschi die Abstammung in weiblicher Linie gerechnet wird, dass die Kinder also Sippenzugehörigkeit und Totem von ihrer Mutter erben. Neben diesen mutterrechtlichen Totemgruppen scheinen aber noch vaterrechtliche Verbände zu existieren, die gleichfalls totemistisch aussehende Verbote haben und von denen wenigstens einer mit einem Tier, dem Panther in besonderer Verbindung stehen soll. Den Unterschied zwischen beiden Verbänden bezeichnet der Berichterstatter mit den Worten: „you take your father's fetish and your mother's family".

Bei den Ewe wird die Abstammung teils in weiblicher, teils in männlicher Linie gerechnet; in Dahome hängt es von der Art der Eheschliessung ab, ob die Kinder zur Familie des Vaters oder zu der der Mutter gehören.

Kompliziert wie ihr ganzer Totemismus scheint auch die Totemvererbung bei den Bavili. Jede Person hat vier „Verbote" (xina oder
tschina): „The Xina of each of his ancestors, the Xina of his father's
family, the Xina of his mother's family". Es scheint also, als ob sich
sowohl das Totem der Mutter wie das des Vaters auf die Kinder vererbt. Unklar bleibt zunächst, wer unter den „ancestors" oder
„grandparents" zu verstehen ist, ob die beiden Grossväter oder die beiden Grossmütter oder ein Grossvater und eine Grossmutter.

Eine zweite Gruppe von Stämmen mit Ererbung des mütterlichen
Totems findet sich in Ostafrika. Die Atschewa haben mutterrechtliche
Sippen, die den Namen ihres Totems führen, bei den anderen Anyanja-
Stämmen scheint das Kind teils zur Totemgruppe des Vaters bald zu
der der Mutter zu gehören. Nach den Angaben von Rattray kann kaum
ein Zweifel obwalten, dass bei diesen Stämmen in der Tat das Totem
zum Teil von der Mutter auf die Kinder übergeht. Ebenso scheint es bei
den Awemba zu sein: „Among the Awiwa the totem descended on the
father's side, but among the Awemba the maternal totem was the grea-
ter of the two".

Eine Doppelvererbung kommt bei den Bewohnern von Usukuma und
Ukerewe in Ostafrika vor. Hier besitzt jedermann zwei Vermeidungen,
die eine vom Vater, die andere von der Mutter her, „derart, dass ein
Mann die vom Vater vererbte Vermeidung seinem Sohne weiter verer-
be, die von der Mutter ererbte nur persönlich respektiere; dass eine
Frau die von der Mutter ererbte Vermeidung ihrer Tochter weiter ver-
erbe, die vom Vater ererbte nur persönlich respektiere."

Totemismus und Exogamie

Eine der wichtigsten Fragen ist die nach dem Verhältnis zwischen
Totemismus und Exogamie. Denn die meisten Autoren haben einen so
engen Zusammenhang zwischen beiden Erscheinungen angenommen,
dass sie beides nur als zwei Seiten einer und derselben Sache ansehen.
Es lässt sich nicht bestreiten, dass auch in Afrika die meisten totemistischen Völker gleichzeitig exogam sind. Aber es sind nicht alle. Auch
für Afrika haben wir Nachrichten, die beweisen, dass bei einer ganzen
Reihe von Völkern die exogame Gruppe mit der totemistischen keineswegs zusammenfällt.

Die Nandi zerfallen in totemistische Clans, die wieder in nicht totemistische, aber exogame Familien geteilt sind: „A man may not marry a woman of the same familiy as himself, though there is no objection to his marrying into his own clan." In gleicher Weise bestehen die Wataveta aus Sippen und Untersippen, von denen die ersteren totemistisch und nicht exogam, die anderen exogam, aber nicht totemistisch sind.

Während bei den bisher genannten Stämmen die totemistische Gruppe der exogamen übergeordnet ist, sind sie bei den Herero, Bakongo und Bavili einander nebengeordnet und unterscheiden sich dadurch, dass die erstere vaterrechtlich, die zweite mutterrechtlich ist. Die gleiche Organisation in parallel vater- und mutterrechtliche Verbände haben wir bei den Tschi-Völkern kennen gelernt, nur dass hier beide totemistisch zu sein scheinen, während Exogamie nur von den letzteren bezeugt ist. Ähnlich ist vielleicht auch das System der Awemba, von denen berichtet wird: „The Awemba are known by both the totems of their father and mother; but, in marriage, the totem of the father is not considered, that of the mother being the determining factor." Es hat also den Anschein, als ob bei den Awemba neben den mutterrechtlichen Sippen, die die Ehegesetze regulieren, noch Verbände bestehen, in denen sich ein Totem vom Vater auf die Kinder vererbt und die vielleicht religiöse Funktionen haben.*

Bei den Banyoro haben mehrere Sippen denselben Namen, aber verschiedenes Totem, andere dasselbe Totem, aber verschiedene Namen. Alle aber sind streng exogam, ohne auf Gleichheit des Totems oder des Sippennamens irgendwelche Rücksicht zu nehmen. „Zum Beispiel, ein Baisanza-Mann darf eine Baisanza-Frau heiraten, falls sein Totem das epo genannte Tier und das ihrige die Heuschrecke ist, oder, ein Bakwonga-Mann darf eine Bakwonga-Frau ehelichen, falls sein Totem der Buschbock und das ihrige ein Bach ist. Umgekehrt darf ein Mann mit dem Buschbock-Totem eine Frau mit dem gleichen Totem heiraten, vorausgesetzt, dass er beispielsweise aus der Babito-Sippe und sie aus der Bakwonga-Sippe stammt" usw. Hier ist es ganz klar, dass weder Totem noch Sippenname von direktem Einfluss auf die Exogamie sind,

---

*Auf eine Eigentümlichkeit der Herero-Legenden möchte ich hinweisen. Zwei von ihnen erklären die Entstehung von je zwei Sippen, die von zwei Schwestern hergeleitet werden. Da nun im ganzen sechs Hauptomaanda (omaanda = mutterrechtliche Sippen) vorhanden sind, so kann man auf die Vermutung kommen, dass immer je zwei zusammengehören. Nimmt man dazu die Angaben, dass gewisse Omaanda Heiratsgemeinschaft untereinander haben, so liegt der Gedanke nahe, dass das eben immer die beiden Omaanda sind, die nach den Legenden gemeinsamer Abstammung sind. Dann hätten wir ein System von sechs Sippen, von denen immer je zwei miteinander heiraten.

sondern nur die Zugehörigkeit zu derselben aus Blutsverwandten bestehenden Gruppe.

Nach Palmer sind die Fulbe endogam. Da er aber gleich darauf sagt: „Among some of these pagan Fulani, e.g. the Rahazawa, marriage between children of the same father is permitted, the only bar to marriage being in the case of persons having the same mother", so meint er anscheinend Stammesendogamie.

Von vielen Völkern endlich haben wir nur die allgemeine und unzureichende Angabe, dass sie totemistisch und exogam seien, ohne dass die sozialen Gruppen, die diese Eigenschaften besitzen, näher bezeichnet sind. Aber schon die oben angeführten Beispiele beweisen zur Genüge, dass totemistische und exogame Gruppen keineswegs immer identisch sind und dass in vielen Fällen exogame Eheverbote von totemistischen Ideen sicherlich gänzlich unabhängig sind. Sie bestätigen also die Annahme Frazers, dass Totemismus und Exogamie in ihrer Entstehung nichts miteinander zu tun haben.

Zusammenfassung

Vergleichen wir nun die in den vorhergehenden Kapiteln zusammengestellten Tatsachen mit der am Anfang der Arbeit gegebenen vorläufigen Definition, so ergibt sich eine weitgehende Übereinstimmung. Eine vollkommene Übereinstimmung zu finden können wir nicht erwarten, wenn wir bedenken, dass der Totemismus eine uralte Institution ist, die im Laufe der Jahrtausende viele und nach der Art der äusseren Einwirkungen verschiedenartige Umwandlungen erlitten haben muss.

Das Verhältnis, in dem der Mensch zu seinem Totem zu stehen glaubt, stellt sich uns allerdings in zwei einander stark widersprechenden Formen dar: einmal als achtungsvolle Verehrung, wie gegenüber einem Freunde oder älteren Verwandten, oder aber als furchtsame Scheu. Ich habe schon ausgeführt, wie letztere aus der ersteren hervorgehen kann. Der umgekehrte Vorgang ist weit weniger wahrscheinlich, aber immerhin denkbar. Man könnte sich vorstellen, dass das Totem ursprünglich nichts war als ein Spezialfall des Tabus, etwas einer Sippe Gefährliches und daher Verbotenes. Weil es gefährlich ist, darf man es nicht verletzen, töten, essen, muss es überhaupt mit Respekt und der Achtung, die etwas Mächtigem gebührt, behandeln. Der Respekt vor dem Totem könnte so allmählich einen anderen, freundschaftlichen

Charakter annehmen, aber es ist doch schwer einzusehen, wie sich aus diesen Anfängen der Glaube an Verwandtschaft mit dem Totem oder an Abstammung von ihm entwickeln sollte. Dagegen ist das Umgekehrte ganz natürlich, sobald das Bewusstsein der wirklichen Bedeutung des Totems geschwunden ist und eine neue Motivierung des Verhaltens gegen dieses notwendig wird. Was das Totem ist, weiss man nicht mehr, aber das überlieferte Verhalten ihm gegenüber wird weiter beobachtet, und man erfindet eine Erklärung dafür, die natürlich das zu Erklärende als Ausgangspunkt nimmt und zur Hauptsache macht. So tritt die totemistische „Vermeidung" in den Vordergrund und wird nach Analogie anderer Tabus gedeutet. Ich halte es für das Wahrscheinlichste, das Verwandtschaftsverhältnis als das Ursprüngliche, dem Totemismus Eigentümliche anzusehen.

Wir haben gesehen, dass die Siena den Totemismus zu einem vollständigen Seelenwanderungsglauben fortentwickelt haben: die Seele des Sterbenden geht in sein Totemtier und kehrt nach dessen Tode wieder in den Leib eines eben geborenen Sippengenossen zurück. Der Berichterstatter spricht ausdrücklich von der Seele, und es ist möglich, dass er recht hat. Aber es kann auch sein, dass wie in vielen ähnlichen Fällen die Denkweise des Weissen sich an die Stelle gesetzt hat, und dass die Siena in Wirklichkeit nur sagen, dass der Tote zum Totemtier wird. Augenscheinlich ist dieser Glaube möglich, auch ohne dass eine klare Seelenvorstellung existiert oder ohne dass diese in den totemistischen Gedankengang eintritt.

In diesem Zusammenhang gehört vielleicht auch der von einer Reihe von Völkern bekannte Glaube, dass die Häuptlinge oder alle Mitglieder der Häuptlingsfamilie sich nach dem Tode in bestimmte Tiere verwandeln. Bei den Bahima in Nkole gehen die Seelen der Könige in Löwen, der Königinnen in Leoparden, die der Prinzen und Prinzessinnen in Schlangen; bei den Baziba gehen die Seelen der männlichen und weiblichen Mitglieder der Königsfamilie in je eine Schlangenart; bei den Barundi wird der Häuptling nach dem Tode zum Python oder Löwen, die Prinzen zu Leoparden; bei den Barotse wandern die Seelen der Häuptlinge in Nilpferde, bei den Banyai in Löwen und Hyänen. Die meisten dieser Stämme, vielleicht alle, sind totemistisch, aber es scheint nicht, dass der Seelenwanderungsglaube bei ihnen allgemein ist, vielmehr ist er angeblich auf die herrschende Familie beschränkt.

Die religiösen Zustände bei den Yoruba legen nahe, die Frage zu erörtern, ob aus Totemtieren Götter hervorgehen könnten. Da aber die Götter neben den ihnen geheiligten Tieren bestehen und die letzteren offenbar die früheren Totemtiere sind, so ist es wahrscheinlicher, dass die menschlichen Ahnen der Sippe zu Göttern empor gestiegen sind. Immerhin können wir die Entstehung eines Göttergeschlechts mit zugehörigen heiligen Tieren aus dem Totemismus und dem Ahnenkult als gesichert annehmen.

Das System der Yoruba hat eine augenfällige Ähnlichkeit mit dem altägyptischen System und stellt uns vor die Frage, ob vielleicht auch dem letzteren Totemismus zugrunde liege. Die Wichtigkeit dieser Frage für die gesamte afrikanische Kulturgeschichte liegt auf der Hand. Nun haben in der Tat neuerdings mehrere Ägyptologen den Standpunkt vertreten, dass bei den Ägyptern echter Totemismus vorliege. Die Ägypter hatten Lokalgötter, die in einem bestimmten Ort verehrt wurden und denen bestimmte Tiere heilig waren, die von den Bewohnern der Landschaft respektiert wurden und nicht verletzt werden durften. Soweit ist die Ähnlichkeit mit dem Totemismus gross, besonders, wenn wir bedenken, dass auch er meist lokalisiert ist. Aber es fehlt das Wesentliche, der Glaube an Verwandtschaft.

Unter diesen Umständen könnte man höchstens den Totemismus in die prähistorische Zeit Ägyptens zurückverlegen und vermuten, dass aus ihm der spätere Tierkult hervorgegangen ist, darf aber nicht unterlassen, hinzuzusetzen, dass alle Zwischenglieder verloren gegangen sind und dass sonst ein Beweis für die Entwicklung sich nicht führen lässt. Ein solcher Beweis könnte nach Lage der Dinge nur ein indirekter sein, indem man zeigte, dass für den Tierkult oder wenigstens für seine ägyptische Form eine andere Ursprungsquelle als der Totemismus ausgeschlossen sei.

Das Totem ist ein Merkmal einer sozialen Einheit, der Sippe. Darin beruht die soziale Bedeutung des Totemismus, sie ist damit aber auch erschöpft. Denn besondere soziale Funktionen des Totems lassen sich absolut nicht nachweisen. Weder ist ein Einfluss auf die soziale Organisation im ganzen zu bemerken, die völlig die gleiche sein kann in totemistischen und nichttotemistischen Völkern, noch im besonderen eine Beeinflussung der Heiratsordnung. Wir müssen daraus schliessen, dass eine Verbindung zwischen dem totemistischen Ideenkreis und der Heiratsordnung niemals stattgefunden hat, sondern dass die letztere stets von der Sippenzugehörigkeit abhängig gewesen ist.

Betrachten wir auf der Karte die Verbreitung des Totemismus und bedenken wir, dass sie in Wirklichkeit wahrscheinlich viel grösser ist als angegeben, da viele Völker, von denen wir nichts wissen, mit anderen zweifellos totemistischen nahe verwandt und daher wohl auch totemistisch sind, so ergibt sich, dass der Totemismus über fast ganz Afrika südlich der Sahara verbreitet ist. In den Gebieten, in denen der Islam oder das Christentum Fuss gefasst haben, ist er entweder ganz geschwunden oder zu einem blossen System von Sippennamen zusammengeschrumpft, wie z.B. bei den mohammedanischen Mandingo. Mit Ausnahme aber der islamischen Teile des nördlichen Afrika können wir erwarten, im ganzen Rest des Kontinents mindestens Spuren von Totemismus zu finden.

Hermann Baumann

Das Tier als Zweites Ich (Alter Ego)

Die kulturhistorische Stellung des sogenannten Individualtotemismus innerhalb des ganzen Komplexes totemistischer Ideen und Institutionen ist immer schon eine recht umstrittene gewesen. Der Individualtotemismus - der Ausdruck stammt von Frazer, dem Begründer der Totemismusforschung - ist ein enges unlösbares Verhältnis zwischen einem einzelnen Menschen und einem bestimmten Wesen oder Ding der natürlichen Umwelt, vor allem einem Tier, das gegenseitige Rechte und Pflichten bedingt. Grundsätzlich und ursprünglich ist der Individualtotemismus stark magisch-religiös bestimmt, im Gegensatz zu jener anderen Form des Totemismus, des sogenannten Gruppentotemismus, der meist ein Sippentotemismus ist. Dieser Gruppentotemismus ist zwar in seinen älteren Formungen auch noch stark religiös gesättigt, aber die zahlreichen, jüngeren Bildungen zeigen doch eine immer steigende Soziologisierung des Mensch-Tierverhältnisses und eine zunehmende Entleerung des weltanschaulichen Sinngehaltes. Der Gruppentotemismus ist nach Ankermann: „der Glaube, dass zwischen einer Gruppe von Blutsverwandten (Sippe) einerseits und einer Gattung von Tieren, Pflanzen usw. andererseits ein spezifisches und unlösbares Verhältnis besteht, das in der Regel als Verwandtschaft aufgefasst wird und beiden Teilen gewisse Verpflichtungen auferlegt." Man kann mit dieser Definition einverstanden sein, wenn sie nur für den Sippen- oder Clantotemismus Geltung haben soll. Sie wird aber schon den über die Sippe hinausgehenden Formen des Gruppentotemismus nicht ganz gerecht (Geschlechts- und Stammestotemismus). Der Individualtotemismus ist aber jedenfalls in ihr nicht eingeschlossen.

Es wird heute schon weithin anerkannt, dass Gruppentotemismus und Individualtotemismus phänomenologisch zusammengehören und gleichen geistigen Situationen entstammen. Strittig ist aber ihr gegenseitiges Verhältnis in historischer Betrachtung. Ist das eine aus dem anderen entwickelt? Sind beide aus gleichem Mutterboden parallel entstanden? Ist eine Form die Urform, bzw. das Degenerationsprodukt der anderen? Hier scheiden sich die Geister.

Die Pangwe haben nun einen Individualtotemismus, von dem wir allerlei erfahren. Jeder Pangwe, der von einem Tier oder einer Sache träumt, oder dem ein Ding, ein Tier begegnet und unter ganz besonderen Bedingungen, glaubt, dass sich in ihm die Seele eines Freundes oder Verwandten befinde. Er nimmt das Ding oder Tier dann als Beschützer, als Schutzengel an. Es ist persönlich tabu für ihn.

Zauberer erwerben bei ihrer Einweihung solche Tiere, mit denen sie Blutsbrüderschaft schliessen sollen, indem sie den Tieren, etwa den Leoparden, Blut aus den Ohren entnehmen und dieses mit eigenem Blut vermischt in die Wunden verreiben. Dann sollen sie unverletzlich werden und die Tiere werden richtige Hilfstiere, die zu Schadenshandlungen verwendet werden können. Das Leben beider ist eng verbunden. Beim Tod des einen stirbt auch das andere. Also das typische Phänomen des Glaubens an ein tierisches Alter Ego [Zweites Ich]. Bemerkenswert ist, dass Frauen nie die Schutztiere der Männer, etwa den Leoparden oder das Nilpferd, haben, sondern andere: bestimmte Schlangen, Geier, Eulen oder andere Nachttiere.

Was bei den Pangwe in klarster Formung zutage tritt, die Idee nämlich eines dem Menschen zugeordneten Tieres, das es beschützt oder das einen Teil seiner Persönlichkeit trägt, eine enge Lebensgemeinschaft mit ihm bildend, also ein Alter Ego ist, das mit ihm gleichzeitig lebt, leidet und stirbt, diese Idee wird in einem Kern- und Hauptgebiet individualtotemistischer Auffassungen, in Kamerun und Nigeria besonders lebendig. Hier glaubt man fast überall an die Simultanexistenz eines tierischen Alter Ego. Zuerst war es Kingsley, die in den 90er Jahren des vorigen Jahrhunderts diesen Glauben in den Unternigergebieten feststellte. Sie führte auch den in die afrikanische Ethnologie eingegangenen Ausdruck „Buschseele" (bushsoul) ein. Fast immer sind die Partner Buschtiere, nie Haustiere und sehr selten Pflanzen, wenn diese auch nicht ganz fehlen. Kingsley berichtet von den Efik etwa folgendes: Die Efik glauben, dass jeder Mensch vier „Seelen" habe: a) die Seele, die den Tod überlebt, b) den Schatten, der auf dem Wege sichtbar ist, c) die Traumseele und d) die Buschseele. Diese Buschseele hat immer die Gestalt eines Waldtieres, nie die einer Pflanze. Wird ein Mensch krank, so ist es, weil seine Buschseele wegen Vernachlässigung zürnt. Kleine Hütten mit Opfergaben für die Buschseele sind häufig in den Wäldern zu finden. Die eigene Buschseele kann man aber nicht sehen, es sei denn, man ist ein Ebumtup, ein Mensch mit einer Art zweiten Gesichts. Wenn der Besitzer des Tieres stirbt, kann die Buschseele keine Ruhe mehr finden und wird toll. Sie rennt hin und her und wenn sie ein Feuer sieht, rennt sie hinein. Wenn sie eine Menschenmenge trifft, stürzt sie unter diese, bis sie getötet wird. Alte Leute achtet man deshalb besonders, weil man sie im Besitze einer mächtigen Buschseele hält.

Goldie nun zeigt, dass diese Buschseele genau so heisst wie die Seele des Lebenden überhaupt, nämlich Ukpong. Und Ukpong ist nun eigentlich Schatten. Das Wort bezeichnet also nicht nur die (Schatten)-Seele der einzelnen Personen, sondern auch jenes Buschtier, das ein Ukpong besitzt, welches aufs engste mit dem Ukpong jener Person verbunden ist. Beide wirken gegenseitig aufeinander ein. Wenn das Tier stirbt, stirbt auch der Mensch. Viele haben die Fähigkeit, sich in das Tier zu verwandeln, das ihr Ukpong ist. Neuere Beobachter bestätigen diesen Ukpong-Glauben bei den Efik und Ekoi und fügten einige, das Bild dieser Vorstellung abrundende Momente hinzu. So etwa, dass ein Mann nur eine Frau mit derselben Buschseele heiraten darf, dass man mehr als ein Ukpong-Tier besitzen kann. Das Letztere ist gewöhnlich nur bei Häuptlingen der Fall. Buschseelen können geerbt oder gekauft werden, doch niemals kann jemand mehr als ein ererbtes und ein gekauftes Ukpong haben. Der Kauf erfolgt durch einen Zauberer, um den Besitzer stark und mächtig zu machen. Die Macht des gekauften Ukpong kann stärker sein als die des ererbten. Wenn der gekaufte Ukpong stirbt, zieht das unweigerlich den Tod seines Besitzers nach sich. Stirbt der ererbte Ukpong, so wird jener nur schwach. In Alt-Calabar bat ein Mann, dass man einen eben gefangenen Leoparden freilassen solle, da er seine Buschseele sei. Will jemand seinem Feinde schaden, so lässt er durch den Medizinmann dessen Ukpong feststellen; er kann es dann fangen und töten. Um das Ukpong-Tier anzulocken, muss man Teile des Tieres magisch verwenden. Gefangen werden nur die Ukpong der Tiere, nicht die körperlichen Tiere selbst. Wird das Tier und sein Ukpong getötet, so verlässt auch das menschliche Ukpong den Körper und geht direkt zum Totenreich. Nur Hexen können die Ukpongs sehen. Natürlich werden diese Versuche, das Ukpong eines Menschen und damit sein Leben zu stehlen oder zu vernichten, streng bestraft.

Die nach dem Tod vergehende Seele ist es nun, der man den Buschseelencharakter zuspricht. Man schwankt hier wie auch sonstwo in der Auffassung, ob sie eine vom Menschen getrennte, mit ihm nur gleichlaufende simultane Existenz darstellt, oder ob das Buschtier von der mit dem Körper verbundenen Seele zeitweilig in Besitz genommen wird. In einigen Gegenden ist man nämlich der Ansicht, dass die Buschseele bei der Geburt des Menschen in ein wirkliches Tier oder in einen Baum gepflanzt oder in Gestalt eines solchen geboren wird. Da bleibt sie während Lebzeiten des Menschen und stirbt gleichzeitig mit ihm. Anderswo heisst es: die Buschseele „lebt in eines Menschen Leib", ausser wenn sie bewusst, und gewöhnlich im Schlaf, ausgeschickt wird. Im ersteren Falle liegt die echte Buschseelen- und Alter-Ego-Idee vor, im zweiten vermischt sich diese mit der üblichen Vorstellung von den Verwandlungen und Wanderungen der Schatten- oder Traumseele. Aus dieser zweiten Version entstehen die vielen Wer-Tiervorstellungen, die gerade im westafrikanischen Urwald, besonders in Verbindung mit den Geheimbünden zu besonders drastischer Gestaltung gediehen sind. Diese Umwandlung erfolgt mit durchaus magischen Mitteln, kann also keineswegs als etwas rein animistisches angesehen werden. Will der Mensch seine Buschseele in das Tier senden, das er „besitzt", dann nimmt er einen Zaubertrank, dessen Geheimnis sich in seiner Familie vererbt und der zu einem solchen Zweck immer in einem Topf vorrätig gehalten wird. Nachdem er getrunken hat, verlässt ihn die Buschseele und fliegt unsichtbar in den Wald, wo sie die Gestalt des Wertieres annimmt. Die für solche Zwecke gewählten Tiere sind Elefanten, Büffel, Wildschweine, Leoparden und Krokodile. In dieser Gestalt können die Besitzer ungehemmt ihren Feinden schaden, indem sie ihre Felder verwüsten, ihrem Leben nachstellen usw. Es bleibt uns vorläufig noch ein Rätsel, wie die Wandlung und Bipräsenz selbst von jedem Individuum erlebt und vorgestellt wird.

Was hier von den Ibibio, Efik und ihren Verwandten gesagt wurde, gilt mit leichten Variationen von den meisten Südnigeria-Völkern (Ibo, Edo usw.). Es ist nicht zu leugnen, dass die mehr animistische Variante, wo die Buschseele zeitweilig aus dem Menschen in das Tier transportiert erscheint, häufiger ist als die reine Alter-Ego-Idee, der zufolge das Buschtier ein dauernd getrenntes, wenngleich simultan erlebendes Seelenwesen enthält.

42

Im Folgenden beschränke ich mich darauf, ohne die einzelnen Quellen zu dem Buschseelenglauben ausführlich zu behandeln, aus der Fülle des Stoffes einige bemerkenswerte Züge dieser Vorstellungen herauszustellen. Ich wähle dafür in erster Linie das Material von Völkern ausserhalb des schon behandelten südnigerischen Kerngebietes.

Das charakteristischste Element des Buschseelenglaubens ist die Vorstellung, dass Mensch und Buschseele in einen Gleichlauf des Lebens gespannt sind, dass Verletzung oder Tod des einen die Verletzung oder den Tod des anderen bewirkt. Handlungen des Buschpartners wirken auf den Menschen ein. Daraus resultieren zahlreiche Verhaltensregeln, Gebote und Verbote.

Bei den Grussi- und Mossi-Völkern der Volta-Gebiete im Westsudan sind es vor allem Krokodile (neben Schlangen, Iguanas, Antilopen, Hasen usw.), die als Buschseele fungieren. Die Krokodile leben, heilig gehalten, in besonderen Sümpfen. Stirbt eines der Tiere, so stirbt sein menschlicher Partner den Tag darauf. Verliert ein Krokodil das Auge, so kann man sicher sein, dass dem menschlichen Partner das gleiche passiert. Ein sterbendes Krokodil kommt in das Gehöft seines Menschen. Dann hüllt man es in ein weisses Tuch und bestattet es nach einem Opfer. Unmittelbar stirbt dann auch sein Menschengenosse. In Paga, (nördliche Goldküste) heissen die Krokodile-Alter Egos „Dyoro" (Seele). Die gleichzeitig mit ihren Menschen geborenen Krokodile sterben mit ihnen und man hört sie weinen, wenn der Menschengenosse stirbt. Frauen und Kinder gehen ganz unbesorgt unter diesen Reptilien und haben keinerlei Furcht. Jeder Mossi hat eine Schlange, die ihn repräsentiert und die mit ihm lebt und stirbt, ähnlich auch Krokodile, Antilopen und Hasen.

Von den Konkomba im Nord-Togo kann man folgendes melden: „Jeder Mensch hat ein Tier, das ihm mystisch entspricht. Wird ein Mensch geboren, so wird auch eine Eidechse geboren, wenn er stirbt, stirbt auch die Eidechse. Dieses Tier knüpft ein Band an den Menschen, aber es ist keine Verwandtschaft oder Abstammungsbeziehung zwischen diesen Tieren und den Ahnen; die Tiere sind auch nicht Gegenstand eines Speiseverbotes. Dieses Tier, meint Tafo (der Wahrsager von Nimé), ist die Seele des Menschen." Dabei verwendete Tafo für Seele den Ausdruck „ninhon" (esprit, souffle, chose immaterielle).

Ganz Entsprechendes wurde für die weiter westlich gelegenen Mandingo-Gebiete festgestellt. Labouret fand bei den Bambara und Malinke, dass jedes Menschenwesen durch ein Iguana gleichen Geschlechts verdoppelt ist. Es ist gleichzeitig geboren und wird gleichzeitig sterben. Angesichts eines dreibeinigen Iguana meint der Gewährsmann: „Das ist der N'wa (das ist „der Gleiche") des amputierten Soldaten, den wir im Dorfe haben." Das angeborene Tier ist mit seinem Menschen bis zu seinem Tode magisch verbunden und identisch. Auch die Verwandlung in das Tier ist möglich.

Die nordnigerischen Splittervölker sind gleichfalls klassische Vertreter des Buschseelenglaubens. Zumeist ist auch die Simultanexistenz klar nachweisbar. Bei den Berom hat jeder Mensch sein Double in einer Spinne. Er wird krank, wenn diese von einem missgünstigen Ahnen gefangen wird. Durch einen Versöhnungsritus am Grabe des Verstorbenen kann man mit Erfolg diese Spinne suchen gehen. Wird sie gefunden, so ist der Patient geheilt. In schweren Fällen fördert man den Heilprozess, indem man die Stirn des Kranken mit der wiedergefundenen Spinne berührt. Als bei den Angas Knaben sich krank fühlten, behaupteten sie, dass ihre Doppel Affen seien und diese müssten zu viel unreifes Korn gegessen haben. In den Hausschlangen, welche nie den Menschen angreifen und auch nie getötet werden, sehen die Montoil ihre mit ihnen sterbenden Partner. Wenn bezüglich der Marghi behauptet wird, dass die Buschseelentiere den menschlichen Partner überleben kraft eines Vertrages und noch nach dem Tod ihren Herrn rächen können, so taucht hier die eigentliche Schutztieridee auf, der wir in den mehr südlichen Gebieten Afrikas eher begegnen als im Norden, wo das tier-menschliche Verhältnis in viel stärkerem Mass schicksalhaft bedingt ist.

So findet sich bei den Völkern am oberen Sambesi der Glaube, dass Männer gewisse tierische „familiars" (Schlange, Elefant, Hippo, Krabbe usw.) künstlich magisch erzeugen können. Sie dienen ihren Herren. Ihr Leben ist simultan verbunden. Wird einer getötet, so stirbt auch der andere. Diese familiars sind aber verschieden von denen der Frauen, die ererbt wurden.

Dagegen zeigt sich bei den nördlich benachbarten Luba-Lulua das tierische Schutzwesen wieder mit dem Schicksal des Menschen von Geburt an verbunden. Leben und Charakter jedes Menschen ist mit seinem Tierpartner (Muwu, plur. Miuwu) eng verknüpft. Man schädigt den betreffenden Menschen, wenn man sein Muwu tötet oder verletzt. Man hat einen Muwu von Geburt an. Bei besonders Bevorzugten sind die Miuwu Sternschnuppen. Auch Geister haben Miuwu, das sind die Sterne des unsichtbaren Himmels.

Der Schutzwesencharakter des Alter Ego tritt deutlich hervor. Er resultiert vor allem aus der Vorstellung, dass sich Mensch und Tier be-

44

einflussen, dass sie ihre Eigenschaften einander sich vermitteln können. Bei den Kpelle treibt der Schutzelefant seinem Herrn andere Elefanten zu. Der Leopard schützt die Felder seines Menschengenossen von Antilopen, Wildschweinen und Dieben. Die Eigenschaften des Alter Ego lassen sich auf den Menschen übertragen; so gibt der Leopard Stärke, die Zwergantilope Klugheit. Die Bachama sagen, dass das Tier seinen Menschen nachts vor Gefahren warnen kann und der Mensch vermag Bewegungen und Handlungen des ihm zugehörigen Tieres zu beeinflussen. Ein Mann mit einem Nilpferd-Double wird dieses warnen, wenn seine Gruppe auf Hippo-Jagd geht und er weiss genau, wie weit es auch sein mag, wenn sein Nilpferdfreund ein Kanu umstürzt. Ist er selbst in einem Boot, so kann er das Nilpferd und dessen Verwandte weggehen heissen. Auch Hippos, die Doppel anderer Gruppengenossen sind, werden dann ausweichen.

Wenn das erworbene tierische Alter Ego oft genug ein reines Schutzwesen ist, so führt das angeborene unmittelbar zum erblichen Clan-Totem, und das ist nun eine Erscheinung von höchstem Interesse. Die Bachama am Benue haben sowohl den Buschseelenglauben als auch einen regelrechten Clan-Totemismus. Das Gruppentotem wird vaterrechtlich vererbt. Einige Gruppen haben aber daneben das tierische Alter Ego als Individualtotem, und zwar gehört zu jedem Individuum ein bestimmtes Tier der Art, das für die Gruppe typisch ist. Es ist „sein Ich". Die Zugehörigkeit dieses Tieres vererbt sich nicht unbedingt auf alle Kinder, ähnlich wie sich auch die Gabe der Besessenheit nicht allen Nachkommen mitteilt. Immer aber geht die Vererbung, wenn eine solche erfolgt, über die Mutter, und Söhne können ihr Individualtotem nicht weiter vererben. So kommt es, dass bei den Bachama jeder Mensch das Double eines der Totemtiere ist und dass das, was dem einen geschieht, auch den anderen betrifft, besonders Krankheit und Tod. Ein ähnliches Verschmelzen der Buschseele und des Gruppentotems wird uns von anderen nordnigerischen Völkern namhaft gemacht, so von den Kanakuru und Mbula und von den Bura-Pabir, hier wenigstens von dem königlichen Clan der Woviri, wo die Krokodile des Tilla-Sees als Totemtiere der Herrschergruppe gleichzeitig die Alter Ego aller ihrer Mitglieder sind.

Das Verhältnis des Einzelnen zu seinem Schutztier ist gewöhnlich so, dass man überzeugt ist, seinen Partner aus der Masse der Artgenossen heraus zu erkennen. Man tötet oder verletzt auch die anderen nicht, weil es sich um „Brüder" oder Verwandte des assoziierten Wesens handelt. Man ersieht daraus, dass auch der Individualtotemismus und

Buschseelenglaube mit einem Kollektiv, wenigstens auf der Seite des tierischen Partners, rechnet. Einem Einzelmenschen steht eine Gruppe von tabuierten Tieren gegenüber. Der nordamerikanische Individualtotemismus oder Schutztierglaube zeigt die gleiche Struktur. Hier träumt man von einem bestimmten Wesen und erwählt es als Schutztier, doch man erlegt danach irgendein Exemplar seiner Gattung, um sich aus seinen Teilen eine Medizin zu verschaffen und sich so die „Macht" seines Tieres materiell zu sichern. Wo Tabuisierung besteht, bezieht sie sich auch hier nicht nur auf das assoziierte Einzeltier, sondern auf die ganze Gattung.

Das Alter Ego ist zwar in der überwiegenden Zahl der Fälle ein Buschtier, aber es gibt eben auch einige abweichende Varianten. Da haben wir die nicht ganz seltenen Vorkommen eines pflanzlichen anderen Ichs. Der Lebensbaum ist die direkte, vegetabilistische Entsprechung zum tierischen Schutzwesen und Alter Ego. Seine Wirksamkeit ist natürlich durch die Immobilität beschränkt. Ich kann hier auf die afrikanischen Formen dieser so weit verbreiteten Vorstellung nur mit einigen Andeutungen eingehen.

Bei der Geburt oder in wichtigen Lebensabschnitten werden Bäume gepflanzt, die mit dem Leben des Menschen, dem sie geweiht sind, dauernd verbunden bleiben. Und auch hier können wir analoge Entwicklungsprozesse feststellen. Denn wie anders wäre zu erklären, dass bei den Dschagga bei der Geburt eines Kindes in den verschiedenen Sippen verschiedene Pflanzen (meist Kulturpflanzen) über den Nabelschnüren der betreffenden Kinder (beliebten „Seelenträgern") gesetzt werden, so in einer Sippe eine Colocasia, in einer anderen ein Zuckerrohrschössling, in einer dritten eine Ndishi-Banane usw. Es dürfte hier tatsächlich eine echte agrarische Parallelbildung totemistischer Art aus einer prototemistischen Grundhaltung heraus vorliegen, und zwar hier spezifisch sammlerischer Wurzelung. Lebensbäume reichen tatsächlich bis tief hinab in die Sammlerschicht.

Mit dem Gruppentotemismus eng verbunden ist das pflanzliche Alter Ego auch bei den Ngala am Kongo. Neben anderen Totems gibt es hier auch eine gewisse Pflanze. Wenn eine Frau der betreffenden Familie zum erstenmal schwanger wird, so setzt man die Pflanze ausserhalb des Hauses nah am Herd ein und sie darf auf keinen Fall vernichtet werden oder beschädigt, wenn das Kind nicht schwach und krank werden soll.

Sind Beziehungen zum Gruppentotemismus sowohl beim tierischen als auch beim pflanzlichen Alter Ego jeweils erkennbar, so ist eine entsprechende Feststellung bei einer Reihe von anderen Fällen nicht zu machen. Es handelt sich hier um künstlich hergestellte Dinge, in die mit magischen Praktiken das „Leben" oder die „Seele" des Menschen hineingelegt und damit vor Nachstellungen gesichert wird. Das ist nun hier im lebendigen Gebrauch genau die Idee, welche uns aus den europäischen und orientalischen Märchen von der „Riesenseele" wohlbekannt ist. Man stellt sich vor, dass der Mensch seine Seele der Sicherheit wegen in einen möglichst schwer zugänglichen Gegenstand deponieren könne. Der Körper bleibt so unverwundbar und unsterblich, bis das Versteck seiner Seele gefunden und zerstört ist. Ist es nun nicht ein Gegenstand, sondern ein Tier des Busches, so ist der Mensch gezwungen, die ganze Art zu schonen, da er ja nicht erkennt, welches Einzeltier seine Seele trägt. Gegen diese Argumentation Frazers spricht, dass die Verlagerung in ein Tier, besonders ein Buschtier, eher doch wohl eine Gefährdung denn eine Sicherung darstellt und daher ein Wille zur Sicherstellung des Lebens kaum die totemistische Haltung begründet haben kann. Jene Fälle aber, bei denen das Alter Ego ein künstliches Objekt darstellt, und diese wären ja, nach Frazers Ansicht, der Ausgangspunkt der ganzen Vorstellung, sind in Afrika relativ selten und offensichtlich nur beiläufige Varianten der eigentlichen tierischen Alter Ego-Idee. Das hat Meek bei den Gabin, einem nordnigerischen Volk, deutlich gemacht. Hier hat man einen Topf, den sich ein junger Mann, der ein eigenes Heim begründen will, von einem Freund verfertigen lässt. In diesen Topf soll seine Seele eingehen. Der junge Mann legt sich auf den Boden und der Töpfer sitzt neben ihm und formt den Topf so, dass er dem Auftraggeber gleicht. Ohren, Augen, Mund und Nase werden angedeutet, Schultern und Arme durch Auswüchse am Topf dargestellt; der Topf selbst repräsentiert das Herz, d.h. das Leben. Man bringt ihn in ein dolmenartiges Gebilde an geheimer Stelle im Busch. Es ist ein Steinkreis mit Deckplatte darüber. Wird sein Besitzer nun krank, so geht er dahin und bestreicht sich mit Öl die Schläfen, Schultern und den Bauch. Dadurch erhält seine Seele oder sein Herz wieder, wie sie sagen, die frühere Kraft. Meek meint nun ganz richtig: „Es ist daher ganz klar, dass die Gabin diese Töpfe als seelische Gegenspieler betrachten, genau so wie die Kanakuru und Mbula glauben, dass gewisse Tiere ihr Alter Ego seien. Wie eine Verletzung des Tieres auch eine Verletzung des Menschen nach sich zieht, so ist bei den Gabin eine Beschädigung des Topfes für dessen Besitzer Krankheit oder Tod." Ist der Topf beschädigt, so war es gewöhnlich ein Zauberer, der seine Seele stehlen wollte.

Wenn wir von diesen dinglichen und pflanzlichen Alter Egos absehen, so bleibt die Tatsache, dass es sich bei den Buschseelen überwiegend um Tiere handelt. In den besterhaltenen Glaubensformen wird das Buschtier nicht erst später erworben oder gar künstlich hergestellt, sondern es ist von Geburt an sein steter Begleiter. Tritt der Gedanke der Übertragung vom Vater auf das Kind oder von der Mutter auf das Kind hinzu, so ergibt sich leicht ein totemismusähnliches Verhältnis, vor allem, wenn auch andere unilinear verbundene Verwandte sich in die Schonung und Achtung des Buschtieres teilen.

Dieses Verhältnis zum Gruppentotemismus wollen wir jetzt noch etwas genauer ansehen. Da ist zuerst das auffällige und nicht seltene Zusammenauftreten von Individualtotem und Clantotemismus. Der Glaube der Kanakuru und Mbula an die Zwillingstierseele ist so stark, dass es eine regelrechte Verwandtschaftsorganisation totemistischer Art gibt, wobei deren Oberhaupt als der Hüter der Totemseele angesehen wird. Am deutlichsten wird das Verhältnis beim Leopardentotem des Ngima-Clans der Bura, wo das Totem gleichzeitig Individualtotem aller Totemgenossen ist. Die Legende erzählt, wie der Clangründer in einer Hungersnot Früchte von einem Affenbrotbaum ass. Unter diesem fand er einen Leoparden, der ihn aber nicht anfiel, sondern sich mit ihm freundlich stellte und bei ihm im Gehöft die Nächte verbrachte. Bis auf den heutigen Tag kommen Leoparden in die Gehöfte der Ngima-Leute und schlafen da. Immer erscheinen sie, wenn ein alter Mann im Sterben liegt, denn wenn ein Ngima stirbt, so stirbt auch sein Leoparden-Doppel. Der tote Körper des Leoparden wird feierlich bestattet.

Der in Afrika ungemein weit verbreitete Glaube an eine Reinkarnation im Tier hat dort, wo Gruppentotemismus besteht, seine besondere Färbung. Bei den Siena oder Senufo (Elfenbeinküste) geht beim Tod eines Menschen dessen Seele in ein eben zur Welt kommendes Exemplar der Totemgattung über. Aber auch jedes sterbende Totemtier wird in einem neugeborenen Totemgenossen reinkarniert (Wiedergeburtszyklus). Töten oder Verletzen eines Totemtieres würde den Tod oder die Verwundung eines bestimmten Clanmitgliedes bewirken. Sehr oft scheinen auch Häuptlinge ein spezifisches Tier zu haben, in dem sie sich nach dem Tod reinkarnieren.

Wir haben schon früher eine ganze Reihe von Tatsachen kennen gelernt, die das unmittelbare Hervorgehen von Gruppentotems aus Individualtotems demonstrieren. Um gerade diesen Punkt etwas besser zu illustrieren, muss noch auf etwas anderes hingewiesen werden. Fast alle totemistischen Clanlegenden gehen von einem individuell begründeten

Tier-(Pflanze-)Mensch-Verhältnis aus und oft hat dieses Verhältnis durchaus den Charakter einer echten individualtotemistischen Bindung.

Die Clanlegende der Mbeiya von Sakwa bei den Bura-Pabir etwa geht so: Der Gründer des Clans, der die Tsala-Kokwa-Schlange als Totem hat, war sehr betrübt darüber, dass er, schon sehr betagt, ohne Kinder bleiben musste. In seinem Schlaf träumte ihm, wie ihm jemand gebot, in der Erde zu graben, bis er einen Schwanz finde, den er, in Leder genäht, seiner Frau geben solle. So geschah es auch, und er bekam noch viele Nachkommen. Später grub er noch tiefer und er fand den Körper einer Schlange. Seinen Kindern verbot er schliesslich, diese Schlangenart zu töten und er legte ihnen das Gebot auf, sie sollten, wenn sie ein Exemplar tot fänden, es bestatten. Nach den Ngamo wird der Totemahne tödlich verletzt und eine Eidechse leckte ihm die Wunde, bis er gesundete. Er versammelte seine Familie, um ihr die Verehrung des Tieres anzuempfehlen. Solche individuelle Tierhilfe gegenüber dem Clanahnen und die anschliessende Verpflichtung der Nachkommen wird immer wieder betont.

In Wasserläufen und Tümpeln lebende riesige Schlangen der australischen Aborigines-Mythologie. Rindenmalerei der Mythe von der Regenbogenschlange. Port-Keats, Nord-Territorium.

Otto Zerries

Die Vorstellung vom Zweiten Ich

Die Vorstellung vom Zweiten, meist tierischen Ich des Menschen ist vor allem im Gebiet der mesoamerikanischen Hochkulturen, vorkolumbisch wie rezent, in zahlreichen Beispielen verbreitet.

Die variantenreichen Tierverkleidungen der Tänzer beim Balseriafest der Guaymí in Panama, das zur Reifezeit der Pijiguao-Früchte gefeiert wird, bringt man mit den geheimen Wildnamen in Verbindung, die viele Guaymí-Männer neben ihren übrigen Namen führen. Dieser möglichst geheimgehaltene Tiername kennzeichnet das Tier, das sich in der Seele des Menschen nach dem Glauben der Guaymí aufhalten und nächtlicherweise manifestieren kann. So können sich die Zauberer der Guaymí des Nachts in gewisse Säugetiere verwandeln und in dieser Gestalt miteinander kämpfen. Wenn dabei ein Tier durch ein anderes getötet wird, so muss auch der Indianer, der mit dem unterlegenen Tier identisch ist, in den nächsten Tagen sterben - ein typischer Fall von Lebensgleichlauf im Bereich des schamanistischen Geisterkampfes.

Der Schamane der Selknam auf Feuerland besass einen Schutzgeist Waiyuwen, die Seele eines verstorbenen Kollegen. Dieser Waiyuwen trat an die Stelle der eigenen Seele des Schamanen als dessen Doppelgänger bei Ausübung seiner Tätigkeit. Gegnerische Schamanen kämpften miteinander mittels ihrer beiderseitigen Waiyuwen. Wurde ein Waiyuwen dabei verletzt, so starb er, d.h. er wurde selbst zum Waiyuwen eines noch lebenden Amtsbruders. Einen tierischen Aspekt nahm der Waiyuwen in Sonderfällen ein. Im Kriegsfalle bediente sich der Schamane des sog. Hahmaen, einer Abart des Waiyuwen, als Kundschafter, das als ein Tier von der Grösse und Gestalt eines Guanaco vorgestellt wurde; manchmal glich es auch einem Fuchs oder einem

Cururo, einem Nagetier. Auch der araukanische Schamane bediente sich bei der Krankenheilung eines oder mehrerer Hilfsgeister, die vornehmlich als Vogel (Sumpfeule) oder Reptil (Kröte oder Schlange) auftraten. Mit diesem Hilfsgeist war der Schamane durch Bluttransfusion und andere magische Riten verbunden. Beider Leben war eng miteinander verkettet, und wenn einer von ihnen krank wurde oder starb, so widerfuhr dem anderen das gleiche.

Die Schamanin der Araukaner besitzt ein einwandfreies Zweites Ich mit Lebensgleichlauf in einem bestimmten Baum, meist einem immergrünen Canelo (Zimt)-Baum, einer Magnoliacea, die sie im Walde pflegt. Wenn jemand diese Pflanze entdeckt und entweder verletzt oder zerstört, so muss die Schamanin unfehlbar hinsiechen und schliesslich sterben. Auch bei den Mataco im Gran Chaco erscheint ein übernatürlicher Baum im Himmel als Alter-Ego des Schamanen. Der Baum ist dem Medizinmann als Vision im Ritual stets gegenwärtig und normalerweise mit Blättern belaubt. Erscheint er ihm dagegen dürr und ohne Blätter, so weiss der Medizinmann, dass er nach Ablauf eines Jahres sterben wird - mit seinem letzten Atemzug zerplatzt auch der Baum.

Ein tierisches Zweites Ich des Medizinmannes tritt bei den zur Sprach- und Kulturgruppe der Yanoama gehörigen Surára und Pakidái im Nordwesten Brasiliens auf. Diese schreiben alle Krankheiten feindlichen Zauberärzten zu. Als Überträger bedienen sich diese des „Gavião real" [Harpye-Vogel] und der Fledermaus. Beide Tiere werden als nomexi bezeichnet, doch ist nomexi auch der spezielle Name der Harpye. Erblickt man solch ein Tier, so tötet man es sofort, um dadurch Unheil zu verhüten. Ausserdem wird angenommen, dass mit dem Tode desselben auch ein feindlicher Medizinmann, der ihm zeitweilig innewohnt, sein Leben aushaucht. Die Flaumfedern des Gavião real werden deshalb für einige Tage als Trophäe in die Haare geklebt. Die Surára und Pakidái geben einige Flaumfedern der Harpye aus dem Haar der Teilnehmer beim Totenerinnerungsfest in die mit Urucu vermischte Knochenasche - ein Brauch, der m.E. mit dem Charakter der Harpye als Seelentier zu tun hat.

Nicht nur auf die Person des Medizinmannes beschränkt ist die Konzeption von der sich in Raubvögeln nach Art der Harpye manifestierten Buschseele bei den Waika des oberen Orinoko, ebenfalls einer Gruppe der Yanoama. Nächst der Totenseele nobolebe glaubt der Waika, eine Schattenseele, nonish oder noneshi, zu besitzen, die nach dem gleichnamigen Wort für Schatten benannt ist und sich im Augenblick des Todes mit der nobolebe, der Rauch- und Wolkenseele im Himmel verbindet. Diese nonish befindet sich in der Regel beim lebenden Erwachsenen ausserhalb des Körpers und hält sich an bestimmten Stellen des Waldes in tierischer Gestalt auf. Diese Buschseelen der Waika-Männer sind identisch mit dem mohóme, Raubvögeln der Art Würg- oder Schopfadler, der mit der Harpye eng verwandt ist. Wenn jemand zufällig einen solchen mohóme getötet hat, hält er strikt dieselben Tabuvorschriften ein, die der Krieger beobachten muss, der einen Menschen tötete, denn es wäre möglich, dass dieser mohóme der Träger einer männlichen nonish war, deren Besitzer gleichzeitig mit dem Schuss auf den Vogel dem Tode verfiel. Der mohóme gehört zu den etwa einem halben Dutzend Tieren, die nach Meinung der Waika von Anfang an vorhanden waren, nicht erst durch Verwandlung von Menschen entstanden. Auch bei den Surára und Pakidái ist die Alter-Ego-Vorstellung noch ausserhalb des noneshi-Komplexes zu finden und dann mit der Namengebung verknüpft, die den Kindern beiderlei Geschlechts nach Vollendung des dritten Lebensjahres zuteil wird.

„Der aus dem Tier- oder Pflanzenreich stammende Name wird dem Vater anlässlich seiner im Schnupfpulverrausch durchgeführten Gebete von den gigantischen Tier- und Pflanzengeistern genannt. Das betreffende Tier oder die Pflanze, dessen Name ein Kind trägt, gilt als eine Art spiritus familiaris für das ganze Leben. Damit ist die Vorstellung verknüpft, dass das Schicksal des Kindes von nun an wesensidentisch mit ihnen geworden ist, d.h. Glück, aber auch Not und Sterben von Tieren und Pflanzen, übertragen sich auf die gleichnamigen Menschen."

Das Überwiegen von Namen aus dem Tier- und Pflanzenreich konnten wir auch unter den Waika des oberen Orinokos feststellen. Dem offenbaren Individualtotemismus der Surára und Pakidái stehen dort Ansätze zu einer Art Geschlechtstotemismus gegenüber, denn die nonish oder Buschseelen der Waika-Frauen befinden sich in einer anderen Art Tiere als die der Männer, und zwar ist nach der Beschreibung der Eingeborenen auf ein kleines Nagetier (háhame) zu schliessen. Als „Bildseele des Kindes" wird ferner eine kleine braune Eidechse mit schwarzen Flecken bezeichnet, von der jedes Kind angeblich ein Exemplar als Alter-Ego besitzt. Es herrscht völliger Lebensgleichlauf: Wenn eine solche Eidechse getötet wird oder umkommt, stirbt auch das Kind und vice versa.

Bei den Surára und Pakidái hat der mit der Namengebung verbundene Nagualismus [Zweites Ich] zur Folge, dass nach dem ersten Abschnitt der Bestattung eines Verstorbenen, dem Aussetzen der Leiche auf einen Baum, ein Verwandter des Toten ein Tier derselben Art töten muss, dessen Name der Verstorbene getragen hat. Trug er einen Pflanzennamen, so muss eine solche Pflanze vernichtet werden. Ein Baum z.B. wird durch Anbringen zick-zackförmiger Kerben ringsum den Stamm zum Absterben verurteilt. Der Sinn solcher Handlungen wird darin gesehen, dass die menschliche Totenseele auf ihrer Wanderung zum Monde, ins Jenseits von einer gleichnamigen tierischen oder pflanzlichen Seele begleitet sein muss, die als Führer dient.

Im Lichte dieses neuen Materials gewinnt auch die Zeremonialjagd nach einem Todesfall bei den östlichen Boróro möglicherweise einen ganz anderen Sinn. Bei dem adugo mori genannten Ritual handelt es sich um die Sitte, dass nach einem Todesfall ein Katzenraubtier (adugo) getötet werden muss. Der Jäger wird besonders geehrt und gilt während des Trauerzeremoniells als Verkörperung des Toten. Er übergibt Fell, Zähne und Klauen des Tieres den nächsten Verwandten oder den Verstorbenen als Wiedergutmachung.

Eine Ritualjagd in Verbindung mit der Tiernamengebung wie bei den Surára und Pakidái findet sich auch bei den Sirionó, Urwaldnomaden in Ostbrasilien, nur wird die Jagd dort nicht nach dem Tode des Tiernamenträgers vollzogen, sondern der Vater geht bei der Geburt seines zukünftigen Kindes, sobald die Wehen einsetzen, in den Wald, um ein besonders starkes Tier, einen Tapir, Jaguar oder ein Peckari zu erlegen, dessen Namen das Kind erhält. Wenn ein solches Wild nicht zu finden ist, wird das Kind statt dessen nach dem erst besten Tier genannt, das der Vater bei diesem Jagdzug tötet. Sollte der Vater mit leeren Händen zurückkehren, bestimmen andere Umstände die Namengebung. So kann das Kind u.a. nach dem Baum benannt werden, unter dem es geboren wurde.

Hier tritt eine hinsichtlich des für den Alter-Ego-Glauben charakteristischen Parallelismus von Tier und Mensch anscheinend völlig konträre Vorstellung auf, die ich folgendermassen definieren möchte: Ein Tier muss sterben, damit sein mit dem Namen verbundener Seelenbestandteil frei wird, um umgekehrt einem Menschenkind zu seinem wahren sozialen Dasein zu verhelfen. Hier ist der Lebensgleichlauf zwischen Tier und Mensch einem Lebensaustausch gewichen. Ähnliches findet sich bei den Mundurukú. Dort werden die Seelen der getöteten Jagdtiere im Jenseits in Menschen verwandelt. Andererseits ist die Seele eines Menschen in steter Gefahr, von den Jagdtieren gestohlen zu werden, falls diese oder ihre Schutzgeister von dem Betreffenden beleidigt wurden. Der Seelenverlust äussert sich in einer ernsten Erkrankung. Aufgabe des Schamanen ist es, die Seele des Patienten zurückzuholen, indem er den Gesang der jeweiligen Tierart anstimmt, in deren Besitz die Seele gerade seiner Meinung nach sich befindet. Meist stiehlt der Tapir die Menschenseele, rennt mit ihr weg durch das Unterholz, durchschwimmt mit ihr Flüsse usw., um sie dann dem Wildschwein (Peccari) zu übergeben, das eine Weile mit ihr reist und sie dann einem kleineren Jagdtier übergibt und so fort. Die kleinste Affenart händigt die Seele dann dem grössten Fisch aus usw. Wenn die Seele die kleinste Fischart erreicht hat, ist die Wanderung zu Ende, und der Mensch muss sterben. Dies kann schon vorher eintreten, wenn das betreffende Tier, das die Seele gerade mit sich führt, auf seiner Wanderung stirbt - womit wir wiederum auf das für das Alter-Ego-Denken häufigere Moment des Lebensgleichlaufes stossen.

Letzterer allein ist im totemistischen System der Shokleng von Santa Catarina enthalten. Die fünf Gruppen des Stammes „besitzen" bestimmte Arten von Tier und Pflanze, zu denen sie in einem mystischen Verhältnis stehen, das m.E. wie beim ausgesprochenen Alter-Ego auf einer Gemeinsamkeit von Seelenqualitäten beruhen dürfte. Wenn jemand aus der betreffenden Gruppe sterben wird, so leidet darunter bereits im voraus die dazugehörige Spezies. Bei einem Angehörigen der Gruppe Klendó gibt es dann z.B. keinen Honig, da die Biene das mang, d.h. der übernatürliche Besitz der Klendó ist. Stirbt einer der Wanyeki-Leute, so werden die Tapire sehr mager, und der Tod eines Angehörigen der Theté-Gruppe kündigt sich dadurch an, dass die Pinie keine Zapfen trägt, deren Kerne das wichtigste pflanzliche Nahrungsmittel der wildbeuterischen Shokleng sind. Der Leichnam wird später auch in einem trockenen Pinienbaum verbrannt.

Eine etwas abweichende, aber mit dem Brauch der Sirionó offensichtlich nahe verwandte Art der Tiernamengebung begegnet uns bei den Guayakí in Paraguay. Diese geben zur Erklärung ihrer Sitte, den Kindern Tiernamen zu verleihen, an, dass das Fleisch des Wildes, das die Mutter in der letzten Zeit der Schwangerschaft genossen hat, den Körper, das Fleisch des Kindes gebildet hat. Hat die Schwangere in dem besagten Zeitraum verschiedenes Wild genossen, so bestimmt sie das Wild, das am besten geschmeckt hat, für den Namen des Kindes. Es pflegt dann aber bis in spätere Zeit bemerkt zu werden: „Sein Name ist auch anders" oder, was gleichbedeutend ist: „Sein Körper besteht auch aus anderem Fleisch". Der Ausdruck ihrer Sprache für Körper und Name ist derselbe: eté. Als Namen kommen bei den Guayakí somit alle Benennungen essbarer Tiere in Betracht, nicht nur des grösseren Wildes, sondern auch die der essbaren Larven von Wespen, Bienen und

Käfern. Tiere, die oft gejagt werden oder deren Fleisch für die Körperbildung des Kindes als besonders vorteilhaft gilt, haben gewöhnlich mehrfache Bezeichnungen, so dass häufige Benennungen der Kinder mit gleichen Namen vermieden wird. Wie bei den Sirionó ist die Namengebung mit dem Tod des Jagdtieres verbunden, jedoch legen die Guayakí den Akzent nicht auf das Spirituelle, das Freiwerden des mit Seelenqualität behafteten Tiernamens für das Neugeborene. Hier wird vielmehr das Stoffliche betont, der Aufbau des kindlichen Körpers im Mutterleib durch das Fleisch des bevorzugten Wildbrets, das dem jungen Erdenbürger schliesslich den Namen und damit seinen Körper - wenn auch nicht ausschliesslich - verleiht.

Nicht mit der Namengebung, wohl aber mit der Seelenzuteilung bei der Geburt hat folgende Anschauung der Apapocuva-Guaraní zu tun: Bald nach der Geburt tritt zur Hauchseele ayvucué, die aus dem Wohnsitz einer Himmelsgottheit stammt, noch ein neues Element hinzu, um die Menschenseele zu vervollständigen: das acyiguá, was soviel wie „lebhaft, heftig, stark" bedeutet. Es residiert im Genick des Menschen und gilt als seine Tierseele. Die guten und sanften Regungen im Menschen schreiben die Apapocuva seinem ayvucué, die schlimmen und gewalttätigen seinem acyiguá zu. Die Ruhe ist eine Äusserung des ayvucué, die Unruhe des acyiguá. Der Appetit auf milde Pflanzenkost entspringt dem ayvucué, der auf Fleisch dem acyiguá. Die Eigenschaften des Tieres, das als acyiguá zur Bildung der Menschenseele beitrug, bestimmten das Temperament der betreffenden Person. Ein geduldiger, freundlicher Mensch z.B. mag eine Schmetterlingsseele besitzen, eine Jaguarseele - das schlimmste acyiguá - macht den Mann grausam und gewalttätig. Gleich nach dem Tod trennen sich die beiden Seelen wieder.

Ferdinand Reitzenstein

Über die Herkunft der Kinder in Glaube und Brauch

Man darf es geradezu als eine ungeheuerliche Voraussetzung bezeichnen, wenn man so ohne weiteres annimmt, dass der primitive Mensch den Zusammenhang von Cohabitatio und Conceptio gekannt hätte. Bedenken wir, wie furchtbar gering noch die physiologischen Kenntnisse der Griechen waren.

Dem Menschen fehlte vor allem etwas, was für uns sozusagen die Probe bildet, das Jungfrauentum. Für Naturvölker gibt es keine Jungfrauschaft. In den meisten Fällen wartet man sehnsüchtig darauf, ein Mädchen zum geschlechtlichen Verkehr zu bekommen. Und selbst vor der Zeit, die für die Heirat in Betracht kommt, findet fast stets geschlechtlicher Verkehr statt, selbst dort, wo aus Rücksicht auf Ahnenverehrung oder Stammesechtheit Keuschheit gefordert wird; denn nur nach buddhistisch-christlicher Auffassung ist die geschlechtliche Enthaltsamkeit zum „Verdienstprinzip" gestempelt.

Umgekehrt bestehen aber für primitive Menschen Proben für das Gegenteil. Man schliesst häufig Ehen vor der Geschlechtsreife, vollzieht den Beischlaf und erhält natürlich keine Kinder. So wird das australische Mädchen oft schon mit acht Jahren verheiratet. Ebenso ist ausschlaggebend, dass bei den geschlechtlichen Spielereien der Jugend - die sich äusserlich vom wirklichen Geschlechtsverkehr in nichts unterscheiden - nur äusserst selten Nachkommenschaft geboren wird. In Jabin [Papua] verkehren die 13jährigen Knaben bereits heimlich mit den Mädchen. Noch wichtiger aber ist, dass gerade bei dem häufigen Geschlechtsverkehr die weitaus grössere Zahl von Beiwohnungen nicht zur Schwangerschaft führt. So hatte man also nicht nur keinen Anhaltspunkt, sondern musste zunächst gerade das Gegenteil schliessen, und selbst in später Zeit noch führte eben diese Beobachtung dazu, dass man den Beischlaf wohl für nötig zur Befruchtung erachtete, den übernatürlichen Vorgang aber als die Hauptsache betrachten musste, während man andererseits glaubte, dass Mädchen erst nach Erledigung der üblichen Reifezeremonien normale und brauchbare Kinder bekommen würden.

Beobachtungen bei den Australiern

Wenn wir die Australier herausgreifen und im speziellen Zusammenhang behandeln, so geschieht das deshalb, weil bei ihnen die Frage eigentlich zur brennenden geworden ist. Ohne auf alle Details einzugehen, wollen wir hier nur das Wichtigste geben. Ein Pflanzengeist ist es zunächst, von dem man annimmt, dass er in die Frau fährt und sich dort zum Kinde bildet. Primitive Völker stellen sich Geister mehr materiell vor, und so darf man auch hier von vornherein annehmen, dass man sich dies Geisterkind - das aus einem eignen Reiche, ursprünglich einem grossen Walde oder der Wassertiefe kam - mehr materiell als spirituell dachte. Vor allem müssen wir im Auge behalten, dass diese Erklärungen der Befruchtung älter sind als der Totemismus, dass also alle Anpassungen an totemistische Ideen sekundär sind. Das Primäre ist der Glaube, dass die Geister der Verstorbenen in Wäldern, respektive einem mythischen Reiche hausen, dort die Pflanzen beseelen und wieder zu Menschen werden können. Auch Felsen und Wassertümpel werden in dieser Weise bevölkert. So ist Wat-shilli bei den Urabunna ein Baum oder Fels, der mit Geistern der Verstorbenen besetzt ist, also dasselbe, was die Aranda Nanja nennen. Bei den Warramunga kennt man einen Geist eines Totems namens Ungwulan, der um das Baumgrab schwebt. (Hier muss daran erinnert werden, dass die Australier die Gräber ihrer Toten auf Bäumen errichten, wo sie in Stangen und Ästen gebettet ruhen. Die Tasmanier setzten die Verstorbenen gar in hohlen Bäumen bei).

Jedes Individuum, das nun geboren wird, wird als eine Art Inkarnation eines Ahnen betrachtet, und da man bestimmt glaubte, dass Kinder geboren werden ohne Zutun des Vaters, d.h. ohne geschlechtlichen Verkehr, so ist die Befruchtung weiter nichts als der Einritt eines solchen Geistes in die Mutter, den man sich eben sehr materiell vorstellt. In dem Gebiete des Arandastammes glaubt man, dass in gewissen Steinen Kindergeister stecken, die sowohl durch Zauber oder durch eigene Machtmittel in den Körper der Frau eingehen. Sie glauben, dass diese Geister sehr klein sind, ungefähr von der Grösse eines kleinen Sandkornes, und dass sie durch den Nabel in die Frau eingehen, wo sie zum Kinde wachsen. Strehlow sagt, dass sie trotzdem vollkommen ausgebildete Knaben und Mädchen von rötlicher Hautfarbe darstellen und Leib und Seele haben. Ebenso ist uns von den Unmatjera bekannt, dass sie glauben, der Geist gehe durch den Nabel ein, und sobald hier der Gatte bemerkt, dass die Frau schwanger ist, singt er, um das Kind gross zu machen. Dabei reibt er eine Schmiere seitwärts auf die Frau und singt: ara tapa tjiri ai; ara tapa para re, wobei er jeden Refrain mehrmals wiederholt. (Diese Worte stammen von einem Geiste (Alcheringa) und ihr Sinn ist den heutigen Eingeborenen unbekannt).

Die Befruchtung kann aber auch dadurch herbeigeführt werden, dass die Frau eine Frucht solcher Bäume verzehrt. Dies gilt besonders von den lalitja-Früchten, durch deren Genuss ein lalitja-ratapa (Kinderkeim) in die Hüften der Frau eingeht. Mit der Ausbildung des Totemsystems wurden seine Ideen natürlich in erster Linie mit diesem Glauben verbunden.

Die Toteninsel Itjasilkna-ala, nach der der Geist der Verstorbenen geht und dort von einem Blitzstrahl vernichtet wird, ist eine spätere Schöpfung. Die Arandafrau glaubt, dass ein Alcheringageist (z.B. vom Emutotem, der Hakeapflanze) in sie einging. Diese totemistischen Geister werden sodann als die Schöpfer der Kinderkeime aufgefasst, die sich „emanationsartig" von ihnen ablösen. So steigt der Ahnherr des Schwarzschlangen-Totems aus einer Wasserhöhle am Tennant Creek; er wandert über die Gegend und lässt, seinen Spuren folgend, eine Fülle von geisterhaften Schwarzschlangenkindern zurück, die in den Felsen rund um die Wasserhöhle und in den Gummibäumen, die den Fluss beschatten, Wohnung nehmen. Keine Frau würde es ohne weiteres wagen, einen solchen Baum zu schlagen, weil sie fest überzeugt ist, dass dies die Befreiung eines Geisterkindes bedeutet. Bei den Eingeborenen von Cap Bedford hingegen gehen die Knaben in Gestalt einer Schlange, die Mädchen als kleine Brachschnepfen in den Leib der Mutter ein.

Der gleichen Idee folgend, wird ein Instrument als Vermittlung eingeführt: das Schwirrholz oder Chúringa. Dies stellt ein an einem Ende durchbohrtes, flaches, längliches Holz dar, das mittels einer Schnur rasch im Kreise gedreht wird, wodurch ein starkes Sausen entsteht, von dem man glaubt, dass es ursprünglich ein geisterhaftes Wesen, Murtu-Murtu, mit dem Munde machte. Dieses Murtu-Murtu wurde dann von zwei Hunden zerrissen, und aus seinen Körperteilen wuchsen jene Bäume, aus denen jetzt die Schwirrhölzer gemacht werden. Die Frau kann nun auch empfangen, wenn ein Totemvorfahre ein kleines Schwirrholz (namatuna) nach ihr wirft. Dieses verwandelt sich in ihrem Körper in einen ratapa. Andererseits dient die Chúringa sichtlich zur Hervorzauberung von Kindern. So werden bei den Kaitisch die Kindersteine oder Kwérkapúnga damit gerieben, um zu veranlassen, dass ein Kind in die Frau eintritt. Über die Beteiligung des Mannes sagt Strehlow: Die geschlechtliche Cohabitatio wird nur als ein Vergnügen angesehen. Übrigens wissen die alten Männer, wie mir versichert wurde, dass die Kohabitation als Grund der Kinderkonzeption anzusehen sei, sagen aber davon den jungen Männern und Frauen nichts. Sicher ist, dass sowohl Aranda als Loritja den Zusammenhang zwischen Begattung und Nachkommenschaft bei den Tieren kennen, darüber werden schon die Kinder belehrt. Dass die geschlechtliche Beiwohnung lediglich als angenehme Beschäftigung betrachtet wird, bestätigte mir auch Planert, dem dies von Missionar Wettengel mitgeteilt wurde. Interessant ist, dass die jungen Männer und Frauen, trotz der Beobachtung an Tieren, den so naheliegenden Schluss auf den Menschen nicht ohne weiteres tun.

Mexikanische Überlieferungen

Zunächst finden wie bei den Mexikanern bereits ein Kinderreich völlig ausgebildet, ein Paradies, aus dem sie herabkommen, also einen etwas erweiterten Kreis, als er bei den Australiern war. Es ist das der 13. Himmel, wo Ayopecheatl, die Erdgöttin, als Gemahlin des Ometecutli, des Herrn der Zeugung, wohnt. So steht im Lied der Blumengöttin: „Aus dem Lande des Regens und Nebels komme ich, Xochiquetzal, aus Tamoanchan." Dieses Märchenland galt als Urheimat der Menschen und wird durch einen gebrochenen Baum, aus dessen Wunde Blut fliesst, veranschaulicht; also noch ein deutlicher Hinweis auf seine Genesis, die genau in denselben Ideen begründet ist, wie die Baumheimat der Australier. Sein Name kommt von temo „herabkommen", also „Haus des Herabkommens, des Geborenwerdens", und die Herabkommenden sind eben die Kinder. Und weil diese Seelen bei den meisten Völkern aus Bäumen hervorgehend gedacht werden, so repräsentiert auch der gebrochene „ausfliessende" Baum das ganze Paradies, das ursprünglich auch wieder ein grosser Waldbestand war und erst später in die mexikanische Astralmythologie - die ihrerseits eben nur eine zweite Phase mythologischer Entwicklung darstellt - eingegliedert wurde. Daher kommen auch die anderen Namen, die dies Wunderland führt, nämlich „Ort, wo die Kinder gemacht werden", oder „Ort, wo die Blumen stehen". Hier lebten denn auch die Seelen der Verstorbenen, insbesondere der Krieger, die als Schmuckvögel, Kolibris, Schmetterlinge, besonders aber als Quecholvögel (roter Löffelreiher) auftraten. So heisst es in einem Gesang des Maisgottes: „Geboren ist der Maisgott, In dem Hause des Herabkommens, Aus dem Orte, wo die Bäume stehen. Geboren ist der Maisgott, Aus dem Orte des Regens und Nebels, Wo die Kinder der Menschen gemacht werden, Aus dem Orte, wo man die Edelsteine fischt."

Wir erfahren, dass die Zeugung durch die Götter verlief: „Von Ometecutli, sagt man, hänge das Sein aller Dinge ab, und dass auf seinen Befehl von dort der Einfluss und die Wärme käme, vermöge deren die Kinder in dem Leibe ihrer Mutter sich erzeugten." Dies ist natürlich bereits eine Anschauung, die auf einer fortgeschritteneren Stufe entstand. In noch früherer Zeit dachte man realistischer. So wurde die Mutter des Gottes Uitzilopochtli als Jungfrau durch einen Federball schwanger - ohne Zutun eines Mannes - der vom Himmel herabkam, nachdem sie ihn in ihren Bauch gesteckt hatte. Ganz ähnlich wurde der Gott Quetzalcouatl geboren, weil seine Mutter, die Jungfrau Chimaemau einen grünen Edelstein verschluckt hatte. Beide Gegenstände sind also geheimnisvolle befruchtende Körper - Träger eines Kinderkeimes - weshalb beide auch stets den mexikanischen Brautpaaren auf die Matte, auf der die Trauung vollzogen wurde, gelegt wurden, eben weil man ursprünglich auf diese Weise die Braut befruchten wollte.

Noch charakteristischer stellt ein Bild diese Herkunft der Kinder aus dem Blumenlande dar. Hier sitzt ein Menschenpärchen, über dem die Himmelsgöttin schwebt, aus deren Vulva eine Blume (der Kinderkeim) herabwächst, der dem Paare beschert wird. Um keinen Zweifel mehr übrig zu lassen, ist uns ein Bild der Göttin Tlacolteotl erhalten, der Repräsentantin der geschlechtlichen Liebe. Das Kind kommt deutlich vom Himmel herab, geht in die Göttin ein und tritt bei der Vulva wieder aus. Damit haben wir deutlicher als bei irgend einem anderen Volke die Herkunft des Kindes zeigen können.

Göttin Tlacolteotl mit Kind

Da der Mensch nicht immer wartet, bis ihm die Götter geben, sondern sie vielmehr dazu bestimmen sucht, entstand Zauber und Religion. Auch auf diesem Gebiete bildete sich eine Reihe alter Zauberriten aus. Bei verschiedenen Völkern ist es üblich, die Jungfrau mit einem Steinmesser zu deflorieren, d.h. sie zu befruchten, und so finden wir bei den Mexikanern denn auch folgende interessante Erzählung: Ciuateotl, die Erdgöttin, erschien häufig mit einer Kindertrage und einem Kinde darinnen auf dem Rücken. Sie stellte sie auf dem Markte unter den Frauen nieder und verschwand dann. Sahen diese nach dem Kinde, so fanden sie statt seiner ein Steinmesser in der Trage. Kind und Steinmesser können sich also ineinander verwandeln.

So wird uns dann ein Bild ohne weiteres klar. Wir sehen wieder das erste Menschenpaar unter einer Decke (das gemeinsame Bedecken ist bei fast allen Völkern das Zeichen der vollzogenen Eheschliessung) und zwischen ihnen liegt das Feuersteinmesser. Dieses seinerseits ist aber auch dem Maisgotte heilig, der deshalb „das gekrümmte Obsidianmesser" hiess, und wie jeder Pflanzendämon zugleich ein Fruchtbarkeitsgott war. Was hier in den Darstellungen des ersten Menschenpaares sich erhalten hat, kann natürlich nur eine Sitte der Urzeit sein; man legte ein Feuersteinmesser zwischen das Brautpaar, um die Befruchtung zu zaubern.

Menschenpaar mit Feuersteinmesser

An Stelle dieses Feuersteinmessers erscheint aber häufiger ein anderes Instrument, der Rasselstab. Da er bei gleichen Darstellungen an derselben Stelle wie das Steinmesser gesetzt ist, ist natürlich auch sein Zweck derselbe, denn es soll immer die gleiche Szene ausgedrückt werden, und dies stimmt auch völlig zu seiner späteren Entwicklung - seine früheste Form werden wir bei Indien kennen lernen. Er ist ein gewöhnlicher Stab, auf dem sich eine Kapsel mit Steinchen oder ähnlichen Gegenständen gefüllt, befand, die von einer Holzspitze überragt wurde. Der Stab stellt ursprünglich ein Stück eines Baumes dar, der mit einer Pflanzenseele behaftet gedacht ist, während die daran befestigte Rassel den Zweck hat, böse Dämonen, von denen man eine Befruchtung nicht wünscht, oder einen Hinderungszauber der beabsichtigten Befruchtung, zu verscheuchen. So ist der Rasselstab das Attribut verschiedener Fruchtbarkeitsgötter und als solches zugleich ein Zauberinstrument, das späterhin auch zum Befruchten der Felder verwendet wurde. Nun fanden wir im Codex Borgia und im Codex Vaticanus B. zwei Bilder, in denen er zwischen dem ersten Menschenpaare, das sich wieder in Kopulationsstellung befindet, angebracht ist, offenbar nur zu dem Zwecke, um die Frau zu befruchten. Es ist nicht ausgeschlossen, dass er in älterer Zeit tatsächlich zwischen das Brautpaar während der ersten Nächte gestellt wurde; jedenfalls musste dieses auch bei den Mexikanern vier Tage lang fasten. (Berichtet wird auch von Federn, grünem Edelstein, einem Stück Fell und grünen Stengeln, die am Lager des Brautpaares aufgelegt wurden). Jedenfalls war beim Fasten der geschlechtliche Verkehr mit der Gattin streng untersagt, und darin liegt wohl der Grund, weshalb man die ersten vier Tage der Ehe fastete. Sie sind nichts anderes, als die sogenannten Keuschheitsnächte, die man über die ganze Erde beim Eheabschluss verbreitet findet und deren Zweck kein anderer ist, als dass der Mensch „das Vergnügen des Beischlafes" ruhen lassen muss, während er von übernatürlicher Seite die Befruchtung der Frau erwartet. Die Keuschheitsnächte entspringen natürlich nicht einer moralischen Idee, schon deshalb nicht, weil bei verschiedenen Völkern der Beischlaf vorher vollzogen wird, und dann erst die Enthaltungszeit folgt.

Indische Gebräuche

Indien bietet uns so reiches Material, dass wir nur einige Momente aus der Fülle herausgreifen können. Fünf Tage nach der Hochzeit pflegt das junge Paar das Baumopfer (napitakarma) darzubringen. Nachdem sich die beiden Ehegatten Nägel und Haare geschnitten haben, gehen sie hinaus, bis sie zu einem Udumbarabaum kommen. Diesem opfern sie und bitten um zahlreiche Nachkommenschaft. Dann steigen sie bis zum Knie ins Wasser und fangen mittels eines neuen Gewandes Fische, die sie unter dem Udumbarabaum den Ibissen opfern, während die Kleider am Baume befestigt werden. Auch hier erwartete man vom Baume den Kinderkeim, und der elbische Vermittler ist der Ibis, wie es in Mexiko der Löffelreiher war. Unter den verschiedenen Bäumen, die bei den Indern für den Befruchtungsglauben eine Rolle spielen, steht auch sonst der Udumbarabaum voran. Sehr verblasst wird seiner z.B. auch bei den im Mantrabrahmana geschilderten Ehegebräuche gedacht; dort heisst es: „Dies ist ein Zweig des nahrungsreichen (Udumbara); sei fruchtbar wie dieser nahrungsreiche (Baum). Laub soll dir, o Waldesherr, entspriessen, dir (o Weib) werde Kinderreichtum zu teil."

Man dachte sich diese Bäume beseelt, wie wir es bei den Australiern sahen. So heisst es: Bei grossen Bäumen murmelt er (d.h. der Bräutigam, wenn er mit der Braut auf dem Heimzug daran vorbeigeht): „Hört mich hier wohl, ihr Menschen, durch welchen Segensspruch die Gatten Glück erreichen. Die Gandharven und göttlichen Apsarasen, welche in diesen Bäumen verweilen, die mögen diesem Weibe zum Heile gereichen und nicht den Umzug stören." Aus derartigen Bäumen wurde ein Befruchtungsgerät hergestellt, ein Stab, der genau dem Rasselstab der Mexikaner entspricht. Er wurde in den drei Keuschheitsnächten, die das junge Paar zu halten verpflichtet war, zwischen dessen beide Lager aufgestellt; er war mit Wohlgerüchen bestrichen und mit Gewand und Fäden umhüllt. Erst am vierten Tage durfte das Beilager stattfinden, und dabei wurde der Frau die zerstampfte Wurzel der Simhipflanze in das Nasenloch geschüttet.

All das sind wieder die bekannten Befruchtungsgebräuche, die in Verbindung mit den sogenannten Keuschheitsnächten stehen, in denen man die Befruchtung der Braut erwartete. Dieser Befruchtungsstab wird von einem milchhaltigen Baum genommen, und Sudursanarya gibt an, dass man sich unter ihm den Gandharven Viçvâvasu vorzustellen hat. Dieser wurde späterhin zum Schützer der Jungfräulichkeit, aus den gleichen Gründen, wie die Befruchtungsnächte zu Keuschheitsnächten wurden und der Stab, den, wie wir sehen werden, auch ein Schwert ersetzt, zu einem trennenden Symbol der Keuschheit wurde, da man mit der Zeit die alte tiefe Bedeutung des Fastens und der Enthaltsamkeit vom geschlechtlichen Verkehr vergessen hatte und nur die äusseren Merkmale festhielt, die man mit moralischem und ähnlichem Aufputz neu gestaltete.

Den Zusammenhang zwischen Stäben und Pfählen mit den ursprünglichen Bäumen hat auch Oldenberg erkannt. Er sagt: „Dem Baumkultus möchte ich es zurechnen, wenn man beim Tieropfer dem hölzernen Pfahl, an welchen das Opfertier gebunden wurde, Verehrung darbrachte; der Pfahl repräsentiert den in ihm erhaltenen Baum und somit ein göttliches Wesen." Viçvâvasu ist als Genius der Pubertät und der unverheirateten Mädchen zugleich Gatte jeder Jungfrau und die weiblichen Genitalien werden sein Mund genannt. Noch heute wird er im südindischen Mysore bei Hochzeiten angebetet. Mit der Verheiratung hört seine Herrschaft auf und sein letztes Werk ist eben die Befruchtung in den Nächten der Enthaltsamkeit. Nach der ersten Kohabitation wird er aufgefordert, sich wegzubegeben.

Wir haben nun eine bildliche Darstellung dieses Stabes. Das Gemälde stellt die Hochzeit des als Rama inkarnierten Vischnu mit der Sita dar. Diese ist eine Inkarnation der Göttin Lakschmi, die als Tochter des südindischen Königs Janikamaharaja bezeichnet wird. Ziegenbalg erfuhr bei seinen Forschungen noch von einem „Heiden" der Malabarküste, dass bei der Trauung dieses Paares im Hofe ein Pfahl von Korallen gemacht wurde, neben einem Baldachin aus Perlen, unter dem der Trauakt vollzogen wurde. Hier ist bereits die märchenhafte Entstellung, die wie mit einem Zauberstab alles in Kostbarkeiten verwandelt, bemerkbar, während unser Bild nach einer älteren und realeren Darstellung gefertigt wurde. Wir sehen hier den Stab zwischen dem Brautpaar aufgestellt, an dem oben ein Büschel grüner Blätter angebunden ist.

Aus dem überreichen Material, das uns für diese Baumehe vorliegt, wollen wir nur noch die der Dhobis, einem Wäschervolk von Mysore, erwähnen. Hier ist die Ehe vor der Reife des Mädchens Regel. Dabei wird es zuerst an einen Baum oder an ein Schwert vermählt, bevor es den Bräutigam heiratet. An Stelle des Schwertes tritt bei verschiedenen Stämmen, so in Madura, die Heirat mit einem Dolch oder einem Idol. Die Maravan-Zamindars von Tinnevelly feiern ihre Hochzeit mit einem Stock; bei den Alias von Ganjam wird diese Scheinheirat mit einem Bogen abgeschlossen. Auch bei Schwert, Dolch, Stock und Bogen kann kein Zweifel sein, dass die Befruchtung von einer Gottheit erwartet wird, deren Repräsentanten eben diese Geräte sind. Dass dies auch die Sonne sein kann, geht daraus hervor, dass die Çudramädchen in Ganjam an diese verheiratet werden, wobei wir beachten müssen, dass u.a. die Töchter des Kaziken von Guachetá (Chibchagebiet) sich von der Sonne befruchten liessen. Sie gingen dazu auf einen hohen Berg, nahmen eine geeignete Stellung gegen die Sonne ein, und nach einigen Tagen gebar die eine einen Smaragd, den sie in den Busen steckte, wo er sich in ein Kind verwandelte (also eine Verquickung der direkten Befruchtung durch die Sonne mit der Befruchtung durch den grünen Edelstein, wie wir das bei Mexiko gesehen haben). Wie sehr man in Peru noch in der Zeit der Hochkultur daran glaubte, zeigt die Verordnung, dass Sonnenjungfrauen lebendig begraben wurden, wenn sich Folgen geschlechtlichen Verkehrs zeigten, ausser sie konnten nachweisen, dass sie von der Sonne geschwängert worden sind. Nun ist wichtig, dass wir erfahren, dass in Südindien, z.B. in Bihar, das Schwert während der oben erörterten Keuschheitsnächte die Ehegatten trennt, also vollständig denselben Zweck erfüllen muss, den der Stab und bei den Mexikanern der Rasselstab erfüllt hat. Der Unterschied ist nur der, dass der Stab noch Repräsentant des Trägers der Baumseele war, während das Schwert Symbol eines Gottes ist, was sich aus der Weiterentwicklung des mythologischen Denkens erklärt, das von Dämonen zu Göttern aufgestiegen ist.

Bekanntlich herrscht nun bei südindischen Völkern die Fratrogamie, d.h. eine Polyandrie mit den Brüdern des Mannes. Thurston sagt dazu von den Todas des Nilgiri, dass, falls ein Mädchen die Frau eines Knaben wird, so ist es selbstverständlich, dass es auch die Frau seines Bruders ist. In einigen Fällen sind es zwar nicht die Brüder, aber doch Angehörige desselben Stammes. Am interessantesten ist nun für uns die Feststellung des Vaters. Für alle sozialen und gesetzlichen Zwecke ist der Vater des Kindes nämlich der, welcher eine gewisse Zeremonie gegen den siebenten Monat der Schwangerschaft vollzieht, bei der ein imitierter Bogen und Pfeile der Frau gegeben werden. Sind die Gatten Brüder, so gibt gewöhnlich der älteste Bruder Bogen und Pfeile und ist so Vater des Kindes. Doch sind, solange die Brüder zusammenleben, auch die anderen als Väter zu betrachten. In dem Falle aber, wo die Gatten keine Brüder sind, bekommt die Zeremonie soziale Wichtigkeit. In diesen Fällen ist es üblich, dass einer der Gatten Bogen und Pfeile geben soll, und dieser Mann ist dann der Vater, nicht nur für das nachher geborene Kind, sondern auch für alle folgenden, bis ein anderer Gatte diese wesentliche Zeremonie vollzieht. Die Vaterschaft ist durch diesen Gebrauch so absolut bestimmt, dass ein Mann, der schon mehrere Jahre tot ist, noch als Vater aller Kinder, die seine Witwe gebiert, betrachtet wird, wenn nicht ein anderer Mann unterdessen Bogen und Pfeile gegeben hat. Ja sogar dann gilt bei den Todas diese Gepflogenheit, wenn ein Mädchen bereits in der Kindheit verheiratet, aber an ihren Gatten noch nicht gebunden war und schwanger wird. Da wird dieser herbeigerufen, muss Bogen und Pfeile geben, und wird der Vater des Kindes, selbst wenn er augenscheinlich noch zu jung wäre, oder wenn es sonst bekannt ist, dass er nicht der Vater des Kindes sein kann. Diese Beobachtung ist für uns überaus wichtig. Man sieht, dass der Beischlaf gar keine Wichtigkeit hat, sondern als Vater eben jener Mann gilt, der der Frau die befruchtenden Gegenstände gegeben hat.

Es gibt aber noch eine Reihe anderer Gerätschaften, durch die die Befruchtung ausgeführt wird, auf die alle hier nicht eingegangen werden kann. Erwähnen möchte ich aber das Armband, das neben dem Gürtel besonders wichtig gewesen zu sein scheint. Alle diese Gerätschaften knüpfen mehr oder minder an den Baumkult an; wir könnten aber eine ebensolche Reihe für den Wasserkult aufstellen.

Entwicklung des Befruchtungsglaubens

Wir haben nun genügend Material gewonnen, um die verschiedenartigsten Riten erklären zu können. Die erste Stufe in der Entwicklung schrieb der übernatürlichen Befruchtung allein die Schwängerung zu und betrachtete den Coitus lediglich als Vergnügen. Die Kinderkeime gehen als sehr kleine, aber fertige Wesen in den Körper der Mutter ein und reifen dort aus, was der Gatte der Frau durch Reiben usw. zu unterstützen sucht. Aus dieser ersten Phase geht die zweite Stufe hervor, die wir bei allen Völkern noch deutlich erkennen können, in der der Coitus zwar als nötig, aber doch nicht als ausschlaggebend betrachtet wird. Durch Fasten und eine Reihe von Gerätschaften und damit verbundenen Riten sucht man die Fruchtbarkeitsdämonen, resp. verschiedene Gottheiten zu bestimmen, ihren Teil bei der Befruchtung der Frau zu tun und schädliche Einflüsse fern zu halten. Da diese Riten in Fasten bestehen und eine Hauptseite des Fastens die geschlechtliche Enthaltsamkeit war, entstehen die sogenannten Keuschheitsnächte, während deren man die Hilfe der übernatürlichen Mächte erwartete. In späterer Zeit hat man den alten Befruchtungsritus vergessen, sah in den Keuschheitsnächten lediglich einen Ausdruck der Hochachtung vor der Gottheit, die man bei beginnender Ehe besonders ausdrücken wollte, und in den alten Befruchtungsinstrumenten, resp. Repräsentanten der befruchtenden Gottheit, die äusseren Zeichen der Enthaltsamkeit. So wird z.B. das befruchtende Schwert zum trennenden Schwert, wie es uns noch im deutschen Mittelalter entgegentritt.

Betrachten wir nun die einzelnen Gebiete dieses Glaubens in ihren hauptsächlichsten Formen näher, da eine vollständige Bearbeitung zu weit führen würde.

Die Kinderheimat

Wir haben gesehen, dass die Heimat der Kinder bei den Australiern der Wald, Steine oder Wassertümpel waren, während die Vorstellung bei den Mexikanern weiter ausgebildet war und daraus bereits ein Seelenland, Tamoanchan, geworden war. Die Darstellungen sind hier sehr deutlich. Wir finden einen gespaltenen Baum, aus dessen Wunde entweder Blut oder Bluthauch quillt, während darunter Tonacatecutli und Tonacacíuatl, die Herren des Lebens dargestellt sind. An anderen

Stellen ist mit diesem Tamoanchan die Itzpapalotl (der Obsidian-schmetterling) verbunden, eine chichimekische Göttin, deren Fest das Totenfest ist, während sie zugleich als Vertreterin der alten Gestorbenen erscheint.

Denselben Glauben finden wir nun beispielsweise in Europa, wo er sozusagen auf einer dritten Stufe angelangt, nämlich zum Kindermärchen geworden ist, ähnlich wie z.B. das Schwirrholz bei den Eskimo zum Kinderspielzeug wurde, oder in Europa als sogenannter „Waldteufel" ebenfalls in den Spielzeugkreis unserer Kinder überging. In ihm lebt die Baumseele, er blutet, wenn er verwundet wird. Moos- und Holzleute sind die Personifikationen dieser elbischen Wesen. Sie haben in ihrer späteren Fassung behaarten Körper, altes runzliges Gesicht und sind ganz in Moos gehüllt. In Gestalt von Würmern, Schmetterlingen und anderem Ungeziefer kriechen diese Elbe oftmals aus den Bäumen hervor. Gar häufig wird der Baumgeist als die Seele des Menschen gefasst, der unter dem Baume begraben liegt, was ein sehr alter Zug ist. Blut quillt aus solchen Bäumen, wenn sie verletzt werden. So galt ein immergrüner Lärchenbaum bei Nauders dem Volk für besonders heilig und man opferte ihm in alter Zeit. Der Stamm zwieselte sich in zwei hohe Stämme auseinander und niemand durfte in seiner Nähe fluchen, zanken oder streiten. Wollte jemand in den Stamm hacken, so floss Blut heraus und der Frevler verwundete sich dabei. Um ihn fand auch ein uralter Tanz, das Feuerhupfen, statt. Das neugeborene Kind stammt nun ebenfalls von diesem Baume, besonders die Knaben und die Kinder erblickten in jedem Lärchenzapfen künftige Geschwister und würden um alles in der Welt nicht danach geworfen haben.

Beim Schiessstand von Brunnecken werden die Kinder aus einem hohlen Eschenbaum, im Aargau aus dem „Kindlibirnbaum" genommen usw. Sehr bezeichnend ist dagegen, dass bei Nierstein a.Rh. (in Hessen) die Kinder aus einer grossen Linde geholt werden, unter welcher man einen Brunnen aus der Erde rauschen hört. Dies führt uns zum Kinderreich im Wasser gedacht. Dass man im Wasser ein Seelenland annahm, zeigt eine niederländische Sage, der zufolge ein Fischer ins Meer hinausgeht und durch einen Zauber plötzlich auf einer grünen Wiese steht, auf der hunderte von Jünglingen - worunter viele ihm bekannte ertrunkene Fischer waren - mähten. Nach Roth glauben die Eingeborenen am Proserpine River in Queensland, dass der Ahnengeist die Kinder aus Pandanuswurzeln forme und sie den Müttern während des Bades in den Leib bringe. Noch mehr galten aber Brunnen und Weiher als Seelenland, wie in Australien die Wassertümpel. So haben wir in

Köln (bei der Sankt Kunibertskirche), in Halle (Gütchenteich), in Braunschweig (Gödebrunnen), in Würzburg (in der Neumünsterkirche), in Dresden (im Queckbrunnen), in Inzikofen in Sigmaringen (im Katzenbrunnen), in Gmünd (im Kindlisbrunnen), in Weingarten (in der Brunnstube), in Lubsheim (im Kindliweiher), in Hochberg (im Egelsee), in Worms (im Brunnen im Wäldchen), in Neustadt a.d.H. (in zwei Brunnen ausserhalb der Stadt), in Darmstadt, Nürnberg, Brügge, Zürch, im Hannoverschen allenthalben in den Ortsteichen, im Oldenburgischen im Moor usw., solche Kinderländer, in denen die Ungeborenen als vollständig fertige Wesen hausen.

Diese Plätze sind als solche uralt und gehen in eine Zeit zurück, in der man aus geschlechtlichen Vorgängen den Kindern gegenüber noch gar nichts verheimlichte, denn das Belügen der Kinder und das Geheimhalten sexualer Vorgänge beginnt erst in der „Aufklärungszeit" im Rokoko und ist erst im 19. Jahrhundert krankhaft geartet. Es bestand also kein Grund, diese Plätze zur Versittlichung der Jugend zu erfinden, sie entstammen vielmehr urältestem Glauben, und eine auf falscher Moral beruhende Erziehung fand darin ein bequemes Mittel, die Kinder von sexuellen Vorgängen abzulenken.

Neben Bäumen und Brunnen waren aber auch Gräber und Berge Kinderheimat, da man ja die Wohnung der Ungeborenen stets mit der der Verstorbenen zusammenbrachte, weil man eine Art Kreislauf annahm. Wie die Kinder aus Bergen stammen, so werden sie durch elbische Wesen wieder in die Berge zurückgeführt, so in Brandenburg der Leiermann, der die Kinder in den Marienberg führt, der Rattenfänger von Hameln, das Bergmännlein von Lorsch und verschiedene andere. In die ursprüngliche Zeit gehören auch Steine oder Felsen als Aufenthaltsort des Kinderkeimes, ganz wie in Australien. So bringt der Storch in Gristow die Kinder aus einem grossen Steine.

Verhältnis von Seele und Körper

Fragen wir uns, wie man sich dies Verhältnis von Seele und Körper dachte, so dürfen wir natürlich nicht erwarten, dass es immer völlig eindeutig und klar bestimmt ist. Widersprüche finden sich vor. Vor allem macht sich hier die verschiedenartige Weiterentwicklung der Erkenntnis bemerkbar, und gar manchmal stehen ältere Anschauungen noch neben den späteren. Strehlow-Leonhardi schreiben, dass die Ahnengeister in der Urzeit auf der Erde wanderten und in sie eingingen, wo sie noch leben, während ihre Leiber in Felsen, Bäume, Sträucher oder Chúringa-Steine und -Hölzer (Schwirrhölzer) verwandelt wurden. In dem verwandelten Leib des Ahnengeistes sitzt nun der Kindeskeim (ratapa) und geht von hier in eine vorübergehende Frau ein; dies Kind wird ein Schmalgesicht. Aber der Totemvorfahre kann auch aus der Erde hervorkommen und ein kleines Schwirrholz (namatuna) nach der Frau werfen, das in ihrem Leib sich zu einem Kind verwandelt und ein Breitgesicht wird. Sehr selten geht aber der Ahnengeist selbst in die Frau ein, und dieses Kind soll dann helle Haare bekommen. Der Ahnengeist kann also auf drei Arten mit den Menschen in Verbindung treten und die Geburt des Kindes bewirken. Er steht aber auch fernerhin mit ihm in Verbindung, heisst sein iningukua und folgt ihm als Schutzgeist. Das Schwirrholz gilt als der verborgene Leib der Totemvorfahren sowohl wie der eines bestimmten Menschen und bildet so das verbindende Glied zwischen diesem Menschen und seinem iningukua, niemals aber wird es als Sitz einer Seele bezeichnet.

Es ist nun interessant, dass wir diese Beziehung auch bei den Germanen (und Eskimo) finden. Mit dem Kinde zugleich wird nämlich sein Schutzgeist geboren. Am deutlichsten ist die Vorstellung im norwegischen Fylgja-Glauben erhalten. Die Fylgja (der Folgegeist) hat oft ihren Sitz in der Haut, die manche Kinder um ihr Haupt gewunden mit zur Welt bringen, weshalb diese in Deutschland Glückshaube heisst. Man denkt, dass die Fylgja ihrem Schützling folgt, weshalb man in Norwegen nach dem Weggang eines Gastes die Türe nochmals zu öffnen pflegt, damit sie ja nicht zurückbleiben muss. Gar häufig hat sie Tiergestalt.

Der Körper ist nur das Gewand (hamr) der Seele, daher lîh-hamo, unser Leichnam. Zu seiner Bindung ist ähnlich wie bei den Australiern ein Mittelding nötig: das Band. Bei der Ehe wird es der Mutter gegeben, die es in der Mark zur ersten Windel nehmen muss. In unserem Wickelband hat es sich bis heute erhalten. Ursprünglich scheint es rot gewesen zu sein (im Märchen golden). Es gibt Lieder, wo das Kind stirbt, weil das Band zu lange ausbleibt, denn es wird hier aus dem „Engelland" geholt. Vor der alten Wassertaufe galt das Kind nicht als Mensch, sondern nur als materielle Seele, die jederzeit vertauscht werden kann (Wechselbalg). Es gab einen Zauber (hamaskipti), bei dem man das lîh-hamo ausziehen kann und ein anderes „Gewand" anzuziehen vermag, so wie fjadr-hamr (Federgewand), ein ûlfs-hamr (Wolfsgewand), und auch dazu ist ein Band nötig. So wurde aus dem Menschen ein Schwanenwesen oder ein Werwolf, und es ist charakteristisch, dass dieser einen weissen Ring um den Hals hat. Wahrscheinlich stand die Zeremonie des „Bindens" ursprünglich dem Paten zu, denn im Elsass heisst das Patengeschenk noch „Strick", während die alljährlichen Geburtstagsgeschenke im Aargau: „würgete" heissen, weil man dabei dem Betreffenden ein Band um den Hals dreht. Man sieht daraus, dass der Seelenbegriff ursprünglich ein ganz anderer war als heute und dass sich die Verschiebung zum rein spirituellen Wesen erst spät vollzog.

Die nächste Frage ist nun, wie wird der Kinderkeim übertragen? Dabei haben wir scharf zu unterscheiden zwischen der älteren Auffassung, in der es unbestimmte Dämonen sind, die persönlich kaum merkbar in einer Pflanze oder einem Pflanzenteil hausen, oder die Erscheinungsform eines Tieres angenommen haben, und einer jüngeren Stufe, in der Götter die Befruchtung bewirken, entweder direkt oder durch sie repräsentierende Geräte.

Pflanzen und Pflanzenteile als Träger

Auf ganz besondere Anfrage hat Strehlow seinem Bearbeiter Leonhardi diesbezüglich geantwortet: „Oder aber eine Frau findet lalitja-Früchte und nach reichlichem Genusse derselben stellt sich Übelkeit ein, so ist ein lalitja-ratapa durch ihre Hüften - nicht durch den Mund - in sie eingegangen." Bei allen Völkern der Erde ist es einer der wichtigsten Hochzeitsgebräuche, dass die Braut Früchte essen muss oder damit beworfen wird. Wir brauchen von Australien nicht sehr weit zu gehen. In Neupommern kaut man die aromatischen Vankinfrüchte, speit die zerkaute Masse über die Braut und reibt sie damit ein. Dann erhält sie einen neuen Lendengürtel und wird mit bunten Drazänenblättern, sowie Hals und Armbändern geschmückt. In der griechischen Überlieferung kommt es mehrfach vor, dass Frauen durch Essen von Früchten, insbesondere Äpfeln, geschwängert wurden. An der Türe des Hauses des Bräutigams wurde die griechische Braut im Altertum von dessen Mutter mit Datteln, Feigen und Nüssen beworfen, und bevor sie das Brautgemach betrat, musste sie einen Quittenapfel verzehren. Heute wirft man vor ihr einen Granatapfel auf den Boden, dass er zerplatzt und schliesst aus der Zahl der Kerne auf den Kindersegen; der

Brautwagen des Menelaus wurde mit kydonischen Äpfeln, Myrten-, Rosen- und Veilchenkränzen beworfen.

Beim altrömischen Hochzeitszug streut der Bräutigam Nüsse aus, während heute in Italien die Braut mit Nüssen und Mandeln, in Sizilien mit Getreide, besonders Weizen, beworfen wird. Bei den Germanen ist aus dem Getreide Hirsebrei geworden, der auf keiner, selbst der fürstlichen, Hochzeitstafel fehlen durfte, doch kommt das Bewerfen auch mit Getreide fernerhin vor. Die südslawische Braut nimmt am Hochzeitstag ein Bad und steckt sich einige Äpfel in den Busen. In anderen Fällen wird die Braut mit Früchten beschenkt, so bei den Morlaken, wo sie ein Sieb mit Mandeln und Haselnüssen bekommt; bei den Kroaten, wo ihr die Schwiegermutter eine Garbe Frucht gibt; bei den Bulgaren, wo sie Leinsamen bekommt, während sie bei den Russen Hopfen erhält, oder damit beworfen wird. Den Apfel oder eine sonstige Frucht muss die Braut oftmals über das Dach ihres neuen Wohnhauses schleudern. Die litauische Braut wird im neuen Hause mit Weizen, Hafer, Bohnen und Mohn bestreut, bevor sie das häusliche Feuer umwandelt. Bei den Ostfinnen schüttet die Mutter ein Sieb mit Hopfen oder Erbsen über das Brautpaar aus, bei den Esten Korn. Bei den Indern hält die Braut die Rinde eines açattha-Baumes in der Hand, der aus einer Çami entsprossen ist. In China legt ein kleiner Knabe vier Äpfel auf die Ecken des K'ang, auf dem dann die Braut Platz nimmt; während sie später ein Holzgefäss und Äpfel überreich bekommt, deren einen sie anbeissen muss. Die japanische Braut bekommt verschiedene Fische und Meergras.

Bei Naturvölkern werden die verschiedensten Pflanzenteile genannt, durch die Kinderkeime übertragen werden. Eine reiche Zusammenstellung davon findet man bei Leo Frobenius, „Das Zeitalter des Sonnengottes". Leider ist der Verfasser dabei ganz in das Fahrwasser der Astralmythologie geraten, die für die Erklärung dieser Darstellungen natürlich nicht in Betracht kommt, wie sie überhaupt einer weit späteren Zeit angehört. Wir finden da, dass Rapai-opua (Hawai) zwei Bananen in den Busen steckt und schwanger wird, dass Hena (Herveyinseln) durch Beschattung eines Brodfruchtbaumes den Oro gebiert, dass bei den Awikyenoq ein Mädchen durch Kiefernadeln, glänzende Beeren, bei den Eskimo und Tschucktschen durch ein Blatt usw. schwanger wird. Im Pentamerone springt die Jungfrau Cilla über ein Rosenblatt und wird davon in drei Tagen schwanger.

Eine besondere Rolle aber spielt bei den meisten Völkern die Alraunwurzel. Eine deutsche Glosse des elften Jahrhunderts erklärt Mandragoras mit „dáz ist chindelina uúrz", also mit Kindleinkraut. Noch Albertus Magnus spricht im 13. Jahrhundert von ihrer befruchtenden Wirkung und Michael Savonarola nennt sie im 15. Jahrhundert ein die Empfängnis erleichterndes Mittel. Man pflegte sie innerlich zu nehmen, so erzählt Razi im zehnten Jahrhundert, dass er sah, wie sie eine Frau in einem Getränk einnahm, um schwanger zu werden. Noch die spätere Medizin suchte Mandragora als Heilmittel der Sterilität zu retten.

Tiere als Träger und Mittler

„Wenn eine Frau auf ihren Wanderungen ein Känguruh erblickt, das plötzlich ihren Blicken entschwindet und sie in diesem Augenblick die ersten Zeichen der Schwangerschaft fühlt, so ist ein Känguruh-ratapa in sie eingegangen, doch nicht das betreffende Känguruh selbst, dasselbe war vielmehr sicher ein Känguruh-Vorfahre in Tiergestalt." Nach der Ansicht der Bewohner von Queensland sind die Kinder vollständig ausgebildet und nehmen beim Übergang in die Mutter die Gestalt eines Regenvogels an, wenn sie Mädchen, die Gestalt einer Schlange, wenn sie Knaben sind. Im Uterus erfolgt dann wieder die Zurückverwandlung in menschliche Gestalt. Sobald das Kind in die Mutter eingegangen ist, sieht oder hört man dann auch nichts mehr von dem Vogel oder der Schlange. Hören die Eingeborenen nachts einen Regenvogel schreien, so sagen sie: „Hier ist irgendwo ein kleines Kind draussen." Die Frau geht dann hinaus und ruft, damit sie die Schlange sieht; sie eilt ihr auch mit dem Gatten über Stock und Stein nach und wenn sie sie nicht finden können, ist es ein sicherer Beweis, dass sie sich nun in gesegneten Umständen befindet.

Auch hier lassen sich von fast allen Völkern Beispiele geben. Schlangen und Schmetterlinge sind wohl neben verschiedenen Vögeln die wichtigsten derartigen Tiere. Im Zillertal wird z.B. eine Torte aus Butterteig in Gestalt einer Schlange aufgetragen, während zugleich damit die Braut eine verdeckte Schüssel erhält, in der sich eine kleine Wiege befindet. Unfruchtbare Zigeunerinnen der Donauländer tragen „Schlangenpulver" in ein Kinderhäubchen eingewickelt auf dem blossen Körper. Tritt Schwangerschaft ein, so wird dieses Amulett in den Fluss geworfen, damit es eine Schlange auffange und dadurch zu Gift gelange. Ferner, wenn bei ihnen eine Schlange in der Oster- oder Pfingstwoche gefangen wird, so genügt es, dass sie eine sterile Frau berührt, um geheilt zu werden. Es muss dabei die Schlange dreimal anspeien und mit ihrem Menstrualblute besprengen, sowie folgende Beschwörung sprechen: „Werde dick, du Schlange, Damit ein Kind ich erlange! Dünn bin ich jetzt, so wie du, Habe deshalb keine Ruh'! Schlange, Schlange, gleite hin! Wenn ich einmal schwanger bin, Geb' ich eine Haube dir, eine alte, Damit dein Zahn viel Gift erhalte!"

Man opfert ihr dabei also gleichsam das Menstrualblut, was auch aus einer Notiz über die Macusi-Indianer in Guyana hervorgeht. Dort sollen menstruierende Frauen oder Mädchen nicht in den Wald gehen, weil sie so verliebten Angriffen der Schlangen ausgesetzt sind.

Einen Schmetterling trägt bei den Bulgaren die Braut als Stirnschmuck, während bei den Japanern auf die Weinkannen, aus denen der Akt des „Dreimal-drei-Schalentrinkens" (die Hauptzeremonie der japanischen Eheschliessung) vollzogen wird, ausser einer kleinen Kiefer (befruchtender Baum) Schmetterlinge gesetzt werden. Nächst diesen Tieren spielen die Vögel die hauptsächlichste Rolle. Wir sahen oben bei Mexiko den roten Löffelreiher, bei Indien den Ibis in Erscheinung treten. In Japan ist es der Kranich. Dort erhält die Braut Reisbrot zu essen, das in Gestalt von drei Kranicheiern gebacken und mit einem seidenen Deckchen zugedeckt ist, auf das ein Kranich mit seinen Jungen und ein Kiefernbäumchen gestickt ist. In ganz Vorderasien ist es die Taube, die ursprünglich der Träger von Kinderkeimen war, später aber zu ihrem Vermittler wurde. Sie ist seit dem grauesten Altertum daselbst den Fruchtbarkeitsgeistern und Gottheiten heilig und das bekannteste Beispiel dafür ist die Conceptio der Maria durch die Taube, die man dann mit dem „heiligen Geiste" identifizierte, ohne Zutun des Mannes.

Am Cape Grafton glauben die Eingeborenen, dass die vollständig ausgebildeten Kinder der Mutter von einer Taube im Traum gebracht werden. Bei den Germanen spielt in erster Linie der Storch diese Rolle, wohl deshalb, weil er auf den Gehöften nistet und sich viel im Wasser aufhält. Neben ihm tritt im gleichen Sinne, besonders in älterer Zeit im Norden der Schwan auf. Der Storch wurde früher allgemein Ade-bar genannt, was zu jod „Kind" gehört und „Kinderbringer" bedeutet. Nach altem Volksglauben können sich Störche in Menschen verwandeln und umgekehrt. In einem Märchen bei Wolf verirrt sich der König und kommt ins Reich der kriechenden Tiere (das Seelen- und Kindsland) und dann in das der laufenden. Er wird dann durch eine Katze in das der fliegenden gebracht, von wo ihn ein Schwan und dann ein Storch nach Hause bringt. Mit mythischen Momenten verbunden wird das Seelenreich zum Glasberg, in dem die Schwanenjungfrauen wohnen, und so bringt auf Rügen der Schwan statt des Storches die Kinder. Wie Menschen sich in Störche verwandeln können, können sie auch zu Schwänen werden. Der letzte Ausklang dieser Auffassung ist die Lohengrinsage, wo der junge Herzog zum Schwan wird und einen schützenden Elfen aus dem Geisterreich holt. Verblasster erscheint in der Überlieferung die Gestalt des Kuckuck. Aber auch er war ein Mittler, wohl zwischen den Bäumen und den Menschen, deshalb trugen Hochzeitsbitter in alter Zeit auf ihren Stäben sein geschnitztes Abbild. In der Vogelhochzeit führt er die Braut ins Ehebett.

Der Fruchtbarkeitszauber

a) Dämonenzauber

In den Hochzeitsgebräuchen aller Völker findet sich eine ganze Reihe von alten Zauberriten, die die Befruchtung der Braut bezwecken, d.h. die absichtliche Herbeiholung eines Kinderkeimes veranlassen. Da ist zunächst der Grabeszauber zu nennen. Unfruchtbare Frauen begeben sich bei den Südslawen zum Grabe einer in der Schwangerschaft verstorbenen Frau, rufen sie mit Namen, beissen das auf dem Grabe gewachsene Gras mit den Zähnen ab und beschwören die Frau, ihnen Kinder zu gewähren. Die Menschen scheinen diesen Grabeszauber für besonders wichtig gehalten zu haben, denn im Departement Haute Marne muss noch heute das Brautpaar auf dem Kirchhof Suppe essen.

In einer weiteren Entwicklungstufe findet sich dieser Grabzauber bei den Zigeunern. Sie legen Nägel von Särgen ins Wasser, das kinderlose Eheleute trinken müssen, oder sie besprengen eine Leiche mit dem Blute eines schwarzen Huhnes und schaben dann die getrockneten Blutstropfen ab. Dieser Staub wird mit Eselsmilch vermengt und von den Frauen aus einem Kürbisnapf getrunken. Andere Zigeuner fertigen aus dem Harze, das aus den Bäumen eines Kirchhofes ausgeflossen ist, sowie den gepulverten Haaren, Finger- und Fussnägelstücken eines toten Kindes oder einer Jungfrau, ferner aus den Aschenresten der verbrannten Kleider eines Verstorbenen kleine Menschen und Tiergestalten, die, nachdem sie an der Sonne getrocknet wurden, pulverisiert werden. Das Pulver wird, unter Hirsebrei gemengt, gegessen und befördert die Konzeption.

76

Der Pflanzenzauber ist sehr weit verbreitet. Wir sahen bei Indien, dass man Bäume verehrt, um durch sie befruchtet zu werden. Dieser Baumkult bei der Eheschliessung findet sich ebenfalls über die ganze Welt verbreitet, woraus allein schon auf eine tiefgehende und besonders wichtige Grundlage zu schliessen ist. Die wesentlichsten Arten sind Tänze um Bäume oder das Sitzen auf und unter Bäumen, sowie Peitschen mit Pflanzenteilen. Für den Reigen um Bäume bieten uns die Bulgaren ein sehr schönes Beispiel. Die Braut wird in den Garten geführt, wo ein Eimer mit Wasser bereit steht, in das Geldstücke geworfen werden. Der Brautführer bricht zwei Zweige vom Baum, nimmt damit der Braut den Schleier ab und wirft ihn auf den Baum. Dann stösst die Braut mit dem Fusse den Eimer um, während die Kinder das Geld auflesen, und die ganze Gesellschaft um den Baum einen Reigen tanzt. Bei den Slawen sind jedoch nicht alle Bäume für diese Verehrung geeignet, sondern nur solche, in denen eine Seele wohnt. Man nennt sie sjenovita (beschattet), und ein serbisches Gedicht zeigt uns, wie derartige Bäume entstehen. Ein Knabe und ein Mädchen liebten sich, aber die Eltern waren nicht einverstanden; da beschlossen beide zu sterben: „Durch den Stern liess er darauf ihr sagen: Stirb, o Liebchen, spät am Samstag, liebend, Früh am Sonntag will ich, Jüngling, sterben! Und geschah es also, wie sie sagten: Spät am Samstag Abend starb das Liebchen, Früh am Sonntag Morgen starb der Liebste. Bei einander wurden sie begraben. Durch die Erde schlang man in einander Ihre Hände, grüne Äpfel drinnen. Wenig Monde, und des Liebsten Grabe, Sieh' entsprosste eine grüne Kiefer, Und des Mädchens eine rote Rose; Um die Kiefer windet sich die Rose, Wie die Seide um den Strauss sich windet."

Trotz der weiter entwickelten Form, sehen wir immer noch den Kern: Die Geister der Verstorbenen gehen in Pflanzen ein, von denen man dann wieder die Befruchtung der Frauen erwartet, also wesentlich dasselbe, was wir bei den Australiern fanden. Wir sehen aber auch noch deutlich, wie man sich diesen Zusammenhang dachte. Von den Südslawen wird berichtet, dass eine Frau sich fruchtbar macht, indem es Wurmmehl in eine Schüssel mit Wasser fallen lässt und dieses trinkt, oder indem es Holzwürmer vom Haselnuss-Stock oder der Heckenrose aufzehrt. Es genügt auch bereits in Bosnien, dass die Frau am Vorabend des Georgstags ein neues Frauenhemd auf einen fruchtbaren Baum legt. Am nächsten Morgen, noch vor Sonnenaufgang muss sie nachsehen, ob ein Lebewesen auf das Hemd gekrochen ist. Ist dies der Fall, dann zieht sie es an und bekommt innerhalb dieses Jahres ein

Kind. Bei den Dalmatiern setzt sich die Braut auf einen Sack mit Getreide, der dicht beim häuslichen Herde steht und wirft etwas Korn ins Feuer. In der Mark ziehen die Braut und die Brautjungfern dem Hochzeitszuge voraus und tragen brennende Lichter - vgl. unser „Lebenslicht" -, die entweder auf einem mit Buchsbaumzweigen umwundenen Gestelle oder auf jungen Tannen angebracht sind, während in Untersteiermark beim Mahl der Hochzeitsbaum aufgetragen wird, ein Fichtenwipfel, der in einem Brotlaib steckt.

Besonders charakteristisch ist der Bericht des Missionars Krósczyk, demzufolge die Miaotze, eine vorchinesische Bevölkerungsschicht in der Provinz Kanton, glauben, dass die Kinderseeelen in einem Garten leben und, wenn die Frauen unfruchtbar sind, dort von Geistern zurückgehalten werden, die man Fa-kung-mo, Blumengrossvater und Blumengrossmutter nennt. Um diese zu bewegen, die Kinderkeime herauszugeben, wird die Kau-fa-Zeremonie, d.h. das „Blumenanbeten" vollzogen. Dieses alte Paar kommt auch in den japanischen Eheschliessungsgebräuchen vor, und zwar hier in sehr charakteristischer Form. Es wird einerseits als Bild (Kakemono) im Hochzeitszimmer aufgehängt, und man bezeichnet es als ein Ehepaar, das 100 Jahre in Frieden miteinander lebte. Oder es wird plastisch dargestellt mit Besen und Rechen in der Hand, neben ihm ein Kranich (der japanische Storch) und eine Schildkröte unter einer Kiefer. Dafür dienen jene bekannten, hübschen japanischen Zwergkiefern, die durch ihre grotesken Formen auch bei uns Eingang gefunden haben. Besonders wichtig ist das Schlagen mit Pflanzenteilen, so treibt in Roding in der Oberpfalz der Hochzeitslader die Braut von der Kirchentür zum Kirchenstuhl durch Schlagen mit einer weissen, geschabten Birkenrute.

Neben Wäldern haben wir oben besonders Brunnen und Weiher oder Gefässe mit Wasser als Kinderheimat erkannt. Dementsprechend ist der Wasserzauber in der verschiedensten Form, besonders als Brunnenzauber, sehr weit verbreitet. Am dritten Tag nach der Hochzeit geht z.B. die griechische Braut noch heute an vielen Orten zum Brunnen, aus dem sie mit eigenem Gefäss Wasser schöpft und verschiedene Esswaren und Brotkrümchen hineinwirft, während zugleich ein Rundtanz darum vollzogen wird. Bei den slawischen Völkern findet dieser Zug zum Brunnen entweder vor oder nach der Eheschliessung statt. In Kroatien z.B. schliesst er sich direkt an die Zeremonie des Feuerumwandelns an, wohin er wohl ursprünglich auch gehört hat. Die Braut wird dabei vom ganzen Hochzeitszug begleitet; man wandelt um den Brunnen und wirft als Opfer einen mit Geld gespickten Apfel hinab.

Bei den Bulgaren geht die Braut dreimal um den Brunnen herum, giesst dabei Hirse aus und macht nach den vier Weltgegenden Verbeugungen. Im Munde trägt sie dabei Geldmünzen, die sie jetzt in den Brunnen spuckt und dabei einen Kübel Wasser schöpft, den sie mit dem Fusse umwirft. Nachdem bei den Esten die Feuerumwandlung stattgefunden hat, wird die Braut auf einen Stuhl gesetzt, ihr die Füsse gewaschen, und mit diesem Wasser wird dann noch das Brautbett und der Hausrat bespritzt, während bei den Letten Braut und Bräutigam einen mit Wasser gefüllten Eimer mit den Füssen umwerfen. Kommt die estnische Braut in ihr neues Heim, so wirft sie etwas Geld oder Bänder in den Brunnen; diese Brunnengabe heisst Kaewuanne und wird der wee-ema, der Brunnenmutter, gespendet.

Bei Oberpahlen holt die Hausmagd für jeden Hochzeitsbeamten drei Eimer Wasser aus dem Brunnen, die jeder umstossen muss. Die Eimer werden dann zerhauen. Bei den Koddafarschen Esten bindet man der Braut am Morgen nach der Hochzeitsnacht ein Handtuch vor die Stirne und sagt: „Jetzt treibt die Erbse Schoten und Schoten treibt die Bohne." Dann hüllt man sie in ein Bettuch und alles geht zum Brunnen, wo zwei Eimer Wasser gewunden werden, die das junge Paar umstösst. An der Türe nimmt der Bräutigam mit dem Schwertende das weisse Bettuch von der Braut und wirft es auf das Dach. Dadurch ist die Braut zur Frau geworden. Später legt sie ihren Gürtel am Brunnenrand nieder. Dieses Gürtelablegen entspricht genau dem Vertreiben des Viçvâvasu der Inder. Dass die Mädchen durch derartige Gepflogenheiten zu Frauen werden und nicht durch den Beischlaf, werden wir auch späterhin sehen. Auch das „Schlammwerfen" der Hopi in Arizona geht ursprünglich wohl auf einen solchen Wasserzauber zurück, wenn es auch heute nicht mehr völlig klar erhalten ist. In gewissen Gegenden des altmexikanischen Gebietes scheint man das Brautpaar mit Wasser begossen zu haben.

b) Sonne, Mond und Wind

Eine Überleitung zum Götterzauber bildet die direkte Befruchtung durch Sonne und Mond, eventuell auch durch den Wind. Wir haben bereits oben bei Indien die Sonnenbefruchtung erwähnt. Auch die Hindu glaubten daran, denn sie sind der Ansicht, dass ein Mädchen, das sich während der Menstruation den Sonnenstrahlen aussetzt, dadurch schwanger werden kann. Deshalb stellen sich sterile Frauen nackt in die Sonne, um so zu Kindern zu kommen, denn Sterilität ist ihnen eben nichts anderes, als dass der Kinderkeim bei ihnen keinen Eingang gefunden hat. Von den Südslawen wird berichtet, dass eine Frau, die nackt bei Vollmondschein im Garten oder im Wald oder Feld schlafend übernachtet, befruchtet wird. Die Samoanerin Mangamangai wird ebenfalls von der Sonne geschwängert, bei den Navahos wird die Türkisfrau Mutter, als sie die Sonne bescheint. In Kambodia wird 1687 eine Geschichte aufgezeichnet, derzufolge ein junges Mädchen sich in den tiefsten Wald von Siam zurückgezogen hat. Sie wird schwanger, ohne ihre Jungfräulichkeit zu verlieren, indem die Sonne die Gestalt eines Kindes formen lässt. Auch vom Wind wird uns Schwängerung berichtet, so wird im finnischen Epos Kalevala die Jungfrau Ilmator durch den Wind Mutter.

c) Götterzauber

Mit der Weiterentwicklung trat die Wichtigkeit der Dämonen mehr in den Hintergrund oder stellte sich den Priesterlehren gar als „Aberglaube" entgegen. Die alten Anschauungen liessen sich eben aus dem Volke nicht herausbringen und so hefteten sie sich an die neuen Göttergestalten an und diese haben in unserem Falle gleichsam die Herrschaft über die Kinderreiche angetreten. Zu ihnen fleht man um Kinder, und ihre Symbole erscheinen als befruchtende Geräte. Wir haben das Gebiet mehrfach gestreift. Zunächst ist in diesen Geräten noch deutlich die Herkunft zu erkennen, so beim Joch. Sein Vorbild ist der gezwieselte (gespalten gewachsene) Baum, dessen Form vor allem die Wagendeichsel nachahmt. Solche Bäume scheinen natürlich besonders prädestiniert gewesen zu sein und man wurde durch Hindurchkriechen ihrer Wirkung teilhaftig. Diese Idee scheint auch den Mexikanern bekannt gewesen zu sein, denn bei der grossen Darstellung des Weltenbaumes sehen wir den Adler-Baum, den Baum des Nordens mit deutlicher Zwieselung. Bei den Indern erscheint bereits das Joch des Wagens. So im 14. Buch der Atharvasamhitá. Der Braut wurde bei dieser Zeremonie ein Kranz aus Darbhagras auf den Kopf gelegt und darauf das rechte Loch eines Joches, d.h. die halbkreisförmige Öffnung des Joches, welche zur Aufnahme des Halses des Ochsen bestimmt ist. Bei den Römern wurde dem Ehepaar ein Joch auferlegt, natürlich nicht wie

Festus glaubt, um die Unterwerfung der Braut zu symbolisieren, sondern um den Befruchtungszauber auszuüben. Dieses Joch steht hier in Beziehung zu Juno iuga und in engster Beziehung zur Geburt. Bei den Germanen ist der Glaube weitverbreitet, dass sterile Frauen durch das Durchziehen durch Zwieselbäume, runde Löcher in grossen Steinen (vgl. den Grabstein auf dem Michelsberg in Bamberg) und ähnliches geheilt werden. Die märkische Braut wird auf dem Brautstuhl sitzend durch eine Wagenleiter gezogen, aus der ein paar Sprossen herausgenommen sind.

Wichtiger erscheinen aber in ihrer Beziehung zu bestimmten Göttern andere Geräte, so der Steinhammer. Bei den Indern werden Steinhämmer zur Befruchtung benutzt. Bei den Germanen spielte die „Hammerweihe" in der Eheschliessung eine sehr grosse Rolle. Man legte den Hammer der Braut in den Schoss und begrub silberne Hämmer mit den Toten, ähnlich wie die Slawen grüne Äpfel mit ins Grab gaben. Der Hammer ist dem Donar heilig, der auch sonst als befruchtender Gott verehrt wird. Die Esten im Kreise Dorpat (Odenpäh) stellen ein Beil unter das Bett, um tüchtige Nachkommenschaft zu erhalten. Neben dem Hammer, dem bei Mexiko etwa das Steinmesser entsprach, erscheint der Stab, über den wir bei Indien und Mexiko bereits sprachen. In seiner Bedeutung etwas geändert, aber immer noch erkenntlich, tritt er bei den Chinesen auf. Ein bejahrter Verwandter erscheint bei der Hochzeit mit einem Stab, den ein Drachenkopf schmückt und berührt der Braut dreimal die Stirne. Er verkörpert den Gott des langen Lebens und soll der Braut Glück verleihen.

Auf der Insel Man tragen die Brautmänner, die den Bräutigam entkleiden und zur Braut legen müssen, einen Weidenstab, den sie wohl ursprünglich zwischen das Paar stellten oder dieses damit berührten. An Stelle des Stabes erscheint häufig das Schwert, das bei unseren und anderen Bauernhochzeiten durch einen Säbel ersetzt wird. Wir sind ihm bereits in Indien begegnet und finden es in Europa öfter. Bei den Germanen war es Freyr heilig, dem auch sonst bei Hochzeiten geopfert wurde. Seine Verwendung hat sich bis ins Mittelalter erhalten, allerdings in dem Sinne, wo es aus dem befruchtenden Instrument zum trennenden wurde, weil das Christentum am meisten die geschlechtliche Enthaltung bei der Befruchtungszeremonie betonte. Wir finden es in diesem Sinne auch bei den Juden. Eine sehr grosse Rolle spielt es bei den Esten. Hier ist wieder der alte Doppelsinn erkennbar, seine befruchtende Wirkung und zugleich seine bannende Macht, böse Geister von der Frau fernzuhalten. So wird in der oberpahlenschen Gegend die

Braut auf einen vor der Haustür ausgebreiteten Teppich geführt; der Bräutigam, der Bräutigamsvater und der Bräutigamsbub umkreisen sie dreimal und schlagen ihre Degen über ihrem Haupt zusammen. Die Braut wird dann ins Haus zurückgebracht und die drei Reiter machen nun mit ihren Degen ein Kreuzeichen über die Türe. Auch das Krummholz des ersten Wagens des Brautzuges wird damit berührt, ebenso wie der hervorragende Dachsparren des Hauses, das die Braut verlässt. Hier wohl zu dem Zwecke, dass die Ahnen jenes Kreises, dem sie bisher angehörte und aus dem sie durch die Ehe ausscheidet, ihr nicht folgen und schädlich werden. Beim Brautzug hauen die Bräutigamsbuben mit Degen in der Luft herum, um die bösen Geister fernzuhalten. Von besonderer Wichtigkeit aber werden uns zwei andere Stellen. Nachdem das Brautbett vom Paare vor Zeugen bestiegen ist, nimmt der Bräutigamsvater der Braut mit seinem Degen den Schleier ab - der sie ihren bisherigen Ahnen gegenüber zu verhüllen hatte - und steckt nun den Degen in die Decke des Zimmers zum Schutz gegen böse Geister. Die damit ebenfalls verbundene Idee der Befruchtung, die wir in Indien noch fanden, hat man vergessen. Ganz ähnlich ist es auf Ösel. Dem Bräutigam wird die Braut von seinem Vater ins Bett zugeworfen. Er zieht ihr dann mit dem Degen den Schleier ab und steckt den Degen in die Lage zwischen sie, zu einer Schutzwehr gegen den Satan. Auf andere Geräte wie Armband, Tali, Krug usw. wollen wir nicht näher eingehen.

Die Keuschheitsnächte

Wir sind der Enthaltsamkeit bereits mehrfach begegnet und haben gesehen, dass ihr ursprünglicher Zweck der war, durch Fasten die Gottheit zur Befruchtung der Frau zu veranlassen. Da beim Fasten aller Völker geschlechtliche Enthaltsamkeit die Hauptsache ist, so wurde schliesslich diese als Zweck des Gebrauches betrachtet, was das Christentum mit besonderer Vorliebe aufgriff. Die befruchtenden Geräte, die man während dieser Zeit zwischen oder über dem Paar aufstellte, wurden dann auch nur im Sinne dieser Entwicklung festgehalten, sie wurden zu Symbolen der Trennung. Wir unterscheiden zwei Arten der Befruchtungsnächte, entsprechend der Auffassung, die man von dem Aufenthalt der befruchtenden Dämonen hatte: solche, bei denen sich das Brautpaar zu seiner Schlafstätte begibt und ein befruchtendes Gerät aufstellt, oder doch eine Befruchtung von aussen abwartet, und solche, bei denen das Brautpaar nicht seine Lagerstätte besteigen darf, sondern an Plätzen schlafen muss, an denen man auch sonst die Hausdämonen oder Felddämonen für gegenwärtig hält - beim Feuerherd, im Keller, im Stall (bei der Dungstätte), im Wald und Feld.

Wenn es noch überhaupt nötig sein sollte, den Einwurf, es handle sich bei den sogenannten Keuschheitsnächten doch um „moralische" Prinzipien, zurückzuweisen, so geschieht das wohl am besten mit dem Beispiel der Esten, bei denen die Nächte der Enthaltsamkeit nach der Hochzeit eine grosse Rolle spielen, während vorher zwischen den jungen Leuten der weitestgehende Geschlechtsverkehr stattfindet. Im Oberpahlenschen zieht sich der Bräutigam gleich nach der Werbung mit dem Mädchen in ihr Schlafgemach zurück, um ihre „physischen Vorzüge" kennen zu lernen, und darf forthin seine Braut ständig besuchen. Zur Erntezeit nimmt der Bräutigam seine Braut sogar schon vor der Verlobung mit sich nach Hause zu Bett und ist gehalten, an jedem Samstag zu ihr zum Schlafen zu kommen. Auf der Insel Mohn treten die Mädchen gleich nach der Konfirmation (die wohl anstelle alter Reifezeremonien getreten ist) in freien geschlechtlichen Verkehr; je mehr Beischläfer ein Mädchen hat, desto grösser ist der Stolz seiner Mutter und desto grössere Ehren geniesst es. Solche Völker sehen also in der „Keuschheit" kein Verdienst, und was bei den Esten noch gilt, galt für Germanen und Slawen in früher Zeit.

Betrachten wir nun einige Beispiele der Enthaltsamkeitsnächte. Jene Form, in der ein befruchtendes Gerät das Paar trennt, haben wir bereits mehrfach besprochen. Es erübrigt, hier jene Form zu erwähnen, bei der das Paar sich lediglich abwartend verhält. So schläft bei dem australischen Euahlagistamm der Bräutigam auf der einen, die Braut auf der anderen Seite des Feuers einen Monat lang getrennt, bis eine alte Frau die Braut veranlasst, sie müsse auf derselben Seite schlafen wie der Mann.

Ganz ähnlich wird berichtet: Das Paar darf sich nicht ansprechen, und die Braut verhüllt Haupt und Gesicht mit ihrer Opossumdecke. Wir können diese Gepflogenheit sehr wohl mit der oben von australischen Stämmen berichteten Sitte in Verbindung bringen, dass man während der Nacht auf das Schreien von Tieren usw. wartet, denen man dann nacheilt, um von ihnen Befruchtung zu erwarten. In Neupommern muss die Braut vor der Hochzeit ein mehrmonatliches Einsiedlerleben führen. Bei den Mexikanern hat das Brautpaar ein viermonatliches Fasten zu beobachten und sich dabei des Verkehrs zu enthalten. Bei den Indern ist es Sitte, dass das Brautpaar drei Nächte von der Hochzeit an auf dem Boden liegend Keuschheit bewahren, die Hochzeitsfeuer unterhalten und dabei ungesalzene Speise geniessen soll. Beim Körneropfer muss dabei die Frau zur Erlangung von Fruchtbarkeit ein Voropfer einschieben. Oder drei Nächte hindurch dürfen sie nur ungesalzene Speisen essen und müssen auf dem Erdboden liegend schlafen. Ein Jahr lang dürfen sie nicht der Beiwohnung pflegen, oder auch nur zwölf Tage, sechs Tage; zum mindesten aber drei Nächte. In China bestehen diese Nächte besonders ausgeprägt in der Provinz Kwang-tung. Die Braut geht hier nach Beendigung der Hochzeitsfeier drei Jahre zu ihren Eltern zurück und darf während dieser Zeit wohl die Schwiegereltern, nicht aber den Bräutigam besuchen. Auch bei den Koreanern bestehen Enthaltsamkeitsnächte. Bei den Thompson-Indianern in Nordwestamerika schlafen die jungen Ehepaare zwei bis sieben, meist vier Nächte beisammen, ohne geschlechtlichen Verkehr.

Auch bei den Bulgaren sehen wir wieder, dass moralische Ideen der Sache ganz fern liegen, denn hier bleibt das Paar bis Mitternacht ohne Einschränkungen beisammen, steht dann aber auf, um sich bis zum folgenden Dienstag zu trennen. Bei den germanischen Völkern haben sich die Spuren ebenfalls bis zum heutigen Tage erhalten. In Rötz (Oberpfalz) führt der Bräutigam die Braut nicht zu sich, sondern ins Haus ihrer Eltern, wo sie acht Tage bleibt. Auch in Tiefenbach kehrt sie auf drei Tage zu den Eltern zurück. In Waldmünchen muss sich das Brautpaar in den drei ersten Nächten des Beischlafes enthalten.

Bei der zweiten Art der Keuschheitsnächte wird das Brautpaar zwar zusammengelegt, aber nicht auf sein Lager, sondern an einem Platz, an dem sich die Dämonen (Haus- und Fruchtbarkeitsgeister) aufhalten, also mit Vorliebe in den Stall. Schon bei den Indern finden wir Beziehungen zum Dünger; hier ist der Befruchtungszauber noch sehr deutlich. Der Bräutigam setzt auf ein Häufchen Dünger einen Stein nieder, indem er sagt: „Den heilbringenden festen Stein halte ich dir, der Gattin, im Schosse der göttlichen Erde", auf diesen legt er dann vier Grashalmspitzen, in die Opferbutter auf dem in dessen Mitte befindlichen Blatt und lässt nunmehr die Braut darauf steigen mit den Worten: „Den betritt, Liebliche, Glänzende! Langes Alter möge dir Savitri bereiten...". Bei den Finnen müssen die jungen Ehegatten die erste Nacht im Viehstall schlafen, wo ihnen ein Lager und eine Abendmahlzeit bereitet wird. In einigen Gegenden des Dörptschen dürfen sie überhaupt erst ins Bett, wenn die junge Frau das erste Kind geboren hat; bis anhin schlafen sie im Winter im Stall und im Sommer auf dem Heuboden. Dies ist sehr bezeichnend, weil es den Zweck - die Kindergewinnung - noch deutlich damit verbindet. Auch bei den warroschen Esten wird das Lager im Viehstall bereitet. In alter Zeit wurden sie sogar in einen „Ehesack" gesteckt und im Stall auf den Misthaufen zum Schlafen gelegt.

Fruchtbarkeitsfeste

Von ganz besonderer Wichtigkeit sind die Fruchtbarkeitsfeste, die wir mehr oder weniger deutlich über die ganze Erde verbreitet finden. Sie gliedern sich in zwei grosse Gruppen, in einmalige, die meist an die Pubertätsfeier der Mädchen geknüpft sind und diese oft ganz ausfüllen, und in periodische, die sich entweder in bestimmten Zeiten oder im Anschluss an den Jahreszyklus wiederholen. Für die Pubertätsfeiern gilt als Grundzug, dass die Mädchen nicht durch Ehe oder Geschlechtsverkehr zu Frauen werden, sondern eben durch die Reifezeremonien, die die Befruchtung der Frau bezwecken, während der Beischlaf schon oft vorher stattgefunden hat, selbst zu Zeiten, wo eine Schwängerung noch ausgeschlossen war. Wie tiefgehend der Wert dieser Befruchtung gefasst wurde, zeigen die Anschauungen der Ovambo. Wenn hier nämlich ein Mädchen ein Kind gebiert, ohne dass es die Reifezeremonien mitgemacht hat, so muss dieses getötet werden, da es nicht als Mensch betrachtet wird, d.h. man nimmt eben an, dass es nicht von den Ahnen des Stammes erzeugt ist.

Die periodischen Befruchtungszeremonien knüpfen sich an Festlichkeiten. Stets geht grosses Fasten voraus oder folgt nach, ursprünglich die Hauptsache der Zeremonie, da man so die Befruchtung dadurch herbeizuziehen beabsichtigte, während eine ausgelassene Fröhlichkeit in Verbindung mit allerlei Fruchtbarkeitsriten der verschiedensten Art und von mehr oder weniger hohem Alter diese Feste beschloss. Es ist unmöglich, hier die ganzen Pubertätsfeiern zu behandeln, da sie bei der Frau mehr oder minder alle diesen Hintergrund haben. Es sollen nur einige, für uns besonders wesentliche Züge herausgegriffen werden. Zunächst werden die Mädchen häufig in einen Wald geführt, so bei den Basutho, wo eine tiefe Waldschlucht gewählt wird, in der monatelang ein grosser Lärm gemacht wird. Die Wabondeimädchen (Ostafrika) begeben sich völlig nackt mit einer alten Frau sechs bis acht Tage in den Wald und dürfen nur ab und zu nackt das Dorf betreten. In Liberia werden die Mädchen in einen Zauberwald geführt. Diesem Aufsuchen der Heimat der Kinderkeime entspricht der dazugehörige Zauber, das Peitschen mit grünen Ruten oder Fellstücken frisch geschlachteter Tiere. Bei den Macusi-Indianern in Guyana muss sich das Mädchen auf einen Stuhl oder Stein stellen und wird von der Mutter mit dünnen Ruten gepeitscht. Auch die übrigen bekannten Arten des Pflanzenzaubers werden angewendet. So wird bei den Ualit das Mädchen abgesondert und auf eine Grasmatte gesetzt. Bezeichnenderweise sagt man dann: „Sie wird eine Frau." Die Wintunindianer in Kalifornien geben den Mädchen drei Tage vor der Reifefeier nur Eichelbrei zu essen und lassen sie eine entfernte Hütte bewohnen. Dann erhalten sie eine Suppe aus Früchten.

Neben dem Pflanzenzauber begegnen wir auch dem Wasserzauber. Die Basuthomädchen müssen tauchend aus dem Wasser einen Armring holen und werden dann abgesondert. Die Australier in Queensland sperren die Mädchen fünf Tage ab, dann schmückt sie der Vater mit Federn des grünen Bergpapagei. Der Idolzauber ist bei den Reifegebräuchen besonders weit verbreitet. In Nordtransvaal tanzen die Mädchen um eine aus Lehm geformte Schlange, dann müssen sie Feuer anblasen und eine mit Dornen gespickte Lehmfigur als Kind auf dem Rücken tragen. Ebenso wird bei den Bawenda eine kleine menschliche Tonfigur aufgestellt, die Koma heisst. Dabei wird eine lange mehrtönige Pfeife gebraucht, die wohl Geisterstimmen nachahmen soll. Bei den meisten dieser Gebräuche wird das Mädchen eingeschlossen, was genau in der Idee den „Keuschheitsnächten" entspricht.

Bei den Suaheli wird das Mädchen einen Monat bis ein Jahr in die Obhut einer alten Hebamme gegeben, die die erste Menstruation behandelt und ihr den Stein der Salbung gibt, aus einem Korallenfels hergestellt, der auch bei der Hochzeit Verwendung findet. Gegen Ende dieses Aufenthaltes folgt ein Tanzfest unter dem Muyombobaum, zu dem die Mädchen des Abends von anderen hingetragen werden, damit sie von niemandem gesehen werden. Dort wird ihnen eine Hütte errichtet. Ähnlich ist es bei den Ovambo. Das Reifefest heisst hier efundula und dauert vier Tage. Die Mädchen werden zu einem Tanz um einen Baum geführt. Zu diesen Reifegebräuchen gehört auch die künstliche Defloration der Mädchen durch bestimmte Geräte. Dass dabei ein Zauber ausgeübt werden soll, geht schon daraus hervor, dass auf den Sawu-Inseln (Indonesien) ein eingerolltes Koliblatt in die Vagina geschoben wird, während im Azimbaland (Zentralafrika) ein Horn in die Vagina gebohrt wird. In Nordaustralien wird ein Stöckchen oder in Neu Süd-Wales ein Feuersteinsplitter benützt.

Sehr wichtig sind für unseren Zweck die grossen Fruchtbarkeitsfeste, die sehr häufig mit einer Art von Neujahrsfeier zusammenfallen. So macht man bei den Ovambo alle Jahre, wenn eine bohnenartige Pflanze reif ist, eine Art von Knödeln aus den Blättern, kocht sie mit vier Früchten derselben Pflanze, füllt sie in eine Schüssel und in eine zweite denselben Inhalt, aber ungekocht. Der Hausherr schält eine ungekochte Frucht, gibt sie der Frau und wünscht ihr Kinder. Solche Feste, denen das typische Fasten vorausgeht, sind häufig. Es gehören dazu die griechischen Pyanepsien, die von den Frauen unter Ausschluss der Männer im Oktober gefeiert wurden. Man bat um fruchtbare Ehe und leitete die Feier durch Enthaltung von Beischlaf ein; am Strande des Meeres wurde getanzt. Den gleichen Zweck hatten die Thesmophorien. Noch bezeichnender ist der Gebrauch bei den Römern erhalten, in den Luperkalien. Die Gebräuche werden auch von der römischen Überlieferung dem frühesten Altertum zugeschrieben. So sagt man, dass die geraubten Sabinerinnen unfruchtbar gewesen seien - weil sie eben dem Kreise ihrer Ahnen ohne die üblichen Sühnezeremonien weggenommen worden waren und so nicht befruchtet werden konnten. Männer und Frauen gingen daher zum Hain der Lucina. Da ertönte aus den Wipfeln der Bäume plötzlich eine Stimme: der heilige Bock solle den Rücken der Mütter besteigen. Ein Seher schlachtete nun einen Bock, schnitt Riemen aus dem Fell und schlug mit diesen die Rücken der Frauen, worauf sie mit Lucinas Hilfe schwanger wurden. In den Luperkalien hat sich dieser uralte, in eine Sage verwebte Zauber praktisch weiter erhalten, denn dabei schlugen die Priester, die Luperci hiessen, die nackt umherlaufenden Frauen mit Riemen aus Ziegenfell.

Sehr merkliche Reste finden wir bei den Germanen. Sie verbinden sich meist mit dem Peitschen durch grüne Zweige, das unter den verschiedensten Namen auftritt und ursprünglich an ganz bestimmte Tage gebunden, besonders aber zu Neujahr oder am unschuldigen Kindleinstag gebräuchlich war. Verwendet werden dazu allerlei Zweige, so Wacholder (Mittelfranken), Rosmarin (Schwaben, Oberfranken), Haselnuss und Schlehen (Oberpfalz, Koburg), Birken (Vogtland und Thüringen), Buchs (Kulmbach, Hof, Bayreuth), Weide (Donaumoos). Wir haben über dieses Peitschen alte Nachrichten, die noch deutlich seinen Zweck verraten. So berichtet Spagnoli (†1518), dass zu seiner Zeit in Italien verborgene Körperteile geschlagen wurden. In der Polizeiverordnung von Lauenstein (1599) heisst es: „Da die grossen starken

Knecht den Leuten in die Häuser laufen, die Mägde und Weiber entblössen und mit Gerten und Ruten hauen." Dieses Peitschen ist schon für das 8. Jahrhundert bezeugt. In dem Werk „Volkserotik und Pflanzenwelt" findet man derartige Belege, doch ist der Aufbau verfehlt, da diese Ruten durchaus kein Symbol des Penis sind, den der Verfasser leider in jedem Gerät erblickt.

Unsere Faschingsfeste mit vorhergehendem oder nachfolgendem Fasten gehören auch hierher. Besonders wichtig sind auch die Maibäume und ähnliches. Bereits im 13. Jahrhundert wird es urkundlich als alt und traditionell bezeichnet, dass am 1. Mai, Himmelfahrt, Pfingsten oder Johanni ein festlich geschmückter, mit menschlichen Kleidern behängter Maibaum (Birke, Tanne, Fichte oder Eiche) im Dorf aufgepflanzt wird, dem man opfert und um ihn tanzt. Ursprünglich holten ihn nur die Frauen, so noch bei den Russen, bei den Wenden usw. Auch in der Eifel hauen am Donnerstag vor Fastnacht die Frauen den schönsten Baum im Walde um. Statt des Baumes tritt später eine Puppe oder ein Strohmann auf. Das interessanteste Fest aber ist der süddeutsche Perchtenumzug. Wie die Australier mit Schwirrhölzern werfen, so wird hier im Salzburgischen noch heute ein an einer Schnur befestigtes Wikkelkind, das „Fatschkind", nach den Frauen geworfen, die es entweder auffangen oder ihm ausweichen.

Wilhelm Milke

Totemzentren

Bei den Aranda und ihren Nachbarn steht jede Totemgruppe in Beziehung zu einem lokalen Totemzentrum (oknanikilla); es ist der Ort, an dem die dämonischen Ahnen der Gruppe in der sagenhaften alcheringa-Zeit entstanden und wohnten, oder wo sie auf ihren Wanderungen eine Zeitlang lagerten. Eine Anzahl dieser Ahnen versank dort in der Erde, ihre Geister hausen noch heute in einem Felsen oder Baum (nanja).

Die Empfängnis führt man nicht auf den Geschlechtsverkehr zurück, sondern auf das Eindringen der Ahnengeister in den Mutterleib. Dies geschieht nur in der Nähe des Totemzentrums, wo der betreffende Ahn haust. Das Kind wird der Totemgruppe des inkarnierten Ahnen zugezählt, d.h. der Gruppe, die das Totemzentrum innehat, in dessen Nähe sich die Mutter zur Zeit der Empfängnis aufhielt. Es besteht also weder eine patrilineare, noch eine matrilineare Totemdeszendenz, vielmehr hängt die Totemzugehörigkeit vom Zufall ab. Da aber die Frau zum Mann zieht, ist es am wahrscheinlichsten, dass sie sich zur Zeit der Empfängnis in der Nähe eines Totemzentrums auf dem Gebiet ihres Gatten befand. Daraus ergibt sich eine schwache Tendenz zur patrilinearen Totemfolge.

Die Totemzentren sind nicht nur Herbergen der Ahnengeister, sondern auch die Schauplätze der Vermehrungsriten. Diese Zauberhandlungen werden vom Führer der Totemgruppe unter Beihilfe der Alten vollzogen und sind je nach dem Totem verschieden. Man schlägt den nanja-Stein mit zweigen, beträufelt ihn mit Blut oder zeichnet ein Bild des Totems in den Sand. Trotz ihrer weitausgedehnten Verbreitung stimmen all diese Vermehrungsriten in wesentlichen Punkten überein. Sie weisen als gleichbleibende und notwendige Merkmale auf: 1. Die Verbindung einer bestimmten Örtlichkeit (Totemzentrums), die gewöhnlich durch ein Wasserloch oder einen Felsen, manchmal durch eine künstliche Aufhäufung von Steinen gekennzeichnet ist, einerseits mit einer Gruppe von Menschen (Totemgruppe), andererseits mit einer Naturspezies (Totemspezies), die gewöhnlich in der Nähe dieser Örtlichkeit besonders reichlich vorkommt. 2. Ein System von Vermehrunsgriten, die von Vertretern der Totemgruppe am Totemzentrum zur Vermehrung der Totemspezies vollzogen werden. 3. Mythische Überlieferungen, die Totemzentrum und Totemspezies mit den halb menschlich, halb tierisch gedachten Ahnen der Totemgruppe verbinden.

Nachweise nun über Malekula verdanken wir vor allem dem Werk A.B. Deacons. Leider haben der vorzeitige Tod des jungen Forschers und die starke Zersetzung der von ihm studierten Kultur manch fühlbare Lücke seines Berichtes verschuldet. Die meisten Angaben Deacons beziehen sich auf Südwestmalekula. Die meisten Clans stehen zu einem Tier, einer Pflanze oder einem sonstigen Naturgegenstand in Beziehung, von dem sie abzustammen glauben. Ausserdem besitzt das Dorf, aus dem der Clan seinen Ursprung herleitet, einen heiligen Platz. Er dient als Beinhaus des Clans. Nach Verwesung der Fleischteile werden die Knochen bei dem alljährlichen Erntefest dort beigesetzt. Auf diesem Platz findet sich fast stets ein geheiligter Stein, gelegentlich statt dessen Scherben vorgeschichtlicher Tongefässe. In dem Stein wohnt ein Geisterwesen (temes), das in einigen Fällen als Geist des Totems erkenntlich ist. So haust in dem Stein des Dorfes Ndawu der temes naambei (Geist des naambei), und die Heuschrecke (naambei) ist das Totem dieses Dorfes. Deacon vermochte über die Natur dieser Geister keine volle Klarheit zu gewinnen. Doch scheint aus der Bezeichnung temes und der Tatsache, dass der geistige Teil dieser Wesen ebenso wie die Menschenseele nimwinin genannt wird, hervorzugehen, dass man ihnen eine ehemalige menschliche Existenz zuschreibt (Gruppenahnen). Manche Clans glauben nicht von einer Pflanze oder einem Tier, sondern von den heiligen Steinen auf ihren Kultplätzen abzustammen, und diese individuellen Steine dienen ihnen als „Totem".

Zahlreiche Clans halten alljährlich zur Zeit der Yamsernte ein Fest ab, dessen Zweck es ist, bestimmte Pflanzen oder Tiere zu vermehren. Der Vollzug der Riten liegt einem Spezialisten ob. Sein Amt ist öffentlich und geht gewöhnlich auf den ältesten Sohn über. Die Früchte seiner Tätigkeit kommen nicht nur seinem eigenen Clan, sondern dem ganzen Bezirk zugute. Die meisten Vermehrungsriten finden auf dem heiligen Platz des Clans statt, oft stehen die heiligen Steine in ihrem Mittelpunkt. Doch scheint die Anrufung der temes, die in den Steinen wohnen, kein notwendiger Bestandteil zu sein. In den Einzelheiten sind die Zauberhandlungen sehr verschiedenen und bestehen in einfachen Fällen etwa darin, dass man den heiligen Stein auf den Boden wirft oder ihn mit einem Absud aus gewissen Kräutern begiesst. Andere Riten dagegen erfordern umständliche Vorbereitungen.

Im allgemeinen fällt die Naturerscheinung, die der Clan zu vermehren vermag, mit seinem Totem zusammen, doch gibt es von dieser Regel zahlreiche Ausnahmen. Einzelne Clans vermehren nicht ein Nahrungsmittel, sondern kontrollieren Hunger, Wind und Krieg. In jedem Bezirk gibt es ein Dorf, dessen Vermehrungsrite dem ganzen Bezirk reichlichen Kindersegen, Stärke und Gesundheit sichert. Diese Zeremonie wird als „Menschenmachen" bezeichnet und steht in engen Beziehungen zu den mythischen Kabat-Brüdern. Der gesamte Bezirk nimmt an ihr tätigen Anteil, den Hauptakt bildet der Geschlechtsverkehr der Clanzauberer mit allen Frauen des eigenen und der fremden Clans.

In Südpentecote bestehen zwei widerstreitende Formen sozialer Organisation nebeneinander, nämlich ein matrilineares Dualsystem und patrilineare lokale Totemgruppen. Es liegen keine Anzeichen dafür vor, dass man einen Ausgleich dieser Gegensätze gesucht und in einem Klassensystem gefunden hat. Die Totems gelten in der Regel als Ahnen ihrer Clans. Zahlreiche Totemgruppen besitzen ta-burum-Steine, mit deren Hilfe gewisse Spezialisten einen magischen Zwang auf das Totem ausüben. Beispielsweise können die Angehörigen des Taro-Clans vermöge ihrer ta-burum-Steine nie Mangel an Taro leiden. Der Totemexperte legt jeweils zu Beginn des Pflanzens, Jätens und Erntens einen ta-burum-Stein auf dem Felde nieder und entfernt sie sämtliche, wenn das Feld endgültig aufgegeben wird. Die Totemexperten des Meer-Clans führen Ebbe herbei, indem sie über dem ta-burum-Stein einen nur ihnen bekannten Gesang anstimmen. Der Experte des Sonnenclans vergräbt den ta-burum-Stein seines Clans, stimmt einen Zaubergesang an und nötigt dadurch die Sonne, solange zu scheinen, bis der Stein ausgegraben und entfernt wird.

Man könnte die ta-burum-Steine als transportable Totemzentren bezeichnen. Die eigentliche Lokalisation scheint sich nur in wenigen Fällen erhalten zu haben. Der Altar auf dem Dorfplatz des Eidechsenclans enthält einen besonderen Stein, unter dem stets eine grüne Eidechse haust. Wer versehentlich auf diesen Stein tritt, zieht sich sogleich die Rache des Totems zu. Man kann es versöhnen, indem man einem Mitglied des Clans einen Pfeil bzw. mehrere Stangen Tabak gibt. Der

Schuldige stellt sich auf den Totemstein, und der andere führt den Pfeil bzw. die Tabakstangen mehrmals um ihn herum.

Der neukaledonische Totemismus weist mehrere Besonderheiten auf und ist als Ganzes gesehen ebenso eigenwüchsig wie die neukaledonische Kunst. Die patrilinearen Totemclans stellen im Huailu-Bezirk Lokalgruppen dar, im Norden der Insel wohnen mehrere Clans im gleichen Dorfe. Trotzdem die Kinder zur Totemgruppe des Vaters gehören, wird nicht das väterliche, d.h. das eigene Totem, sondern das der Mutter geschont.

Die Totems sind weitgehend zu Krankheitsdämonen geworden und haben sich dabei auf bestimmte Krankheiten spezialisiert. Für jedes Leiden gibt es ein Gegenmittel in Gestalt zauberkräftiger Pflanzen. Bei der Unsicherheit der Diagnosen erschliesst man zumeist die Krankheit und das für sie verantwortliche Totem aus der Pflanze, die dagegen geholfen hat.

Lokalisierung in Totemsteinen wird zwar allen Totems nachgesagt, konkrete Angaben aber haben wir fast ausschliesslich über die Eidechsentotems. Sie hausen in isolierten Felsen, den sog. Eidechsensteinen. Man berührt diese Steine, um die Kraft des Totems zu gewinnen, so mit dem magischen koea-Bündel, das dann in den Yamsfeldern vergraben wird, um eine günstige Knollenbildung zu erzielen. Auch das Hai-Totem steht zu einem Felsen in Beziehung, auf dem Blutspuren erscheinen, so oft der Hai einen Menschen verschlingt.

In abgeleiteter Weise wohnt das Totem in den bao- oder panyao-Steinen. Sie stellen in erster Linie versteinerte Ahnenseelen dar. Der „Priester" des Clans hält am Leichnam des Verstorbenen Wache, bis schliesslich der ko (d.h. die Geistseele, im Unterschied zu dem gleichfalls fortlebenden bao, dem „lebenden Leichnam") unter der Gestalt des Totems erscheint. Der „Priester" stürzt sich auf ihn, hüllt ihn in ein Stück Rindenstoff und eilt damit zu einem Bache. Nachdem er das Bündel im Wasser untergetaucht hat, weist er einen Kiesel vor: es ist der versteinerte ko. Diese Steine werden beim Eingang des Männerhauses aufbewahrt, wo man sie in allen Grössen aufgehäuft findet. Der gebannte ko beschränkt sich nicht auf seinen Stein, sondern bewohnt auch den zu seiner Ehre errichteten Mast und treibt sich in der Umgegend umher. Man kann ihn sogar ein zweites Mal einfangen, um eine Wohltat von ihm zu erlangen.

Man bezeichnet die Steine wie die Ahnen selbst als bao, d.h. bemerkenswerterweise mit dem Namen des „lebenden Leichnams". Handelt es sich um den versteinerten Geist eines berühmten Kriegers, so spricht man von einem panyao-Stein. Die panyao gelten als überaus heilig, weil sie in gewissem Sinne das Totem, z.B. den Donner oder die Eidechse enthalten. Bei Kriegszügen bedarf man ihrer Unterstützung. Da sie zum Mitnehmen zu gross und unhandlich sind, trägt der „Priester" in einer Binde um das linke Handgelenk einen kleinen Stein, der den panyao-Stein vertritt und als „Kind des panyao" bezeichnet wird.

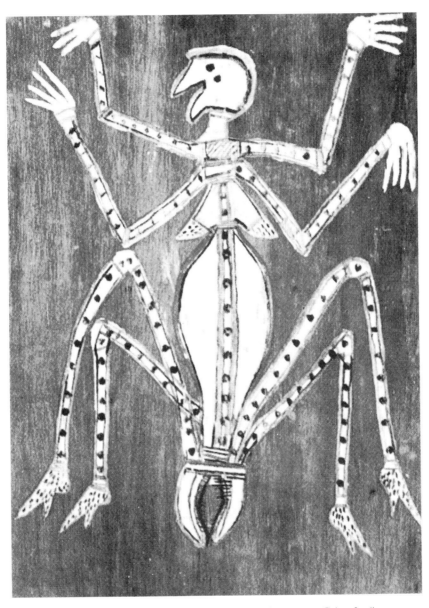

Baumrinden-Malerei mit der Darstellung einer schwangeren „Geisterfrau"
mit erhobenen Händen und in „Gebärstellung". Australien, Croker-Insel,
Nord-Territorium.

Ernst Vatter

Australien

Wesensart der Totems

Die australischen Totems sind teils organischer, teils anorganischer Natur: Tiere, Pflanzen, Teile von Tieren und Pflanzen, tierische und pflanzliche Produkte, menschliche und mythologische Wesen, Mineralien, Himmelskörper, meteorologische Erscheinungen, geographische Gebilde, Züge der Landschaftsmorphologie, das Feuer, Waffen und Geräte etc. Die in dieser Aufzählung sich offenbarende Mannigfaltigkeit kann doch keinen Augenblick darüber hinweg täuschen, dass von wenigen Ausnahmen abgesehen, in jedem Stamm das Tier als Totem an erster Stelle steht. Von einer ganzen Reihe von Stämmen sind einzig und allein tierische Totems überliefert. Wenn auch nicht vergessen werden darf, dass die auf uns überkommenen Listen vielfach unvollständig sind, und gerade nicht-tierische Totems der Beobachtung leichter entgehen als tierische, so darf es doch wohl als sicher gelten, dass wenigstens ein Teil dieser Stämme tatsächlich nur tierische Totems besitzt oder besessen hat.

Als Totemtier treffen wir fast ausnahmslos Tiere an, die in dem Wohn- und Jagdgebiet des Stammes vorkommen, so dass also die Listen der Totemtiere der einzelnen Stämme die Tiergeographie des von dem Stamm bewohnten Landstriches widerspiegeln. Die Totemtiere der Küstenbevölkerung sind andere wie die der Gebirge, die der fruchtbaren Ebenen andere wie die des trockenen Innern. Zahlenmässig am stärksten vertreten sind unter allen Totemtieren die Känguruharten mit ihren Verwandten, dann folgen Emu, Adlerfalke, Bandikoot (ein insektenfressendes Beuteltier, Perameles), Teppichschlange, Opossum, Dingo, Iguana-Eidechse und Krähe. In weitem Abstand schliessen sich an: Kormoran, Fledermaus, der „native companion" (ein kranichähnlicher Vogel), endlich der Pelikan und der Kakadu.

Bei einer Anzahl von Stämmen treten bestimmte Tiere paarweise als Totems auf, und zwar in der Weise, dass das eine dieser Tiere der einen Stammeshälfte oder Phratrie das zweite der anderen angehört. Diese Phratrien sind ihrerseits auch vielfach nach Tieren benannt, gelegentlich nach denselben, die in ihnen paarweise als Gruppentotems erscheinen. Totemistische „Tierpaare" sind: der weisse und der schwarze Kakadu, Adlerfalke und Krähe, Emu und Känguruh.

Ist das Tiertotem wirklich die älteste Form des Totems in Australien, dann führt die Fragestellung nach der Entstehung und dem Sinn des Totemismus folgerichtig auf das Problem der Einstellung des Menschen der totemistischen Gesellschaft gegenüber dem Tier. Der Totemismus setzt offensichtlich eine menschliche Denkweise und Anschauungsform voraus, für welche das Tier (und ebenso die Pflanze, das Gestirn und überhaupt jede aussermenschliche Daseins- und Lebensform) etwas grundsätzlich anderes ist als für uns moderne Menschen: eine Denkweise, welche die für uns wesentliche Verschiedenheit von Mensch und Tier in anatomischer und physiologischer Hinsicht nicht kennt oder nicht anerkennt, die im Gegenteil einer absoluten Identifizierung von Mensch und Tier fähig ist. Das Ichbewusstsein muss ein anderes sein. Die Narrinyeri erzählten, dass sie, als sie zum ersten Mal weisse Männer auf Pferden reitend sahen, glaubten, die Pferde seien die Mütter der Weissen, da sie sie auf dem Rücken trugen, genau wie die australische Mutter ihr Kind trägt. Von einem anderen Stamm hört man, die Packochsen der Weissen seien für deren Frauen gehalten worden, da sie die Lasten der Männer trugen, wie die australische Frau das Gepäck ihres Mannes schleppt. Die gleiche überraschende Lebendigkeit in der Gleichsetzung von Mensch und Tier, und vor allem dieselbe uns so unverständliche Begründung dieser Gleichsetzung, die wesentliche Verschiedenheit ignoriert und sekundäre oder zufällige Übereinstimmungen zum Fundament der Identifikation macht, finden wir bei den Xingu-Stämmen: für den Indianer unterscheiden sich Mensch und Tier nicht durch anatomische und biologische Differenzen, sondern dadurch, dass der Mensch Pfeile, Hängematten und anderes Gerät besitzt, das Tier aber nicht.

Auch in den Mythen erscheint diese Identifizierung, die entweder Mensch und Tier wirklich einander gleichsetzt oder sie von einander abstammen lässt, als etwas durchaus Natürliches und wird deshalb gar nicht zu erklären versucht. Die Vorstellungen weichen regional stark von einander ab, zeigen aber doch die gleiche geistige Grundrichtung. Die Mythen des Südens und Südostens des Erdteils, sowie die des

Nordwestens von Queensland erzählen, dass die Erde ursprünglich von Menschen bewohnt war, die sich später in Tiere verwandelten, bei den Narrinyeri z.B. in Vögel, Walfische, Opossums, Kakadus und Fische. In anderen Teilen Australiens setzen die Mythen Tiere an die erste Stelle und lassen aus ihnen die Menschen hervorgehen, wobei dann im allgemeinen jeder Tiervarietät eine Totemgruppe entspringt. Im ganzen mittleren Australien von der Spencerbucht bis zum Carpentariagolf berichten die Mythen von einer sagenhaften Vorzeit, in der weder Menschen noch Tiere gelebt haben, sondern das Land bevölkert war mit „larvenartigen" Urwesen, aus denen sowohl die Menschen als auch Tiere und Pflanzen sich entwickelten. Obwohl Mensch und Tier nur in einen genetischen Zusammenhang gebracht erscheinen, eben durch Abstammung, so durchdringt doch die gedankliche Identifizierung die Vorstellungen so stark, dass es in vielen Fällen schwer zu sagen ist, ob in diesen Gestalten der australischen Mythologie die menschliche oder die tierische Wesensart überwiegt, und wo ihre Grenzen zu ziehen sind.

Mensch und Totem

In welchem Verhältnis denkt und fühlt sich der Mensch seinem Totem gegenüber? Der Australier hat seinem Totem gegenüber nirgends eine religiöse Einstellung in dem Sinn, dass er das Totem als etwas ausserhalb seiner Lebenssphäre über ihm Stehendes ansähe, als etwas ihm Überlegenes, das sein Leben dauernd beeinflusste, dessen Gunst er etwa durch Anrufung oder Gebet gewinnen könnte. Vielmehr gehört das Totem als etwas ausgesprochen Diesseitiges zur natürlichen und profanen Lebenssphäre des Menschen und zu seiner Gesellschaft. So fühlt man sich mit seinem Totem identisch oder verwandt oder befreundet, man achtet und verehrt es auch, aber nur so, wie man den Vater, die alten Männer oder auch den innerhalb des Bereichs menschlicher Fähigkeiten Überlegenen achtet und ehrt. Man sieht in ihm auch den gegebenen Helfer und Beschützer. Aber niemals ist es „Gott", niemals wird es als etwas Jenseitiges, Übernatürliches verehrt oder angebetet.

Die Einbeziehung des Totems in die Lebenssphäre des Menschen offenbart sich am deutlichsten in der Identifizierung von Mensch und Totem, die sich sowohl als fast völlige Gleichsetzung, als auch in Form einer eigenartigen Verkoppelung beider Organismen äussern kann, und weiter in dem Glauben an Blutsverwandtschaft bzw. gemeinsame Abstammung. Bei Wotjobaluk, Buandik und Wakelburra treffen wir die Anschauung, dass die Verletzung oder Tötung des Totemtieres eine entsprechende Schädigung der Menschen zur Folge hat. Die Wakelburra glauben im besonderen, dass man sich an jemandem rächen kann, indem man sein Totemtier tötet. Der Buandik bezeichnet sein Totem auch als „tumanang" = „mein Fleisch" und deutet, wenn er von dem Totem spricht, zur Bekräftigung der Identität auf seine Brust. Bei den Kamilaroi gelten die Angehörigen einer Totemgruppe als Nachkommen eines gemeinsamen Ahnen und dementsprechend als blutsverwandte Brüder und Schwestern. Ähnliche Anschauungen herrschen bei den Zentralstämmen.

Besonders betont ist der verwandtschaftliche Zusammenhang bei den Geschlechtstotems der Yuin, Biduelli, Kurnai, Wotjobaluk, bei denen das Totemtier als „Bruder" und zwar meist als „älterer Bruder" der Männer bzw. „Schwester" und „ältere Schwester" der Frauen bezeichnet wird. Auch dem Individualtotem gegenüber finden wir gelegentlich diese Einstellung. Bei den Kurnai stehen Mensch und Individualtotem im Verhältnis von „bramung" und „thundung", d.h. des jüngeren zum älteren Bruder, bei den Maryboroughstämmen nennt man sein Individualtotem ebenfalls „noru" = „Bruder", bei den Euahlayi ist es geradezu der „alter ego" des Menschen.

Bei den Zentralstämmen zwischen Lake Eyre und Carpentariagolf und im Arnhemsland werden die Anfänge der Beziehungen zwischen Mensch und Totem ganz allgemein in eine weit zurückliegend gedachte mythische Urzeit verlegt. Es ist aber schwierig, aus den komplexen und anscheinend aus verschiedenen Quellen zusammengeflossenen Vorstellungen über diese Urzeit, über Menschwerdung, Erschaffung der Geschlechter, Art der Vorfahren von Mensch und Tier, die Anschauungen über das Anfangsverhältnis Mensch-Totem herauszuschälen. Bei all diesen Stämmen erzählen die Mythen von den „Totemahnen" der heutigen Eingeborenen, d.h. von Wesen, von denen sich die Menschen und die verschiedenen Totems irgendwie ableiten, deren Erscheinungsform aber in den Mythen der einzelnen Stämme sehr verschieden geschildert wird. Teils handelt es sich um halbmenschliche-halbtierische (bzw. halbpflanzliche) Wesen, teils um Ahnen rein menschlicher Gestalt, die dann aber entweder wieder auf irgendwelche Mischwesen zurückgeführt werden oder sonstwie als nahe verwandt mit Tieren oder Pflanzen gelten. Die Bezeichnung aller dieser Geschöpfe als „Totemahnen" oder „Totemvorfahren" deckt also Vorstellungen verschiedener Natur mit demselben Namen, aber immer wird der Vorfahr zu dem Totem seiner

Nachfahrengruppe in folgender Beziehung stehend gedacht: aus den Totemahnen sind bei bestimmten Gelegenheiten durch eine Art Emanation Gebilde hervorgegangen, von Spencer und Gillen als „spirit children", von Strehlow als „Kinderkeime" bezeichnet, die durch das Medium menschlicher Frauen in deren Kinder „reinkarniert" werden: „every individual is the reincarnation of a spirit left behind by totemic ancestors in a far past time."

Nach Spencer und Gillen soll der „spirit part" des Verstorbenen nach seiner „Heimat" zurückkehren, d.h. zu der Stelle, von wo aus er als „spirit child" in eine Frau (die Mutter des Toten) eingegangen ist, um dort eine neue „Reinkarnation" zu erwarten. Für die Frage des Verhältnisses von Mensch und Totem ist bei den Zentralstämmen jedenfalls als feststehend zu betrachten, dass Mensch und Totem irgendwie auf einen Totemahn (oder auch mehrere derselben Art) zurückgeführt werden, dass für Totemtier und -pflanze wohl eine rein natürliche Abstammung von diesen Ahnen angenommen wird, dass aber der Mensch die in seiner Mutter wiedergeborene Emanation eines solchen Ahnen darstellt.

Die auf dem Glauben an Identität, Verwandtschaft oder Freundschaft beruhende enge Verbindung zwischen Mensch und Totem tritt am deutlichsten in Erscheinung in der Verpflichtung beider Kontrahenten zu gewissen gegenseitigen Leistungen. Die Leistungen, die der Mensch von seinem Totem erwartet, sind in Australien dreifacher Art: 1. das Totem gilt als Helfer und Schützer des Menschen, 2. das Totem warnt den Menschen vor ihm (oder auch seinen Totemgenossen) drohenden Gefahren, und zwar entweder dadurch, dass es ihm tatsächlich oder nur im Traum erscheint. Bei den Aranda spielt das Totem der Mutter, der „altjira", die Rolle des Warners im Traum, 3. das Totem tritt gelegentlich als Bote auf, indem es z.B. an Freunde und Verwandte des Menschen Nachrichten übermittelt, oder indem es wie bei den Kamilaroi verkündet, dass einem Freund oder Verwandten ein Unglück zugestossen ist.

Besonders bei den Zentralstämmen spielt die Verpflichtung des Menschen, für das Wachstum und die Vermehrung seines Totems zu sorgen, eine grosse Rolle. Träger dieser Verpflichtung ist die Totemgruppe. Totemtier und Totempflanze sind aber nur indirekt Objekt ihrer Fürsorge, insofern als diese nicht im Interesse des Totems selbst ausgeübt wird, sondern zugunsten der Nahrungsversorgung oder überhaupt der Wirtschaft derjenigen Gruppen des Stammes, denen Genuss und Nutzung des betr. Totems erlaubt ist. Jede Totemgruppe ist für die

Vermehrung ihres Totems allen anderen Totemgruppen gegenüber verantwortlich, sowohl im positiven Sinn durch Verpflichtung zur Abhaltung bestimmter Vermehrungsriten, als auch im negativen durch strenge Beachtung des Esstabus, dessen Übertretung die Vermehrungsriten unwirksam macht.

Geschlechtstotemismus

Unter Geschlechtstotemismus versteht man die Verbindung der beiden natürlichen Gruppen innerhalb der menschlichen Gesellschaft, des männlichen und des weiblichen Geschlechts, mit bestimmten, jeder dieser natürlichen Gruppen eigenen und ihre Gegensätzlichkeit betonenden Totems. Die zwischen jeder der beiden Geschlechtsgruppen und ihrem Totem vorgestellte Beziehung besteht auch zwischen diesem und jedem Individuum der Gruppe. Die Geschlechtstotems sind in Australien überall, mit ganz wenigen Ausnahmen, kleine Vögel; die Fledermaus ist als Totem des männlichen Geschlechts am weitesten verbreitet.

Es lassen sich nun folgende Einzelzüge, Vorstellungskomplexe und soziale Regelungen aus den Quellen herauslesen: Die Geschlechtstotems werden als „Freunde" oder als „Bruder" und „Schwester" (meist älterer Bruder bzw. ältere Schwester) der Männer und der Frauen bezeichnet, der Baumläufer als „Schwester" der Frauen bei dem Pt. Stephens-Stamm. Die Dieri nennen die Geschlechtstotempflanzen „ngambu" = Schützer. Die Geschlechtstotems sind für die entsprechende menschliche Gruppe streng tabuiert; sie werden nicht getötet, sondern im Gegenteil gegen Angriffe geschützt und ihre Tötung gerächt. Als Feinde des Geschlechtstotems der Männer treten immer die Frauen auf und umgekehrt. Männer und Frauen necken sich gegenseitig mit Hinweisen und Anspielungen auf das Totem des anderen Geschlechts. Die beiden Geschlechter reizen sich gegenseitig, indem sie das Totem des anderen Geschlechts verhöhnen oder töten. Die Streitigkeiten enden oft mit Schlägereien und Blutvergiessen. Das Leben des Geschlechtstotemtieres ist eng verbunden mit dem Leben eines der Männer oder einer der Frauen, man glaubt, dass der Tod des Totemtieres den eines Menschen nach sich zieht. Die Geschlechtstotems gelten als Schöpfer der Männer, bzw. der Frauen. Die Geschlechtstotems repräsentieren das mythische Stammelternpaar: Kurnai. Sie gehören zu den „Muk-Kurnai", den Ahnen „of olden times, when the animals... were all men." Auch in SW-Victoria gilt ein Vogelpaar, nämlich der „long billed cockatoo" und der „Banksian cockatoo" als Stammelternpaar. Die Geschlechtstotems (oder eines von ihnen) gelten als Schöpfer der Geschlechtsunterschiede beim Menschen. Die Geschlechtstotems stehen in Zusammenhang mit Magie (Aranda: Einreiben der Brüste mit dem Saft der Totempflanze) und Konzeption: Am Kap Bedford besteht der Glaube, dass die Knaben in Gestalt einer Schlange, die Mädchen in der einer Brachschnepfe in den Leib der Mutter eingehen. Sowie Initiation für die jungen Mädchen und Brautwerbung; letztere in eigenartiger Verbindung mit dem Reizen des anderen Geschlechts durch Töten des Totemvogels. Männer und Frauen gebrauchen als gegenseitige Anrede den Namen des Geschlechtstotems der angeredeten Person.

In den Geschlechtstotems erscheint so der Gegensatz der Geschlechter teils in mehr ernster, teils in mehr humorvoller Weise symbolisiert. Der Geschlechtstotemismus, so wie er im eigentlichen Südostaustralien auftritt, ist im Grunde nur denkbar innerhalb einer Gesellschaft, in der beide Geschlechter einander einigermassen gleichwertig gegenüberstehen, die Frau als Teil ihrer Geschlechtsgruppe gleichberechtigter Faktor dem Mann gegenüber ist. Die Feindseligkeit gegen das Totem des anderen Geschlechts wäre wohl als der Ausdruck einer beginnenden Verschiebung im Verhältnis der beiden Geschlechter anzusehen, als Ausdruck für den Kampf der männlichen Gruppe um Vorherrschaft, und für das Bemühen der Frauen, sich ihre Stellung zu wahren.

Soziologie des Totemismus

Der Mensch ist immer und überall ein Glied der Gesellschaft. Das absolute, ausserhalb jeder gesellschaftlichen Bindung stehende Individuum ist blosse Konstruktion. Ebensowenig gibt es einen rein individuellen menschlichen Geist, einen Geist, der nicht irgendwie sozial beeinflusst ist. Die Gesellschaft ist dem Individuum gegenüber keine absolute Grösse. Für den modernen europäischen Menschen liegen ihre Grenzen zwischen der Familie und der gesamten Menschheit, so weit sein Interesse und sein Gefühl menschlicher Gemeinschaft reicht, aber auch für den primitiven Menschen endet die Gesellschaft nicht mit der Familie oder der lokalen Lebensgemeinschaft, mit der das Individuum in dauernder Wirkung und Gegenwirkung steht. Gerade auf dem Boden der totemistischen Weltanschauung zeigt sie eine bedeutsame Erweiterung: die Zugehörigkeit zum gleichen Totem schliesst unter Umständen Menschen entlegenster Wohnsitze und verschiedener Sprache und Sitte zu einer Gemeinschaft zusammen, abgesehen von der Ausdehnung der sozialen Organisation auf die nichtmenschliche Umwelt des Menschen.

In der primitiven „natürlichen" Gesellschaft stehen häufig Vergesellschaftungen im Vordergrund des sozialen Lebens, die uns vollkommen fehlen. So bedeutungsvoll z.B. für den Australier die Familie mit ihren Funktionen der Fortpflanzung, Erziehung, Nahrungsbeschaffung usw. und der Stamm, bzw. die Lokalgruppe, als Eigentümer der Sammel- und Jagdgründe, sowie als sprachlich-politische Einheiten sein mögen, so wird doch das soziale Leben in stärkstem Masse beeinflusst und in seinem Ablauf geregelt durch die nichtfamiliaren Verwandtschaftsgruppen und Altersklassen, die sich sowohl innerhalb des Stammes als auch über ihn hinaus auswirken.

Es gibt drei Arten der Verwandtschaft: „Blutsverwandtschaft", „Heiratsverwandtschaft" und „Sozialverwandtschaft", wie man das englische Wort „kinship" vielleicht verdeutschen könnte. Zu dieser Sozialverwandtschaft, die also weder auf gleicher Abstammung noch auf Angliederung durch Heirat beruht, sondern ihrem Umfang nach durch die Anschauungen der Gesellschaft selbst bestimmt ist, gehören auch die genannten „nichtfamiliaren Verwandtschaftsgruppen", die in Australien in Gestalt der Phratrien, Klassen und Totemgruppen eine entscheidende Rolle spielen.

Es ist allerdings zu beachten, dass die Vorstellungen über Blutsverwandtschaft sich nicht immer mit den physiologischen Tatsachen decken, und dass ferner die Vorstellungen über Blutsverwandtschaft und Sozialverwandtschaft sich vielfach kreuzen und durchdringen. So gilt das Kind, auch bei Anerkennung gleich starker blutsverwandtschaftlicher Bindung an Vater und Mutter, bei den meisten australischen Stämmen entweder nur mit dem Vater oder nur mit der Mutter sozialverwandt: es gehört entweder zur sozialen Gruppe des Vaters oder der Mutter. Andererseits werden sozialverwandtschaftliche Gruppen, wie z.B. gerade die Totemgruppen, mit Vorliebe auf gemeinsame Abstammung aller Gruppenangehörigen von einem Ahnen, also auf Blutsverwandtschaft, zurückgeführt. Tatsächlich ist aber diese Begründung meist ganz sekundär; in Wirklichkeit fühlen sich die Eingeborenen auf Grund des gleichen Totemnamens „verwandt", und dieses Band schliesst auch gleichnamige Totemgruppen von Stämmen zusammen, die sich völlig fremd oder gar mit einander verfeindet sind. Die Totemverwandtschaft ist im allgemeinen reine Sozialverwandtschaft, nur innerhalb der Lokalgruppe, überhaupt der lokalen Lebensgemeinschaft, ist die Totemverwandtschaft zugleich Blutsverwandtschaft, da bei patrilinealer Deszendenz das Totem des Vaters, bei matrilinealer das der Mutter auf die Kinder vererbt wird.

Die soziale Organisation fast sämtlicher australischer Stämme ist durch zwei Faktoren beherrscht: 1. die Zweiteilung des Stammes in zwei im allgemeinen exogame „Stammeshälften" (englisch „moieties") oder Phratrien und 2. die Gliederung in Totemgruppen.

Als „Totemgruppe" bezeichnen wir die Gesamtheit von Männern, Frauen und Kindern, die das gleiche Totem haben, sich also zu einer bestimmten Art eines Tieres, einer Pflanze oder sonstiger Objekte und Phänomene in einem spezifischen Verhältnis stehend fühlen, einem Verhältnis, das dem Totem sowohl als der Gruppe und jedem ihrer Angehörigen Verpflichtungen auferlegt und Rechte gewährleistet.

Die australische Totemgruppe tritt in verschiedener Form auf. Sie ist „intratribal", d.h. Bestandteil eines Stammes und nur innerhalb seiner Grenzen vorhanden, oder sie ist „intertribal", d.h. über mehrere Stämme verteilt, so dass sie die Einheit des Stammes lockert. Im Lake Eyre-Gebiet z.B. fühlen sich die Angehörigen aller in den verschiedenen Stämmen vertretenen Känguruhtotems zusammengehörig und als soziale Einheit. Bei den Dieri wird jeder Fremde gefragt: „Zu welchem Totem gehörst du?" „All those of the same name (Totem) go to the same camp, eat together, live together, even lend each other their women. Even alien blackfellows, from a distance of 3 or 400 miles are thus hospitally entertained." Wenn im letzteren Fall eine sprachliche Verständigung nicht möglich ist, wird die Totemzugehörigkeit mit Hilfe der Zeichensprache festgestellt. Leute mit dem gleichen Totem fühlen sich über ganz Australien hin zueinander gehörig.

Die naturbedingte Lebensgemeinschaft des Australiers ist im allgemeinen nicht der Stamm, der infolge der wirtschaftlichen Gestaltung (kein Bodenbau, keine feste Siedlung, sondern bewegliche Jagd- und Sammelwirtschaft) über zu weite Räume verteilt ist, um die natürliche Zelle des Gemeinschaftslebens bilden zu können, sondern die sog. „Lokalgruppe", d.h. die mit einem bestimmten geographischen Gebiet als Jagd- und Sammelrevier verbundene Lebensgemeinschaft, die nur einen Teil der grösseren sprachlichen Einheit des Stammes bildet. Der Stamm besteht also aus einer grösseren oder kleineren Zahl solcher Lokalgruppen, deren jede als Eigentümerin bzw. Nutzniesserin eines bestimmten Stückes Boden charakterisiert ist.

Die Lokalgruppen sind meistens exogam. Da die Heirat in Australien, von wenigen Ausnahmen abgesehen, patrilineal ist, d.h. die Frau in die lokale Lebensgemeinschaft ihres Mannes übersiedelt, sind Lokalgruppen, die überwiegend aus Personen gleicher Sozialverwandtschaft bestehen, nur unter Voraussetzung patrilinealer Deszendenz, d.h. Zugehörigkeit der Kinder zur Gruppe des Vaters, möglich. Eine solche Lokalgruppe besteht also aus Männern gleicher Sozialverwandtschaft, z.B. des Totems Känguruh, aus Kindern des gleichen Totems und aus Frauen anderer Totems. Es findet eine allmähliche Anreicherung des Totems Känguruh in der Lokalgruppe statt, da ja alle Männer und Knaben dem Totem angehören und in der Gruppe verbleiben auf Grund der patrilokalen Heiratsregelung. Totemexogamie vorausgesetzt, schliessen sich lokale Totemgruppe und matrilineale Deszendenz des Totems gegenseitig aus, da ja bei letzterer jede Frau ihr eigenes (fremdes) Totem auf ihre Söhne überträgt, und so die Anreicherung der Gruppe mit Angehörigen des Vatertotems unmöglich gemacht wird. Die „lokale Totemgruppe" umfasst also nicht etwa nur Angehörige eines Totems, aber ein Totem überwiegt und ist für alle männlichen Wesen dasselbe, d.h. die lokale Totemgruppe ist in bezug auf das Totem der Männer „homogen", während bei einer Lokalgruppe mit matrilinealer Deszendenz die Sozialverwandtschaft der Männer „heterogen" sein muss.

Bei weitaus den meisten australischen Stämmen ist die Totemgruppe nicht lokalisiert, kann es angesichts der vorwiegend matrilinealen Deszendenz des Totems auch gar nicht sein. Die Angehörigen eines und desselben Totems sind also unter Umständen über den ganzen Stamm und über ihn hinaus oder über eine ganze Stammeshälfte verteilt; die Totemgruppe tritt nur sozial, nicht aber lokal in Erscheinung. Nur bei bestimmten Anlässen, wie Initiationsfeiern, Kulturzeremonien wird sie als geschlossenes Gebilde sichtbar.

Bei weitaus den meisten australischen Stämmen finden keine Heiraten zwischen Angehörigen desselben Totems statt, so dass also wie die Phratrien so auch die Totemgruppen als exogame Vergesellschaftungen erscheinen. Es ist aber nicht richtig, in allen diesen Fällen einfach von „Exogamie der Totemgruppe" zu sprechen. Denn bei vielen Stämmen ist offensichtlich nicht die Totemgruppe, sondern die Phratrie Trägerin der Exogamie.

Der Australier ist, wenn wir von der Lokalgruppe absehen, Angehöriger einer Phratrie, einer Klasse, einer Totemgruppe. Zur Ehe verbinden sich unter normalen Bedingungen Mann und Frau verschiedener Phratrie, verschiedener Klassen, verschiedener Totems. Die der Ehe entspriessenden Kinder gehören normalerweise entweder zur Phratrie und Totemgruppe des Vaters oder zu den entsprechenden Gruppen der Mutter. Die Zugehörigkeit zu diesen Gruppen wird entweder patrilineal oder matrilineal vererbt und geerbt. Das Kind tritt mit dem Augenblick der Geburt in Phratrie und Totemgruppe des Vaters oder der Mutter ein. Das ist der normale Fall. Patrilineale und matrilineale Deszendenz beeinflussen den Aufbau der australischen Gesellschaft in sehr verschiedener Weise. Von wenigen Ausnahmen abgesehen (Kurnai, Dieri, vielleicht auch Wakelburra und Kuinmurbura), siedelt die Frau in die lokale Lebensgemeinschaft des Mannes über und bringt dort ihre Kinder zur Welt. Patrilineale Deszendenz führt stets zur Lokalisierung einer Gruppe, d.h. zur Konstituierung einer Gemeinschaft, in der alle Männer und Kinder sozialverwandt sind, z.B. zum selben Totem gehören; matrilineale Deszendenz dagegen zu einer solchen, in der zwar auch Väter und Söhne innerhalb derselben lokalen Vergesellschaftung bleiben, aber ganz verschiedenen sozialverwandtschaftlichen Gruppen angehören.

Die Feststellung, ob in einem Stamm patrilineale oder matrilineale Deszendenz herrscht, ist nicht immer mit Sicherheit möglich. Sind z.B. bei einem Stamm des Vierklassensystems zwar die Klassen, nicht aber ihre Verteilung auf Phratrien bekannt, so lassen sie sich nach den überlieferten genealogischen Belegen mit gleichem Ergebnis sowohl nach patrilinealer als matrilinealer Deszendenz gruppieren. Gelegentlich ist nur eine indirekte Bestimmung, etwa aus der Verteilung beim Ballspiel, wo Phratrie gegen Phratrie zu spielen pflegt, oder aus der Anordnung der Lagerplätze zu gewinnen. Bei derartigen indirekten Bestimmungen der Deszendenz gilt es aber, gewisse naheliegende Fehlschlüsse zu vermeiden. So ist. z.B. weder patrilokale Heirat, noch väterliche Gewalt ein Beweis für patrilineale Deszendenz. Auch die Anschauungen der Eingeborenen über die Prävalenz der Blutbande zwischen Vater und Kind einerseits und Mutter und Kind andererseits sind für die Deszendenz nicht massgebend. Bei den Yuin, Kulin, Wolgal und Ta-tathi gilt das Kind nur als Abkömmling des Vaters, die Mutter nur als seine Nährerin. Ungeachtet dieser übereinstimmenden Anschauung in allen vier Stämmen haben die beiden ersten patrilineale, die beiden letzten matrilineale Deszendenz. Ebenso werden die mit dem Totemismus verbundenen Zeremonien, sowie die Privilegien des Zauberers, Beschwörers, Regenmachers usw. immer vom Vater auf den Sohn vererbt, ohne dass deshalb auf patrilineale Deszendenz in den sozialverwandtschaftlichen Gruppen geschlossen werden dürfte.

In Australien überwiegt die matrilineale Deszendenz der Totemgruppe. Sie beherrscht den Osten, Südosten und das Lake-Eyre-Gebiet und ist wahrscheinlich auch im Süden und Südwesten die Regel, auch im Arnhemsland findet sie sich bei mehreren Stämmen.

In der Südgruppe (Aranda, Loritja, Ilpirra, Unmatjera, Kaitish, Iliaura) ist das Totem des Kindes nicht mehr notwendig gleich dem des Vaters oder der Mutter, es ist nicht durch Deszendenz von einem Verwandten, sondern durch die Vorstellungen über Konzeption, Schwangerschaft und Totemzentren bestimmt. Das Kind gehört zu dem Totem, an dessen „Reinkarnationszentrum" die Mutter die ersten Schwangerschaftszeichen verspürt, d.h. das Kind als Reinkarnation eines Totemahnen in Gestalt eines „ratapa" empfangen hat. Mit diesem Arandawort mögen die von Spencer und Gillen bzw. Strehlow für die Emanationen der Totemahnen geprägten Bezeichnungen „spirit child" bzw. „Kinderkeim" neutral umschrieben sein. Die Totemzugehörigkeit des Kindes hängt also stark von zufälligen Faktoren ab. Immerhin ist in der Mehrzahl der Fälle das Totem des Kindes gleich dem des Vaters; denn da die Heirat patrilokal ist, die Totems selbst in weitgehendem Mass lokalisiert sind, und die Totemzentren sich im geographischen Bereich der jeweiligen Totemgruppe befinden, ist naturgemäss die Wahrscheinlichkeit am grössten, dass eine Frau die ersten Schwangerschaftszeichen in der Nähe eines Totemzentrums ihres Mannes merkt, und somit der in sie eingehende ratapa eine Emanation des Totemahnen ihres Mannes ist. „Should the woman, however, be on a visit to her own people at the time of the 'quickening', the chances are in favour of the fact being connected with one of her own ancestors."

Das Problem des Altersverhältnisses von patrilinealer und matrilinealer Deszendenz ist noch ungelöst. Die grössere Zahl der Forscher neigen der Priorität der letzteren zu, und man weist darauf hin, dass überall da in Australien, wo ein Übergang von der einen Form der Deszendenz in eine andere nachweisbar ist, er sich regelmässig von der matrilinealen zu der patrilinealen zu vollziehen scheint.

Die australische Gesellschaft kennt im allgemeinen kein absolutes, unumschränktes Häuptlingtum, wenn ihr auch die Institution der Häuptlingschaft an sich kaum irgendwo völlig fehlen dürfte. An der Spitze des Stammes, besonders aber der Lokalgruppe, und zwar sowohl der nichttotemistischen als der totemistischen, und gelegentlich auch der zerstreuten Totemgruppe, findet man eine Art Vorsteher, meist den ältesten Mann oder doch einen der Ältesten der Gruppe. Sein Machtbereich und Einfluss sind weder durch Gesetz noch Sitte unverrückbar umschrieben, sondern je nach dem persönlichen Ansehen, das er als Krieger, Sprecher, Zauberer oder auch nur durch sein hohes Alter geniesst, grösser oder geringer. Aber nur ganz ausnahmsweise handelt es sich um eine wirkliche Herrscherstellung wie bei dem Dierihäuptling Jalinapiramurana. Im allgemeinen findet der Vorsteher im „Rate der alten Männer" des Stammes oder der Gruppe ein Gegengewicht, das ihn kaum mehr denn als „primus inter pares" erscheinen lässt. So ist auch die Erblichkeit der Häuptling- oder Vorsteherschaft selten. Ein erbliches Häuptlingtum mit absoluter Gerichtsbarkeit und Recht über Krieg und Frieden ist in jeder Hinsicht eine Ausnahme.

Die lokalen Totemgruppen dürften alle einen Vorsteher, einen Totemhäuptling haben. Bei den zerstreuten Totemgruppen ist, schon wegen des fehlenden räumlichen Zusammenschlusses, die Institution seltener. Nur vereinzelt wird betont, dass ein Totemhäuptling nicht vorhanden sei, z.B. für die Yuin.

Die Funktionen des Totemhäuptlings sind sehr mannigfaltig. Er ruft die Angehörigen des Totems zusammen für profane und kultische Zwecke, er beruft den „Rat der alten Männer" ein (Aranda) und lässt die Einladungen zu den Initiationsfeiern ergehen. Bei Streitigkeiten mit anderen Gruppen ist er Sprecher und Unterhändler. Bei den Zentralstämmen nimmt er als Leiter oder auch alleiniger Ausübender der Vermehrungsriten eine besondere Stellung ein; er „besingt" das Totem, vor allem obliegt ihm das „zeremonielle Essen" des Totems. Bei den Aranda ist er auch der Hüter des Aufbewahrungsortes der heiligen Geräte; bei den Urabunna ist er für die rechtzeitige Veranstaltung der Vermehrunsgriten verantwortlich.

Erbliche Totemhäuptlingschaft (vom Vater auf den Sohn übergehend) ist von den Binbinga und Aranda bezeugt. Ist der Sohn beim Tode des Vaters noch zu jung, so übernimmt der Vaterbruder das Amt vorläufig. Eine gewisse Erblichkeit der Häuptlingschaft besteht auch bei den Wiradjuri, doch wird besondere Geeignetheit des Sohnes vorausgesetzt.

Die politische und wirtschaftliche Einheit der australischen Gesellschaft ist die Lokalgruppe, d.h. die mit einem bestimmten Jagd- und Sammelrevier verbundene lokale Lebensgemeinschaft als Teil der grösseren sprachlichen Einheit des Stammes. Nur da, wo die Totemgruppe lokalisiert ist, wo sie als „lokale Totemgruppe" auftritt, kommt ihr eine nennenswerte politische Bedeutung zu. Als zerstreute, über mehrere Lokalgruppen verteilte Totemgruppe fehlt ihr die für jede politische Machtentfaltung notwendige räumliche Geschlossenheit. Den seltenen

Fall einer Art politischen Mission per Totemgruppe finden wir bei den Wotjobaluk, bei denen sich die Totemgenossen gelegentlich zusammenschliessen, um bösen Zauber unwirksam zu machen oder zu rächen.

Aber auch als soziale Gruppe, als Trägerin von Heiratsgesetz und Exogamie, als Initiations- und Kultgruppe spielt die australische Totemgruppe nur eine sekundäre oder indirekte Rolle. Auch für die Veranstaltung der Initiationsfeiern ist nicht die Totemgruppe in erster Linie massgebend. Die Reifeerklärung der jungen Männer bedeutet ja die öffentliche Bekundung ihrer Heiratsfähigkeit und ist deshalb Angelegenheit nicht so sehr der eigenen Gruppe des zu Initiierenden, die ja meistens exogam ist, als der konnubialen Ergänzungsgruppe. Daher sind für die Initiation die gleichen sozialen Gruppen ausschlaggebend wie für die Heiratsbeziehungen, d.h. mit Vorrang die Phratrien.

Aber auch andere Tatsachen weisen auf die Vormachtstellung der Phratrie hin. So genügt es bei den Aranda, um Totemhäuptling „alatunja" zu werden, nicht, dass man - von den Forderungen in Bezug auf persönliche Eignung abgesehen - dem betreffenden Totem angehört, sondern man muss Mitglied der Phratrie sein, in der sich das Totem ursprünglich ungeteilt befunden hat. Auch bei den Vermehrunsgriten der Zentralstämme, die ja an sich als spezifische Funktion der Totemgruppe erscheinen, treten die Phratrien deutlich in Erscheinung. Bei den Warramunga z.B. werden die Riten für alle Totems einer Stammeshälfte gleichzeitig veranstaltet und zwar immer auf Wunsch von Angehörigen der Gegenphratrie, die auch das ganze Zeremonialgerät liefert.

Sonderstellung des zentralaustralischen Totemismus

Die bisherigen Ausführungen haben gezeigt, dass zwischen dem Totemismus der Zentralstämme und des Arnhemslandes einerseits und der Stämme des Südens, Südostens und Ostens andererseits bestimmte Unterschiede bestehen, die den Zentralstämmen eine ausgesprochene Sonderstellung zuweisen. Wenn auch einzelne Phänomene dieses zentralaustralischen Totemismus sich in anderen Teilen des Kontinents wiederfinden, und unsere unzureichende Kenntnis der totemistischen Anschauung der Südost- und Ostaustralier die Möglichkeit offen lässt, dass bei diesen Stämmen in grösserem Umfang ähnliche Vorstellungen geherrscht haben mögen, so bleibt doch in jedem Falle ein bestimmter Komplex totemistischer Anschauungen und Einrichtungen übrig, der dem zentralaustralischen Gebiet ein besonderes Gepräge verleiht.

Der Totemismus dieser Stämme ist gedanklich verankert in einer mythischen Urzeit, „alcheringa" bei Aranda genannt. In dieser Urzeit sind als Vorfahren der heutigen Eingeborenen die „Totemahnen" entstanden, d.h. Wesen, die in sich menschliche, tierische, pflanzliche oder auch anorganische Natur vereinigen, eine mehr oder minder abenteuerliche Entwicklung aus „incomplete human beings" oder auch „indefinitely shaped creatures" heraus zurückgelegt haben und mit übermenschlichen, magischen und schöpferischen Kräften begabt gelten. Aus diesem Totemahnen sind später die Menschen, Tiere, Pflanzen usw. hervorgegangen; aus dem halbmenschlichen, halbtierischen Teppichschlangen-Ahn der Urabunna z.B. die heutigen menschlichen Angehörigen des Teppichschlangen-Totems, sowie die Tiere, die diesem Totem den Namen geben. Auch die Entstehung wichtiger sozialer Einrichtungen, die Einführung bestimmter Riten (Beschneidung, Heiratsgesetz usw.) wird in diese sagenhafte Urzeit zurückverlegt.

Diese Urzeit ist keine rein gedankliche Fiktion. Die mit ihr und dem Leben und Treiben der Totemahnen verbundenen Vorstellungen sind vielmehr ausserordentlich lebendig, sie befruchten die Phantasie des Einzelnen in reichem Masse und füllen einen grossen Teil seines mythischen Denkens aus. Die Gegenwart erscheint eng verknüpft mit diesem Zeitalter der Totemahnen; alle auffallenden Züge des heutigen Landschaftsbildes werden zu ihm in Beziehung gesetzt. Bei den Warramunga z.B. wird eine bestimmte Hügelkette als Wanderpfad des Fledermaus-Totemahnen gedeutet, eine Felssäule bezeichnet einen Opossum-Mann, der sich an dieser Stelle ausgeruht hat, eine lange Reihe weisser Quarzithügel verkörpern weisse Ameiseneier, die von den mythischen Munga-munga-Frauen hier niedergelegt worden sind, in einem abgeplatteten Hügel sieht man den Ruhepunkt eines Krähen-Totemahnen, zwei schlanke Gummibäume kennzeichnen den Ort, an dem zwei Falken-Totemahnen zum ersten Mal Feuer gerieben haben usw.

Auch zwischen dem Eingeborenen und seinem Totemahn besteht eine enge Verbindung. Nach Spencer und Gillen dokumentiert sie sich bei allen Zentralstämmen wie auch im Arnhemsland darin, dass jedes Individuum als Reinkarnation eines Totemahnen gelte, bzw. eines von ihm in der Urzeit emanierten „spirit part" oder „Kinderkeims" (ratapa). Immer wieder sprechen Spencer und Gillen von der „Reinkarnation" der Totemahnen selbst oder ihrer ratapas: „In every tribe without exception there exists a firm belief in the reincarnation of ancestors", oder „each individual is the direct reincarnation of an Alcheringa ancestor, or of the spirit part of some Alcheringa animal..." Stirbt der Eingeborene, so kehre sein „spirit part" in seine alcheringa-Heimat zurück. Bei den Aranda wird der Leichnam so bestattet, dass das Gesicht dieser Heimat zugewandt ist. Der „spirit part", unter dem hier offensichtlich nicht etwas wie die Seele oder dergleichen zu verstehen ist, sondern die unsterbliche Form des ratapa, der gewissermassen jetzt wieder aus seiner sterblichen Reinkarnationshülle, dem Menschen, befreit wird, bleibt in seiner alcheringa-Heimat „until such time as it seems good to him to undergo reincarnation."

Die Vorstellungen der Eingeborenen über Natur und Wesen der ratapa sind unklar. Nach Strehlow schildern die Aranda die ratapa als kleine, vollkommen ausgebildete Knaben und Mädchen mit Leib und Seele, während die Warramunga sie sich vorstellen als „very minute - about the size of a small grain of sand - and that it enters the woman through the navel and grows within her into the child." In beiden Fällen aber, und so wohl in ganz Zentralaustralien, werden die ratapa als körperliche Gebilde aufgefasst, nicht als geistige Emanationen oder dergleichen. Diese ratapa halten sich an bestimmten Örtlichkeiten - Bäumen, Felsen, Wasserlöchern - auf, die mit den Totemahnen in Beziehung stehen den sogenannten „Totemzentren", und gehen von hier aus in vorüberkommende Frauen ein, die durch sie schwanger werden und sie nach einiger Zeit als Kinder zur Welt bringen. Ein von einem Känguruh-Totemahn emanierter Känguruh-ratapa z.B. geht in eine Frau ein, macht sie schwanger und wird von ihr als Kind, das dem Känguruh-Totem angehört, geboren. Für die Arnhemsland-Stämme betont Spencer wiederholt, dass die „spirit children know the rigth lubras". Ein-und dasselbe Totem hat im allgemeinen eine ganze Anzahl von Totemzentren, da die Totemvorfahren ja wandernd gedacht werden und bei den mannigfachsten Gelegenheiten ratapas hinterlassen haben.

Die ratapa-Lehre der Zentralaustralier, insbesondere ihre Erklärung der Schwangerschaft durch einen in die Frau eingedrungenen ratapa, hat Frazer zur Aufstellung seiner „konzeptionalistischen Totemtheorie" geführt. Vorstellungen ähnlicher Art, die die Empfängnis nicht auf ihre physiologische Ursache, sondern auf Einwirkungen von Geistern, Genuss bestimmter Speisen, Entgegennahme von Nahrung aus der Hand eines Mannes, zurückführen, sind nicht nur in Zentralaustralien, sondern über die ganze Welt verbreitet. Von den Larrekiya um Port Darwin berichtet Basedow: „If a man, when out hunting, kills an animal or collects any other article of diet, he gives it to his gin, who must eat it, believing that the respective object brings about the successful birth of a piccaniny. In other words, conception is not regarded as a direct result of cohabitation."

Bei der Kariera-Gruppe gilt Annahme von Speise aus der Hand eines Mannes als Ursache der Konzeption, manchmal wird auch ein Wirbelwind für sie verantwortlich gemacht (bei den Aranda wandern die ratapas gelegentlich in Wirbelwinden). Auch im Cairns-Distrikt in Nord-Queensland gilt die Annahme von Speise aus der Hand eines Mannes nicht nur als blosse Heiratszeremonie, sondern als tatsächliche Ursache der Konzeption. Spencer und Gillen haben festgestellt, dass bei Aranda, Loritja, Ilpirra und wahrscheinlich auch Warramunga die Kohabitation als eine Art Vorbereitung der Frau für die Aufnahme des ratapa angesehen wird. Strehlow bestätigt es für die Aranda, teilt jedoch weiter mit, dass den Aranda der Zusammenhang zwischen Begattung und Geburt bei Tieren sehr wohl bekannt ist - „darüber werden schon die Kinder aufgeklärt" - und die alten Männer auch über die entsprechenden Verhältnisse beim Menschen Bescheid wissen. So ist es wohl sehr unwahrscheinlich, dass die ratapa-Lehre der Aranda ihren Ursprung in einer tatsächlichen Unkenntnis der zeugungsphysiologischen Zusammenhänge hat.

Bei der Südgruppe der Zentralstämme, insbesondere den Aranda, spielt in den totemistischen Kulten die „tjurunga" oder „churinga" eine grosse Rolle. Diese tjurunga (das Wort bedeutet „der eigene geheime") sind meistens flache, ovale oder runde, mit eingegrabenen Ornamenten bedeckte Hölzer oder Steine, die vor Frauen und Kindern sorgsam geheimgehalten und in besonderen Höhlen aufbewahrt werden. In Mythen erscheinen sie entweder als verwandelte Leiber der Totemahnen, oder sie stellen ein von diesen auf ihren Wanderungen mitgeführtes Gerät dar. Nach Spencer und Gillen ist jede tjurunga „intimately associated with the idea of the spirit part of some individual", sie sind zugleich die Träger der „spirit parts" der Totemahnen. Strehlow erläutert die tjurunga als gemeinsamen Leib des Menschen und seines Totemahnen, seines iningukua, dessen Schutz ihm damit gewährleistet ist, dass er die tjurunga sorgsam hütet. Die tjurunga stellt aber nicht nur eine sichtbare Brücke zwischen Mensch und Totemahn, sondern auch zwischen Mensch und Totem dar und verleiht dem Menschen die magische Kraft, das Totem zu vermehren.

Die Bedeutung der tjurunga und ihre Rolle im totemistischen Kult nimmt nach Norden hin immer mehr ab. Ihre höchste Entwicklung treffen wir bei den Aranda, dann bei Ilpirra, Unmatjera und Iliaura. Bei Binbinga, Anula und Mara tritt die tjurunga nur noch in Form des „Schwirrholzes" auf.

Schon eine rein äusserliche Vergleichung des uns für die Zentralstämme einerseits, das übrige Australien andererseits zur Verfügung stehenden Materials zeigt manche auffallende Übereinstimmungen, die darauf hinweisen, dass der zentralaustralische Totemismus nicht in inselhafter Isolierung erwachsen ist, sondern dass ihn mehr oder minder greifbare und deutbare Beziehungen mit den entsprechenden Anschauungen und Gesellschaftsbildungen der Aussengebiete verbinden. So finden wir die Vorstellungen über eine mythische Urzeit mit unentwickelten, larvenähnlichen Wesen auch bei Dieri, Yaurorka, Wonkanguru und vielleicht auch Wathi-wathi. Die Yuin berichten von „creatures somewhat like human beings, but without members", die Muraurai, der Emu-Zaunkönig, in Männer und Frauen verwandelt, „by splitting their legs, separating the arms from the sides and slitting up their fingers." Diese Prozedur wird fast übereinstimmend in den Mythen der Aranda geschildert. Die Euahlayi kennen „spirit-babies", die von Bäumen und Steinen aus in Frauen eingehen und von ihnen als Menschen wiedergeboren werden. Dasselbe wird von den Stämmen des Mount Margaret in Südwestaustralien berichtet: „spirit of children have their home among the leaves of trees growing near springs or waterholes"; auch sie werden durch eine Frau geboren.

112

Göttliche Schwestern-Ahninnen gebären die ersten Menschen.
Australische Baumrinden-Malerei. Ost-Arnhem-Land.

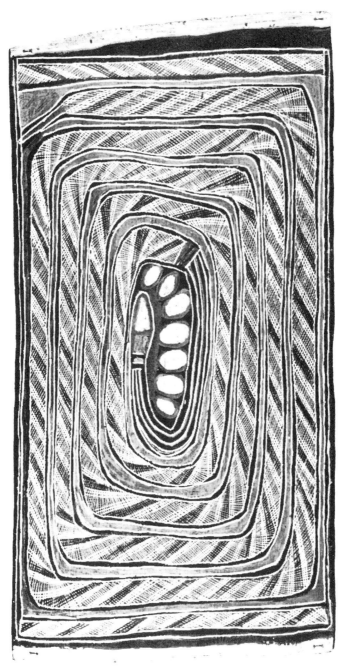

Yulung-gul, die Regenbogen-Schlange, liegt zusammengerollt um einige Eier auf dem Grund des heiligen Wasserloches. Rindenmalerei aus dem Arnhem-Land, Australien.

Sigrid Hellbusch

Die Frauen
bei den Aranda

Vorliegender Bericht ist ein kleiner Auszug aus dem grossen und umfangreichen Material, das Wettengel über die Aranda in Australien zusammengetragen hat. Wettengel kam im Jahre 1906, nach zehnjährigem Aufenthalt bei den Aranda, nach Berlin. Vor dieser Zeit lebte er fünf Jahre bei den Dieri, über die er ebenfalls Material gesammelt hat. Wäre sein Manuskript in der damaligen Zeit veröffentlicht worden, so wären es die ersten ausführlichen Nachrichten über die Aranda in Deutschland gewesen. Durch bestimmte Umstände verzögerte sich die Herausgabe seines Buches, unterdessen wurden die Werke von Strehlow, Spencer und Gillen bekannt.

Wettengels Material zeigt alle Mängel, die, erstens, den Untersuchungen von Nichtfachleuten anhaften, zweitens, besonders dem Material, das von Missionaren gesammelt wird, deren oft begrenzter Blick, mitunter bewusst, bestimmte Dinge falsch sieht oder ihnen gar keine Beachtung schenkt. Gewöhnlich sind es gerade die Dinge, die für den Ethnologen von grösster Wichtigkeit sind. Wettengel hatte ausserdem keine Möglichkeit, sein Material nach den Ergebnissen anderer Forscher kritisch zu sichten. Was in Wettengels Schilderungen auffällt, ist eine gewisse Naivität der Auffassung und Wiedergabe. Gerade dieser Naivität aber haben wir es zu verdanken, dass viele Punkte, die anderen Forschern als unwichtig erschienen, aufgezeichnet worden sind und durchaus den Stempel der Glaubwürdigkeit tragen.

Was an dieser Stelle wiedergegeben wird, behandelt die Stellung der Frauen bei den Aranda, ein Punkt, über den Wettengel neues, natürlich auch bekanntes Material zusammenträgt. Er vermittelt einen Einblick in das tägliche Leben der Aranda, der aus anderen Quellenbüchern nicht zu gewinnen ist und doch für den Forscher, der nicht das Glück hatte, mit eigenen Augen seine Beobachtungen machen zu können, unerlässlich ist. Die Frauen sind von den männlichen Forschern zwangsläufig stiefmütterlich behandelt worden und sind doch ein wesentlicher Faktor in der Kultur der Aranda. Wettengels Bemerkungen sollen zuerst möglichst in seiner eigenen Sprache wiedergegeben werden, um einen Eindruck von der Methode und Glaubwürdigkeit des Missionars zu geben. Anschliessend soll eine kleine Besprechung der gewonnenen Ergebnisse im Lichte neuerer Forschungen und ethnologischer Fragestellungen gegeben werden.

Wettengel schildert die Organisation und das Leben im Lager: "Jede Familie hat ihre eigene Hütte, genannt lunja, d.h. Schatten, oder ilta, d.h. Haus. Es gibt ein Lager für die Junggesellen, unkantja genannt, auch gibt es ein Lager für alte Frauen, Witwen und Mädchen, genannt lukara. Diese beiden Lager befinden sich ausserhalb des Lagers der Verheirateten und sind meist nur ein grösserer Kreis mit Laub umsteckt. Das Lager bereitet die Frau, sie schafft Holz herbei und trägt dabei schwere Bündel Holz auf dem Kopfe; auch holt sie in einer grossen Mulde Wasser für die Nacht. Das Lagerfeuer ist zugleich der Herd, das Feuer zu bewahren. Vom Abendfeuer sind am Morgen noch Kohlen vorhanden, und am Morgen gehen die Frauen mit einem Feuerstock aus, Lebensmittel zu suchen. Sie bewegen beim Gehen den Feuerstock immerwährend gegen den Wind, wodurch die Kohle glühend bleibt. Draussen wird ein Feuer angemacht und das Feuer unterhalten. Am Abend bei der Heimkehr wird im Lager die Asche umgerührt, kleine Kohlen, die sich in der Asche noch finden, werden in dürres Gras gelegt und zusammengehalten und aus aller Kraft geblasen, bis das Gras brennt. Die Zeit einer halben Minute genügt, um Feuer auf diese Weise zu erhalten. Am schwersten zu entzünden oder zu erhalten ist das Feuer an Regentagen. Da die Hütten nicht wasserdicht sind, so kommt bei tropischem Regen das Nass auch ans Feuer und zuweilen verlischt es über Nacht. Die wasserdichte Rinde des Melka-Busches wird in Regentagen verwendet, das Feuer darin zu tragen."

Wettengel beschreibt dann die für Frauen erlaubten Nahrungsmittel und auf welche Weise sie diese sammeln und zubereiten: "Für die Frauen ist nur ein kleines Beuteltier erlaubt, ankaia genannt, mit weissen Schwanzspitzen. Ferner von den Vögeln die Felstaube, ntututa genannt. Ausserdem Ratten, acht Mäusearten, 24 verschiedene Arten von Eidechsen, von einem bis vier Fuss Länge. Von den Grassamen wird Brot gemacht. Die Buschsamen werden geröstet, gemahlen, und der ölige Brei wird gegessen. Das Hauptnahrungsmittel ausser Fleisch ist die Jalka, eine kleine Zwiebel, erbsengross, die in solcher Menge vorhanden ist, dass sie nie aufgezehrt werden kann. Es gibt diese Zwiebel in sandigem Boden, 5 - 10 cm in der Erde. Wird nach schwerem Regen alles grün von dem Gras dieser Zwiebel, so findet ein Tanz dem Jalka-Gotte zu Ehren statt. Die neuen Zwiebeln sind schon gewachsen und von den Kindern versucht worden, doch müssen sie erst durch den Tanz geweiht werden. Unterdessen ist die Kruste der Erde wieder trocken, und mit Steinen wird die Erde lose geklopft, dann mit einer Mulde anderthalb Meter hoch fallen gelassen. Die staubige Erde verweht der Wind, die Sandkörner fallen gerade nieder und die Jalka-Körner liegen oben auf den Sandkörnern. In 5 - 6 Stunden sammelt eine fleissige Frau eine Mulde von 4 - 5 Liter voll. Sie röstet die Jalka, indem sie heisse Asche dazwischen in die Mulde schüttet. Die Schalen gehen ab und die Frau reinigt durch sieben-ähnliche Bewegung die Jalka von der Asche. Sie drückt die Jalka in einen Klumpen und bäckt denselben noch in der Asche. Dann nimmt sie das Jalka-Brot heraus, schüttelt es ab und isst und gibt auch ihrem Manne, und wenn sie Kinder hat, den Kindern. Der Mann gibt ihr Känguruhfleisch.

Die Jalka liegt in der Erde frisch, bis wieder ein schwerer Regen fällt. Kleinere Regen im Sommer bringen zuweilen die Jalka zum Grünen, aber nicht zum Ansetzen der neuen Früchte, und die armen Aranda müssen dann ihres Brotes entbehren, bis wieder, vielleicht erst nach einem Jahr, ein guter Regen fällt. Im März 1903 grünte die Jalka, kam aber nicht zur Frucht und war bis September 1906 noch kein fruchtbringender Regen.

Gibt es keine Jalka, dann müssen viele hungern, denn die Jagd ist nicht so ausgiebig, um alle zu ernähren. Es müssen Wurzeln von wenig Nährgehalt gegessen werden, und allmählich werden viele mager, Männer, Frauen und Kinder. Die Kinder haben nur noch Haut und Knochen an sich. Die Muskeln sind ganz dünn geworden. Der Mann geht hungrig auf die Jagd und kehrt oft hungrig heim, und die Frau hat einige Wurzeln gefunden. Früchte, Wurzeln, Kräuter und Samenbrot werden in der heissen Asche und heissen Erde gebraten und gebacken. Einige Kräuter werden mit heissen Steinen gebraten.

Am Morgen gehen die Frauen mit ihren Mulden und sammeln den reifen Grassamen in ihren Mulden. Sie suchen sich eine Ameisenfläche, die ungefähr einen Meter im Durchmesser breit ist und ganz hart. Auf diese harte Stelle wird der Grassamen geschüttet und mit den Füssen ausgetreten. Dann wird leichtes Grasfeuer darauf gemacht und die

Spreu verbrannt. Der Samen wird dadurch geröstet. Die Frauen sammeln die Körner wieder in die Mulde und bringen sie zum Lager. Dort wird der Samen mit Steinen gemahlen und Samenbrot, ekalle, gebakken.

Buschsamen wird gesammelt, ehe er reif ist, nachher auch noch. Der Buschsamen wächst in Schoten. Die Schoten werden ausgerieben und der Same gereinigt, geröstet und gemahlen. Der ölige Brei wird geschlürft. Ist der Same schon abgefallen, so wird derselbe mit viel Mühe gesammelt. Auch suchen die Frauen die Ameisenlager auf und entnehmen den Ameisen ihren gesammelten Vorrat. Die Zeit des Buschsamen und des Grassamen dauert nur einige Wochen. Die Zeit der Früchte auf den Bergen dauert im Sommer - Januar, Februar und März. Ist kein Regen, dann vertrocknen die Früchte von der heissen Sonne. Im Winter wachsen auf den Bergen bei reichlich Feuchtigkeit kleine Früchte, gleich den Kartoffelfrüchten (nicht der Knolle gleich), genannt randa und ralvba. Die Samenkörner liegen in der Erde und bleiben gut, auch durch die Zeit der Dürre hindurch."

Kleine Bemerkungen beziehen sich auf Lebensgewohnheiten der Frauen, auf ihre Kleidung und ihren Schmuck: "Rauchtabak haben die Aranda von den Weissen. Die Männer rauchen, und die Frauen tun es, wenn sie ihres Mannes Pfeife bekommen können. Bei den Frauen soll zu viel rauchen die Leibesfrucht schädigen, ja sogar töten. Klettern können Männer, Knaben und Mädchen wir die Katzen. Nach grossen Fluten im Sommer pflegen fast alle Männer, Frauen und Kinder zu baden und zu schwimmen.

Halskragen, matera genannt, werden von Männern, Frauen und Kindern getragen. Als Brustschmuck tragen die Frauen Bohnenketten, ininta. Stirnschmuck wird bei Tänzen von Männern und Frauen getragen. Wenn Fett vorhanden ist, so bemalen sich die Frauen täglich mit Fett und roter Farbe, sich zu schmücken. Die Frauen schneiden den Mädchen im Alter von ungefähr 12 Jahren fingerdicke Malzeichen über den Bauch, später über die Brust und am Oberarm. In der Nase werden 20 cm lange Nasenstöcke von Knochen von Männern und Frauen getragen und zwar in der Scheidewand der Nase. Lalkira ist der Nasenstock genannt."

Über Streitigkeiten der Frauen untereinander schreibt Wettengel: "Die Frauen haben eine gefährliche Waffe, ihren Frauenstock, Tnama. Derselbe dient zum Ausgraben der Eidechsen und Mäusen, aber auch als Angriffs- und Verteidigungswaffe. Für die Frauen ist ausser dem tnama noch jeder Stein, der zur Hand liegt, Waffe zum Angriff, um den

Kopf der Beleidigerin oder Gegnerin zu treffen. Die Mädchen haben auch ihre Stöcke und üben sich im Schlagen. Wie die Männer, so haben auch die Frauen ihre Kämpfe mit dem Frauenstock. Sie springen, den Stock auf der Schulter, und schimpfen und streiten. Da bleibt die eine stehen, lässt den Stock nieder und ruft der anderen zu: Jingana tuai, schlage mich. Ein Krach und die Frau stürzt, vom Stock über den Kopf getroffen, blutüberströmt zusammen. Eine Minute vergeht, dann erhebt sie sich wieder und sucht ihrer Gegnerin zu vergelten. Öfter schlagen die Kämpfenden mit ihrem tnama und die Verwandten halten ihre Stöcke dazwischen, dass sie nicht treffen können. Wenn Blut geflossen ist, ist der Zorn gemildert. Es gibt Bestimmungen, wie geschlagen wird. Die Strafe einer Frau wiederholt sich fünfmal.

Greulich ist auch mitunter die Behandlung der Frauen von seiten ihrer Männer. Mit den grossen schweren Schlagwaffen werden sie über Rückgrat und Schulter geschlagen und mit den Füssen in den Leib gestossen. Wenn die Frauen sich schlagen, nimmt kein Mann sie in Schutz, oder eilt ihnen zu Hilfe. Die Männer gehen nicht nahe dem Streit- und Kampfplatz der Frauen. Sklaverei kommt nicht vor. Die Stellung der meisten Frauen, insbesondere wenn sie wenig Verwandte hat, ist nicht besser als Sklaverei."

Über besondere Lagen im Leben der Frau weiss Wettengel, wie alle männlichen Forscher, nur wenig zu berichten. Immerhin gibt es Aufzeichnungen darüber, besonders interessant ist die mythische Grundlage der Konzeption, über die später noch eingehend gesprochen werden muss: „Volksmeinung über die Empfängnis - Der Geist des Mädchens. Die Seelen der Mädchen sind in den Höhlen der Berge und an den Wassern. Wenn eine Frau sich nähert, um Wasser zu holen, so sagt der Geist: "Hier kommt meine Mutter." Er geht der Frau entgegen und geht bei der Hüfte in ihren Leib. Die Frau kommt zurück zu ihrem Lager und macht für ihren Mann das Lager zurecht. Der Mann schaut ihr zu und fragt sie: Was ist mir dir, dass du dich brechen musst? Die Frau verschweigt es aber. Sie geht, wie gewöhnlich, am anderen Tag mit nach Früchten. Ihre Mutter und ihre Schwestern suchen Früchte. Da denkt die Mutter an sie und schaut sich um und sieht ihre Tochter, wie sie auf der Erde kauert und wimmert. Sie kommt schnell herbei und fragt ihre Tochter und befühlt ihren Leib und ihre Brust und sieht, dass die Brüste rot sind. Da sagt sie: Ja, das ist es, du bist schwanger mit einem Mädchen. (Bei einem Knaben sollen die Brüste schwarz sein.) Die Frauen kehren mit ihren Früchten heim und bereiten dieselben. Die Männer sind von der Jagd noch nicht zurück. Da sagt die schwangere Frau:

"Ich kann nicht zu meinem Manne, ich habe Schmerzen, vielleicht hat mich ein Teufel gebissen, eine andere Frau soll meinem Mann Brot bringen." Die Mutter sagt zu ihr: "Dich hat nicht der Teufel gebissen, sondern Du bist schwanger und wirst gebären." Am anderen Tage gingen die Männer auf die Jagd und die Frauen gingen nach Sämereien. Als sie zurückkamen, bereiteten die Frauen Samenbrot, die Männer brieten das Fleisch. Dann teilten sie gegenseitig aus. Die Frauen gaben den Männern Samenbrot, die Männer gaben den Frauen Fleisch. Als die schwangere Frau das Fleisch essen wollte, sagte sie: "Das ist schlecht - kuna nobma, ich kann es nicht essen." Am nächsten Tage gingen sie wieder aus, die Männer auf die Jagd und die Frauen nach Sämereien. Am Abend, als sie heimgekehrt waren, sagte die Frau zu ihrem Manne: "Mein Leib hat heute schon sehr geschmerzt und ist schon ganz weich, ich muss in das Frauenlager gehen." Am Abend wimmerte die Frau vor grossem Schmerz. Ihre Schwester umfasste sie und drückte ihren Leib mit beiden Händen nach unten. Als das Kind geboren war, kam die Grossmutter herbei und sagte: "Ihr sollt das Mädchen schön versorgen und sollt es nicht hassen, ich bin seine lorra - Grossmutter." Die Schwester zerklopfte die Nabelschnur, die Grossmutter bringt Wurzelrinde herbei und zerreibt dieselbe und legt sie in eine Mulde, auch reibt sie das Kind mit Wurzelfasern ab und legt es in die tiefe Mulde - lungata. Der Vater steckt eine beschriebene Holztafel in die Mulde, damit der Teufel dem Kinde nicht Schaden tue. Die Frauen haben grosse Furcht vor diesen beschriebenen Stäben und wagen sich nicht, die Umwicklung zu lösen aus Furcht vor dem Teufel.

Nach einigen Tagen gehen die Frauen alle und nehmen die Wöchnerin mit. Sie machen ein grosses Feuer und legen Zweige darauf. In den Qualm muss die Frau mit ihrem Kinde sich setzen. Zum Lager zurückgekehrt, bemalt die Grossmutter das Kind mit Kohle auf der Brust, auf der Nase und über die Stirne; auch die Mutter bemalt sie und schneidet der Mutter und dem Kinde alle Haare ab, damit kein Geruch von der Geburt bleibe, dann schickt sie die Frau mit dem Kinde zu ihrem Manne. Der Mann besieht das Kind und erkennt dasselbe als das seinige an und liebt es sehr. Er gibt dem Kinde Fett und Leber. Das Kind saugt daran. Das Leben geht dann in gewöhnlicher Weise weiter. Nach einiger Zeit gibt die Grossmutter dem Kinde einen Namen.

Wenn das Kind im Leibe der Mutter viele Schmerzen bereitet, schon länger vor der Geburt, so sagt die Mutter: "Das Kind ist vom Teufel." Der Wind vom Westen, Norden und Süden bringt solche Kinder. Wenn die Mutter nach der Geburt ihr Kind anblickt und erkennt dasselbe nicht, so wird es umgebracht. Die Mutter erschlägt es mit einem Stein und sagt: "Das ist vom Teufel und kein Blut." Häufig werden Kinder ermordet und, wie von den Männern gesagt wird, werden die ermordeten Kinder von den alten Frauen gegessen."

Wettengel selbst fasst noch einmal kurz zusammen, was er über die Geburt weiss: "Wenn die schwangere Frau Wehen verspürt, so geht sie in das Frauenlager (wie Wettengel an anderer Stelle sagt, in das Lager der alten Frauen). Die ältere Schwester oder eine Tante oder die Mutter, wer gerade von den verwandten Frauen da ist, nimmt sich ihrer an. Das Frauenlager ist nur durch etwas Busch, der im Kreise in die Erde gesteckt ist, vor dem Winde geschützt. Eine Laubhütte ist zuweilen vorhanden, bietet aber kein Obdach. Nach der Geburt wird die Nabelschnur mit einem Stein zerklopft und am Kind ein Knoten gemacht. Das Kind wird von anderen Frauen gestillt, bis die Mutter selbst Milch bekommt. Blutet die Mutter noch nach der Geburt, so wird ein Rauchfeuer gemacht, und die Mutter muss sich in den Rauch hocken. Dadurch soll das Blut getrocknet werden. Einige Tage nach der Geburt werden Mutter und Kind in einen grossen qualmenden Rauch gesetzt. Die Mutter hat das Kind in einer Mulde auf dem Schoss. Die Mutter bleibt mit ihrem Kinde 9 - 10 Tage im Frauenlager. Dann werden ihr und dem Kinde alle Haare abgeschnitten, damit sie keinen Geruch von der Geburt zum Manne bringen. Das Kind wird an der Stirn mit Kohle bemalt und die Mutter bringt es dem Vater, der Vater sagt: Nuka katjiakurka mara indama - Mir Kind kleines schönes liegt."

Auch aus anderen Quellen wissen wir, dass die Frau im öffentlichen und politischen Leben keine Rolle spielt. Infolgedessen sind die hierauf bezüglichen Notizen Wettengels spärlich und wenig aufschlussreich. Sie sollen im folgenden wörtlich gebracht werden, ohne inneren Zusammenhang, wie sie im Text selbst ganz zerstreut auftreten. Sie sollen an dieser Stelle eingefügt werden, da sie zum Teil gewisse Seiten des Lebens der Frau beleuchten, zum anderen Teil müssen sie später noch besprochen werden: "Die Frauen tragen bei den Tänzen einen Kranz, albitja, von den weissen Schwanzspitzen eines kleinen Beuteltieres, ankaia genannt. Ferner einen Kranz von Bohnen an die Haare mit Pech geklebt. Bei Totentänzen trägt eine alte Frau den Knochenkranz... Das Haupthaar wird bei den Frauen kurz abgeschnitten und von den Männern zu Schnur gesponnen... Bei einem Tanze, dem Jalka-Gotte zu Ehren, waren eine Anzahl Frauen bemalt, die Oberschenkel weiss, der Bauch schwarz und die Brüste weiss... Bei der Trauer wird mit Kalk bemalt, eine Witwe sah ich am ganzen Leibe weiss beschmiert...

Zur Beschneidung darf keine Frau oder Mädchen beiwohnen, auch darf keine den Beschnittenen sehen, bevor seine Wunde geheilt ist. Als dies beim Dieri-Stamme früher einmal vorkam, dass ein Mädchen einen beschnittenen Burschen sah, wurden beide mit Feuer verbrannt. Von der Vorhaut wird erzählt, dass die eingegraben wird, andere erzählen, dass die Vorhaut von den alten Frauen gegessen wird. Eine Beschneidung der Mädchen findet statt mit dem Steinmesser und wird aralta gama genannt. Die Weise ist nicht bekannt.

Die Frauen gehen ganz nackt... Dass Schamgefühl vorhanden ist, zeigen die Frauen, die keine Kleider haben, dass sie sich beim Nahen eines Mannes, was äusserst selten vorkommt, weil sie im Umkreise ausweichen, auf das Gesicht legen... Die Männer einer Sippschaft dürfen den Frauen einer anderen Sippschaft nicht nahen und umgekehrt. Die Frauen dürfen den Männern einer anderen Sippschaft - Verwandtschaft - nicht begegnen, sondern müssen im Umkreis ausweichen, genannt dangarilama. Diese gute Sitte besteht beim Dieri-Stamme nicht. Dieses Ausweichen beginnt im Alter von 13 Jahren."

Interessant ist die Frage, inwieweit die Frauen in den Mythen eine Rolle spielen und in welcher Form. Merkwürdigerweise ist das in dieser Beziehung von Wettengel gesammelte Material ziemlich reichhaltig, obwohl, wenn er sich selbst überhaupt an eine Deutung begeben hat, diese wohl reichlich oberflächlich oder sogar falsch ist. Man muss also seine Mythen nehmen, wie sie dastehen, und nach ethnologischen Gesichtspunkten eine Deutung anstreben. Die Mythen liegen uns im Urtext vor. Die von Wettengel gegebene Übersetzung kann in einzelnen Worten irrig sein, im ganzen gesehen, kann man ihr wohl Vertrauen schenken. Übersetzungen wie: die Götter* „verklärten" sich u.a. sind so offensichtlich durch seine Einstellung als Missionar beeinflusst, dass wir mehr auf den Sinn des Gesagten sehen müssen, als auf die tatsächlich dastehenden Wörter.

An dieser Stelle muss eine Bemerkung Wettengels aus einem Briefe angeführt werden: "Die Stein- und Holztafeln der Aranda sind geheiligte Gegenstände, die weder Frauen noch Kinder sehen dürfen. Träger und Bewahrer derselben sind die Alten des Stammes und die Familienältesten. Bekommt eine Frau ein Schwirrholz zu sehen, so wird sie geschlagen, auch wenn sie nichts dafür kann." Diese Tatsache, auf die

---

*Wettengel sind 12 Frauengötter bekannt: "Für Frauen als Vorbilder und Gesetz für alle ihre Handlungen sind folgende Götter: 1. Altjira (Gott) Aragutja (Frau) Luparintja (Mythe 1); 2. Altjira Aragutja Tnauaria (Mythe 2); 3. Altjira Aragutja Luparintja (Mythe 3); 4. Altjira Aragutja Alkneranga (Mythe 4); 5. Altjira Aragutja Ilbamara (Mythe 5); 6. Altjira Aragutja Ilawata (Mythe 6); 7. Altjira Aragutja Ralbmintja (Mythe 7)."

später noch ausführlich eingegangen wird, ist darum bedeutungsvoll, weil sie zeigt, welche geringe Rolle die Frauen im öffentlichen Leben spielen. Ausserdem erhebt sich die Frage, wie erhalten die Frauen Kenntnis von diesen heiligen Mythen, die im Zusammenhang mit diesen ausserordentlichen heiligen Stein- und Holztafeln stehen? Und Kenntnis müssen sie davon haben, wenn diese Mythen ihr ganzes Verhalten regeln sollen. Es folgen jetzt die Mythen zu den oben aufgezeichneten Frauengöttern:

Mythe 1: Aragutja Luparintja

Es war eine rote Frau, die sass in einem trockenen Flussbett und suchte Frösche. Sie grub mit ihren Händen im nassen Sande nach Fröschen. Ein kleines Häuflein Sand zeigt die Stelle, wo der Frosch sich aufhält. Sie bringt die Frösche zurück zu ihrem Lager. Da sieht sie viele Frauen. Sie brät ihre Frösche. Die Frauen haben in ihren Mulden viele Feigen. Da sehen sie ihre Spuren im Sande. Sie sagen sich: unserer Tritte sind sehr viele. Hierauf nehmen sie ihre Hölzer und schlagen dieselben in gewissem Takt. Alle sind bemalt mit roter Farbe und Kohle. Sie sitzen in Reihen auf der Erde, und während sie ihre Hölzer klopfen, singen sie obigen Gesang Timbilimba usw. Da fällt Blütenstaub von dem Knima-Busch und sie singen den obengenannten Gesang. Am Morgen gehen sie nach Feigen. Sie finden sehr viele Feigen und bringen dieselben zum Lager. Dann legen sie sich nieder. Die Frauen sagen zu ihrer Herrin: Dein Leib ist rot, wir alle sind rot. Da geht die Sonne auf und alle singen: Uns scheint die Sonne jetzt. Sie sangen weiter, die Sonne kommt am Himmel herauf. Bei letzterem Gesang hatten sie auf dem Bau ein rundes Zeichen der Sonne mit Kalk gemalt. Sie setzten auf den Kopf einen Kranz von Ankaia-Schwänzen und schmückten sich. Sie blieben an dem Orte. Sie schmückten den ganzen Leib mit Blumen. Sie machten sich auch eine Tnatantja, eine bemalte Stange. Sie streiften mit den Händen die Erde und sangen dabei Analintjinama usw. (den Namen der bemalten Stange). Sie sangen noch einige Gesänge. Darauf zogen sie ihre bemalte Stange aus der Erde und gruben dieselbe ein. Sie machten sich Armbänder und Halsringe und schmückten sich und gingen in die Erde. Dort sind sie in einer Höhle für immer.

Mythe 2: Aragutja Tnauaria

Im Norden wohnt eine rote Frau auf einer Ebene an einem Flusslauf. Ihr Name ist Tnauaria. Sie sucht auf einem Sandhügel rote Früchte Adimintja. Sie schaut sich um, da erblickte sie viele andere rote Frauen. Als sie nach der anderen Seite sich wandte und unter dem Arme hindurch blickte, sah sie auf dieser Seite auch viele rote Frauen. Alle Frauen waren beim Früchte suchen. Alle Frauen versammelten sich und machten sich lange Malzeichen über die Brust, Bauch und Arme. Danach bemalten sie sich an Brust und Kopf. Diese Frauen nahten sich keinem Manne, auch konnten die Männer ihnen nicht nähern. Die Frauen gingen wieder auf die Sandhügel und suchten sich Früchte nebma. Als sie die Früchte gegessen hatten, bemalten sich alle. Darauf gingen sie und suchten andere Früchte, Agia. Sie fanden sehr viele reife Agia-Früchte in grossen Trauben. Die Trauben nehmen sie herunter und füllen ihre Mulden. Da sehen sie eine alte Frau mit Knochenkranz um die Stirn. Die Frauen geben der alten Frau Früchte. Als sie im Lager waren, roch die alte Frau, dass die Mädchen in der Nähe Wasser gelassen und den Platz verunreinigt hatten. Da schalt sie die Mädchen und sagte, sie sollten weiter hinaus gehen. Sie stritten sich. Da sagte eine alte Frau: Mein Stock ist sehr scharf. Eine alte Frau wackelt daher. Am nächsten Tage gehen sie wieder nach Agia-Früchten und bringen einen grossen Haufen zusammen. Mit den Ellenbogen stemmen sie sich auf und streifen die Früchte zusammen, die zur Erde gefallen waren. Sie blieben an dem Orte und assen alle tage Früchte. An einem Tage gingen sie in die Nähe auf die Ebene. Dort fanden sie grosse Trauben Agia und pflückten dieselben und kehrten Mittags heim zum Lager und teilten die Früchte unter alle aus. Da sahen sie gegen Abend eine grosse Schlange Latnana-golia. Dieselbe kam näher daher geschlängelt im Flussbett. Da sagten sie sich: Eine grosse Schlange ist zu uns gekommen, lasst uns laufen, sonst verschlingt sie uns. Alle liefen aus Furcht, was sie konnten nach Westen. Die Schlange ging an ihnen vorüber. Alle Frauen schmückten sich wieder am Kopfe und die Brust. Da nahm eine alte Frau alle zusammen. Frauen und Kinder und alle gingen in die Erde, und weit im Westen kamen sie wieder heraus und gingen immer weiter nach Westen.

Mythe 3: Aragutja Luarintja

Eine rote Frau wohnte im Westen (diesseits des 15 Meil Jard) mit Namen Luparintja. Sie wird als Gott verehrt. Eines Tages ging sie und hatte ihren langen Frauenstock bei sich. Sie lief sehr schnell und schwenkte ihren langen Stock in der Hand. Dann ging sie in die Erde und weit davon weg kam sie wieder heraus. Als sie wieder aus der Erde war, lief sie wieder schnell. Sie schmückte sich an Armen und Kopf und Brust und lief wieder. Sie lief in hohem Gras. Sie streifte mit ihren Füssen im Sande entlang und hinterliess zwei Fussspuren gleich zwei grossen Flussbetten. Sie wusch sich mit Speichel und setzte einen Blumenkranz auf. Da sah sie einen sehr schönen dicht belaubten Baum. Dann ging sie ans Wasser. Da fand sie noch wenig Wasser. Als sie zum Lager kam war ihr Kind dort. Sie hatte dasselbe im Lager gelassen. Da setzte sie sich im Lager nieder. Dann stand sie auf und steckte in der Nähe des Lagers ihre bemalte Stange in die Erde. Sie legte sich schlafen. Ihr Kind war weiter oben. Sie stand auf und ging. Sie machte mit ihren Füssen wieder zwei lange Gräben. Sie hatte die Ellenbogen hoch und schwenkte sie beständig rückwärts und vorwärts, damit die Männer ihren Leib nicht sehen sollten. Sie trug ihren Stock mit sich und ein geschmücktes Stück Holz. Mit ihren Füssen macht sie wieder zwei lange Gräben. Sie ging wieder in die Erde. Weit weg kam sie wieder heraus nahe am Felsen. Auf dem Felsen sah sie Tauben, welche alle krächzten. Dann stieg sie auf des Berges Spitze. Da stand sie auf des Berges Spitze und sah von ferne ihr Lager. Da weinte sie. Sie verklärte sich und stieg in den Himmel.

Die Mädchen sind in den Bergen. Wenn nun eine Frau an einer solchen Stelle vorübergeht, dann sagt das Kind sich: da ist meine Mutter. Es kommt und geht von der Seite unter den Rippen in den Leib. Die Jungen sind auf den Bäumen. Geht eine Frau vorüber, so sagt sich der Junge: Da ist meine Mutter. Er kommt und geht in die Frau von der Seite unter den Rippen. Die Kinder werden rot geboren, aber die Mütter lassen sie zuviel im Rauch sein, so werden sie vom Rauch schwarz.

Mythe 4: Aragutja Alkneranga

Sie kam sehr zornig und hatte ihren Stock auf der Schulter. Da suchte sie sich Früchte aus der Erde und ass dieselben. Am Abend legte sie sich schlafen. Mit ihrem kleinen Finger streifte sie die Früchte. Am Morgen sehr früh stand sie auf. Sie hatte einen schmalen Weg und lief entlang. Sie hatte sich sehr geschmückt und lief ihres Weges. Sie ging etwas langsam, dann rannte sie wieder. Da wurde sie hungrig und suchte sich Früchte. Sie sagte sich: Ich bin ein gutes Mädchen. Dann legte sie sich in ihrem Lager. Sie lag auf dem Rücken. Am Morgen stand sie sehr früh auf und ging sehr weit. Um die Arme hatte sie Armbänder. Sie stieg über Berge. Sie steigt den Berg herunter, dann fand sie Wasser, dann trank sie Wasser. Der Boden ringsum war feucht. Sie machte sich ein Loch in die Erde mit ihrem Stock, und im Loch stand Wasser. Da kam sie zu ihrem Lager. Sie sass im Lager und bewegte ihren Körper. Das Gras zupfte sie aus und machte sich ein Nest. Am nächsten Morgen stand sie früh auf, und in der Nähe ging sie in die Erde. Die Männer konnten sich ihr nicht nähern. Sie floh vor den Männern. Sie lief in die Erde. Dann kam sie heraus. Sie schaute sich um, ob keine Männer in der Nähe waren. Vor den Männern floh sie. Dann ging sie wieder in die Erde. Nach langer Strecke kam sie heraus. Dann schlenkerte sie die Beine. Dann lief sie wieder schnell. Sie hatte sich geschmückt. Dann ging sie müde langsamer. Da sah sie im Lager viele Frauen. Alle die Frauen waren schwanger. Sie setzte sich zu ihnen. Sie setzte sich in die Mitte. Sehr lange Frau. Dann ging sie wieder südwärts. Sie legte ihren Stock auf die Schulter. Sie lief schnell und machte mit ihren Füssen zwei kleine Furchen. Dann legte sie sich nieder auf dem Felsen bei einem Wasserloch. Sie machte sich ein rundes Nest und setzte sich hinein. Später machte sie sich eine Lagerstätte und legte sich schlafen. Am Morgen dann spielte sie mit ihrem Stock, dann lief sie und machte sehr weite Schritte. Da sah sie einen roten Mann, einen Gott mit grossem Bart kommen, mit schwarz bemalter Brust. Sie überlegte kurz und floh. Der Mann hatte sie beim Arm gefasst, aber sie schüttelte seine Arme ab und schrie und fürchtete sich. Dann wollte er gehen, aber sie stand nicht auf und liess sich nicht aufheben. Die Frau stand auf und ging, und der Mann konnte ihre Spuren nicht finden. Die Frau stieg auf die Berge und versteckte sich hinter Büschen. Da fand sie Feigenbäume und Früchte. Da fand sie ein Loch im Felsen mit Wasser. Da machte sie sich wieder ein Nest. Bald verklärte sie sich und gleich als einem Seile stieg sie auf in den Himmel.

Wenn ein Weib von einem Manne auswärts angefallen wurde, und sie schreit nicht, so war Gott zornig und die Frauen schlugen eine solche Frau und auch die Männer schlugen sie.

Mythe 5: Altjira Aragutja Ilbamara

Es war eine rote, herrliche Frau, ein Gott der Aranda. Sie stieg vom Berge hernieder. Da fand sie viele Sämereien an Editja-Büschen. Sie schmückte sich am

Kopfe und an den Armen. Da sah sie viele Frauen kommen. Es war gegen Abend als die Frauen daher kamen. Sie waschen am Wasser ihren Kopfschmuck. Sie sahen auf dem Berge ein weisses Bergkänguruh. Das Känguruh lief davon. Da sahen sie ein anderes weisses Bergkänguruh. Die Frau ging näher, um dasselbe zu betrachten, das Känguruh floh. Die Frau stieg wieder vom Berge in die Ebene. Sie hörte, dass eine Frau ihr bemaltes Holz schwang. Da hörte sie, dass viele Frauen ihre Hölzer schwangen. Sie ging wieder zu den anderen Frauen. Alle Frauen schwangen ihre Hölzer. Sie kehrte hungrig zurück. Da lief sie schnell, damit es ihr nicht unterwegs Nacht werde. Da sah sie in ihrem Lager, dass die Frauen ihre bemalten Stangen aufgesteckt hatten. Da sah sie unter den vielen Frauen eine alte schwangere Frau. Die schwangere Frau legte sich. Die anderen Frauen sagten zu ihr: Du wirst vielleicht heute noch gebären. Die Frauen hatten sich mit Armbändern geschmückt und sassen. Da sahen sie, dass die alte Frau jetzt gebären wird, da ihr Leib schon eingefallen (weich geworden) war. Da hat sie ihr Kind geboren. Das nackte, neugeborene Kindlein weint. Dann wird die Nabelschnur mit einem Stein auf einem anderen Stein zerklopft und mit der Nabelschnur am Kinde wird ein Knoten gemacht. Das Kindlein friert. Da legen ihm die Frauen ihre gewärmten Hände auf den Leib. Als auch die Mutter fror, wurde ihr warme Asche auf den Leib gestreut. Alle Hilfe leistet die ältere Schwester. Ihr Leib schliesst sich nicht und fortwährend floss Blut. Eine andere Frau, auch eine Göttin, schloss den Leib, dass das Blut nicht mehr floss. Dann machten sie ein Rauchfeuer mit grünem Busch. Die Wurzelfasern von Gummibäumen hatten die Frauen in eine Mulde gelegt, darein legten sie das Kindlein. Als das Rauchfeuer fertig genug dampft, nimmt die Mutter ihr Kindlein in den Schoss und beugte sich mit demselben über den Rauch. Es wird auch frischer Busch aufgelegt, um den Rauch zu mehren. Das Kind weint nicht. Durch den Rauch soll auch bei der Mutter die Milch herbeigebracht werden. Der kleine Junge soll gestärkt werden durch den Rauch. Nach dem Räuchern legt die Mutter ihr Kind an die Brust. Der Vater darf das Kind nicht sehen. Nach zehn Tagen bemalt die Mutter das Kind an der Stirn und am Bauch mit Kohle und zeigt dasselbe dem Vater. Das Gesicht wird mit roter Farbe bemalt. Der Mann versorgt unterdessen seine Frau mit Fleisch. Die Frau schneidet sich all die Haare ab mit dem Steinmesser auch am Geschlecht und gibt sie den anderen Frauen. Die Haare möchten einen Geruch mitbringen. Auch dem kleinen Kind werden die Haare abgesengt mit Feuer. Wenn der Vater sein Kind sieht, sagt er: Kindchen Junge kleines mein schön.

Die Frauen bleiben im Frauenlager. Der Leib wird von oben gedrückt und von beiden Seiten von oben nach unten.

Mythe 6: Altjira Aragutja Ilawata

Die Frau gehorchte ihrem Manne nicht, als er sie rief, sondern senkte den Kopf und blieb sitzen. Sie zitterte und folgte ihrem Manne in das Lager. Der Mann schläft, die Frau legt ihren Kopf auf seinen Rücken. Sie liebt ihn. Sie trinken süsse Frucht in Wasser zerrieben. Sie steigen auf den Berg und sammeln Früchte. Sie drücken den Saft aus ins Wasser und trinken das süsse Wasser. Die abgefallenen Früchte sammeln sie. Da wurde die jüngere Schwester neidisch, dass beide so süsse Früchte assen. Der Mann machte seinen Kopfschmuck mit Kalk weiss. Sie sahen sehr schöne Sterne und lobten dieselben und lobten den schönen Himmel. Sie sahen im Norden sehr weit einen Berg. Da sahen sie wieder viele Ameisenhaufen. Da sah die Frau, dass die Tjilpa-Männer ihre bemalte Stange auf den Schultern trugen. Die Frau suchte Samen und sammelte denselben. Die Männer spielten mit ihren Schwunghölzern. Die Frau reinigte ihren Kopfschmuck. Die Frauen beschmierten sich mit Fett und bemalten sich mit roter Farbe. Ein Mädchen war eine Jungfrau. Sie sagte zu den Frauen, bleibt hier. Sie war sehr scheu und weinte. Die Frauen sagten zu ihr: Gehe schnell zu deinem Mann. Sie weinte, sie wollte nicht. Sie sagte: ich gehe nicht zu meinem Manne, ich fürchte mich. Sie blieb allein. Da sahen sie viele kleine Vögel. Am Bergesabhang zwitscherten die Vögel. Die Frauen steckten ihre bemalte Stange in die Erde. Die Frauen fingen sich eine Anzahl Vögel. Da wurde der alte Vogel böse, dass die Frauen seine Jungen erschlagen. Sie stiegen vom Berge und brieten ihre Vögel und assen dieselben. Die Frauen machten sich von Känguruhhaaren Kopfschmuck und legten ihn an. Die Männer spielten mit ihren Schwunghölzern. Die Frau winkte ihrem Manne. Die Männer hatten sich rot bemalt. Die Männer sahen, dass die Frauen mit Malzeichen am Leibe geschmückt waren. Es war grosser Wind. Da sahen sie eine grosse Höhle. Sie setzten sich in die Höhle in Reihen, und blieben in der Höhle und versteinerten.

Mythe 7: Altjira Aragutja Ralbmintja

Jungfrauen waren beisammen in ihrem Lager. Die Jungfrauen machen sich Kopf- und Armschmuck. Sie legten den Kopfschmuck an den Kopf. Sie gehen auf dem Berge entlang nach Früchten. Zwei Mädchen gingen allein und fanden weissen Honig. Sie sammelten viel Honig und brachten ihn zum Lager und legten ihn nieder. Da sahen sie einen Känguruhknochen von einem Hinterbein liegen. Sie hatten ihre langen Knüttel auf der Schulter und sprangen vor Freude. Da machte die Älteste einen grossen Kranz. Sie machten sich eine bemalte Stange. Die Spitzen derselben schmückten sie. Sie schmückten sich alle und bemalten sich. Sie hatten zwei bemalte Stangen. Drei Frauen erfassten je eine bemalte Stange und sassen dabei und bewegten die Brust. Sie umfassten sich, zogen die bemalte Stange aus und nahmen den Schmuck ab und steckten ihn in einen Sack, und die bemalte Stange gruben sie in die Erde. Sie schmückten sich mit roter Farbe. Auch allen Schmuck bemalten sie mit roter Farbe. Sie gingen wieder nach Honig. Eine alte Frau ging am Stock. Sie fanden wieder Honig. Der Honig war flüssig. Sie machten aus dem Honig einen Ballen. Es waren viele Mücken an dem Honig. Da sahen sie Mäuse. Sie fangen und erschlagen dieselben. Sie legten wieder ihren Kopfschmuck an. Sie schwenkten ihre Schwunghölzer, dass es summte. Sie brachten den Honig zum Lager. Sie machten grosses Feuer, da es sehr kalt war. Da gebar eine Frau einen kleinen Jungen. Sie zerklopften die Nabelschnur mit einem Stein. Die Frauen drückten der Mutter den Leib, damit alles sich verschliessen sollte. Der kleine Junge weinte, die Mutter blieb im Lager. Die alten Frauen waren bei ihr. Da brachten die alten Frauen Zweige und trugen sie herbei und machten ein Loch. Sie machten ein Feuer und legten die grünen Zweige darauf. Die Frau setzte sich auf die Zweige, das Kind hatte sie in einer Mulde bei sich. Als der Rauch aufhörte, stand die Mutter auf. Ihr Blut war schon vertrocknet. Der kleine Junge weinte nicht mehr. Die Frauen gingen nach Honig, auch die Mutter ging mit und trug ihr Kind in der Mulde. Sie setzten sich. Sie machten noch ein Spiel und hatten zwei bemalte Stangen. In der Nähe auf einem Berge waren zwei Männer, die sich aber nicht zu den Frauen nahen durften. Die alten Frauen setzten sich nieder und öffneten an einem Arm eine Ader und liessen Blut heraus und tranken dasselbe. Sie sind bis heute an ihrem Ort im Westen von Gilberts Spring.

Die ersten Bemerkungen Wettengels beziehen sich auf die Rolle, die die Frau als Hüterin und Bewahrerin des Feuers spielt. Es ist das nicht etwa eine Erscheinung, die sich auf die Aranda oder die Australier beschränkt, sondern darüber hinaus hat die Frau bei fast allen Wildbeutern dieselbe Funktion. Auch in entwickelteren Gesellschaften bleibt die Frau in besonders enger Beziehung zum Feuer, selbst in europäischen Märchen und Sagen lassen sich zu diesem Tatbestand Parallelen finden. Eine sehr einleuchtende Erklärung für diese Erscheinung bietet uns die Arbeitsteilung zwischen den Geschlechtern bei den Wildbeutern Australiens.

Die Frau beschäftigt sich fast ausschliesslich mit dem Sammeln pflanzlicher Nahrung. Wie wir noch später sehen werden, wäre der grösste Teil der Erträgnisse der Frau unbrauchbar zur Ernährung, wenn sie nicht in irgendeiner Form, rösten, backen, braten, durch das Feuer aufgeschlossen würden. Die Kraft des Feuers hat also für die Frau eine weit grössere Bedeutung als für den Mann, daraus erklärt sich zwanglos ihre engere Beziehung zum Feuer.

Die folgenden Aufzeichnungen Wettengels über das tägliche Leben der Frauen zeigt die Wichtigkeit ihrer Arbeit. In Notzeiten und auch in normalen Zeiten wird eigentlich nur durch die Frau die Ernährung sichergestellt. Sie findet noch immer etwas, was sie und ihre Kinder am Leben erhält, nicht selten muss sie den Unterhalt allein bestreiten und ihren Mann mit durchfüttern. Sagt doch Wettengel selbst, wenn es nicht genügend Jalka gibt, hält der Hunger Einzug. Die Jagd allein ist nicht ausgiebig genug, die Nahrungsbedürfnisse zu befriedigen. Neu ist an dieser Schilderung das Eingehen auf die genaueren Lebensbedingungen, d.h., wie und von was der Lebensunterhalt tatsächlich bestritten wird, und in welcher Weise sich die uns oft berichteten Dürren und Hungersnöte auswirken.

Einige Punkte verdienen es, noch besonders hervorgehoben und betont zu werden. Als erstes ist es offensichtlich, dass die Aranda für ihr wichtigstes Nahrungsmittel Schonzeiten eingeführt haben. Die Frauen dürfen die Jalka-Zwiebel erst sammeln, nachdem ein Tanz aufgeführt wurde, in dessen Verlaufe die Jalka für die allgemeine Ernährung freigegeben wird. Das verhindert, dass die Zwiebel zu einer Zeit gesammelt wird, in der sie zwar schon vorhanden, aber noch nicht völlig ausgereift ist. Wahrscheinlich handelt es sich bei diesem Tanz um eine Vermehrungszeremonie, wie sie uns Spencer, Gillen und Strehlow berichtet haben. Das Charakteristische aller Vermehrungszeremonien ist es, dass die betreffenden Tiere und Pflanzen vor ihrer Aufführung weder gejagt noch gesammelt werden dürfen, dass wir also bei den Australiern schon ziemlich stark entwickelte pflegerische Tendenzen in bezug auf die Nahrungsmittel antreffen. Dies beweisen ausserdem fast alle Totemeinrichtungen der Aranda und der anderen australischen Stämme.

Aus der Arbeitsteilung der Geschlechter, dass der Mann sich ausschliesslich der Jagd und dem Fange widmet, die Frau ausschliesslich sammelt, folgt, dass die Fleischnahrung in grossem Umfange für die Frauen tabuiert ist. Erhalten sie gelegentlich einen Anteil der Beute ihres Mannes, so nur im Austausch gegen von der Frau gesammelte Pflanzenkost. Im Widerspruch zu ihrer tatsächlichen Bedeutung im praktischen Leben steht die Tatsache, dass die Frau im öffentlichen und rechtlichen Leben überhaupt keine Stimme besitzt und keine Rolle spielt. Aus den anderen Quellenbüchern über Australien wissen wir, dass das seinen Grund darin hat, dass der Mann die Arbeit der Frau nicht achtet und die Geringschätzung der Arbeit auf die Frau selbst überträgt. Wahrscheinlich stand das Sammeln am Anfang der Ernährungsgeschichte der Menschheit.

Das zu dieser Frage von Wettengel gebrachte Material ist nicht besonders neu, nur etwas ausführlicher als es sonst angetroffen wird. Was aber unsere Aufmerksamkeit erregt, ist die Rolle, die die alten Frauen spielen; hierüber erfahren wir bei anderen Autoren fast nichts. Im Gegensatz zu den jungen Frauen scheinen die alten Frauen etwas im öffentlichen Leben zu sagen zu haben.

Es ist auffällig und, wenn es zutreffen sollte, merkwürdig, dass die alten Frauen einem Neugeborenen seinen Namen geben. Wir wissen aus anderen Quellen, dass der Name bei den Australiern eine sehr wichtige Bedeutung hat, dass er bestimmte Verpflichtungen für den Träger des Namens nach sich zieht, dass der Name vor allen Dingen nicht willkürlich gegeben werden kann, sondern abhängig ist von der Totemgruppe, der das Neugeborene zugehört. Aus der Totemzugehörigkeit ergeben sich alle Verpflichtungen, die das Leben des Erwachsenen später begrenzen, bestimmen, beeinflussen, ihm andererseits auch zu seinem Recht verhelfen. Nun wissen wir, dass die Frauen in die inneren Zusammenhänge des Totemismus keinen Einblick haben, weil der australische Totemismus ausschliesslich durch die Männer gestaltet wurde und grösstenteils aus den durch die Jagd- und Fangtätigkeit erweckten Gefühlen, Vorstellungen und aus den gemachten Beobachtungen heraus geformt wurde. Die Männer achten eifersüchtig darauf, dass alle ihre Einrichtungen, all ihr Wissen vor den Frauen geheim gehalten wird, weil sie sich dadurch auf allen Gebieten des Lebens eine Überlegenheit sichern, die sie auf keinen Fall missen oder verlieren möchten. Aus diesem Grunde darf es nicht passieren, dass das Kind durch seinen Namen einer falschen Totemgruppe zuerkannt wird.

Woher wissen nun die alten Frauen, welcher Name der richtige ist? Es bestehen da zwei Möglichkeiten, entweder, dass sie in Verbindung mit den alten Männern stehen, die ihnen Anweisungen geben, denen sie zu gehorchen haben, oder dass die Frauen selbst mit höherem Alter bis zu einem gewissen Grade in das Geheimwissen eingeweiht werden.

Es soll kurz eingefügt werden, welche Rolle die alten Männer in den australischen Gemeinschaften spielen. Die Jagd stellt ungeheure Anforderungen an die Kraft, Ausdauer und Gewandtheit jedes einzelnen. Schon in verhältnismässig sehr frühem Alter werden daher die Männer zur Jagd untauglich. Man sollte nun meinen, dass die alten Männer auf die Stufe der sammelnden Frauen herabsinken und dieselbe Geringschätzung wie diese erfahren. Doch das Gegenteil ist der Fall. Die alten Männer ragen an Bedeutung noch über die jagdfähigen Männer hinaus. Sie geniessen Vorrechte in bezug auf die Nahrung, viele Speisen sind zu ihren Gunsten mit Tabus belegt, sie bilden zusammen einen Rat, dem die jüngeren Männer bedingungslos unterworfen sind, sie zwingen die jungen Männer unter ihre Botmässigkeit, indem sie sich die Erziehung der heranwachsenden Jugend sichern, sie vermitteln zwischen den Stämmen, organisieren Wanderungen, kurz, erscheinen als die eigentlich Regierenden. Wie es dazu kam, dass sie diese Stellung heute einnehmen, kann hier nicht erörtert werden. Es soll dadurch nur unterstrichen werden, dass auch die alten Frauen anscheinend eine ähnliche Rolle spielen, zumindest unter ihren Geschlechtsgenossinnen. Wie weit sie in der Männerwelt etwas zu sagen haben, berichtet uns leider auch Wettengel nicht.

Die Wichtigkeit der alten Frauen wird noch dadurch betont, dass sie zu entscheiden haben, welches Kind leben soll und welches getötet werden muss. Dieses Töten erfolgt ja nicht planlos, das wichtigste Motiv dazu ist das, dass das Bandenland nur eine ganz begrenzte Anzahl von Personen ernähren kann.

Nun wäre es interessant zu erfahren, ob die alten Frauen ihre diesbezüglichen Entscheidungen nach bestimmten Gesichtspunkten treffen, z.B. nach dem, ob die Bande, die meist eine lokale Totemgruppe ist (bei den Aranda), im Augenblick noch einen jungen Nachkommen gebrauchen kann oder nicht. Dass die Männer angeblich von diesen Kindermorden überrascht werden und nichts damit zu tun haben wollen, kann nur insofern stimmen, als eben auch nur die alten Männer in diesen Dingen eine Stimme besitzen. Die jüngeren Männer wissen in vielen Punkten nicht mehr als die Frauen und die Kinder.

Aus Wettengels Notizen geht eindeutig hervor, dass die Frau nach unseren Begriffen ein schlechtes Leben führt. Dass es nur, wenn der Mann sie liebt, einigermassen erträglich ist. Das wird aber, wenn wir die geltenden Heiratsregeln betrachten, selten genug der Fall sein. Meistens lieben Mann und Frau einen anderen Menschen als ihren Ehepartner. Das ist durch die gewöhnlich herrschenden grossen Altersunterschiede bei einem Ehepaar verständlich. Liebt der Mann seine Frau, dann führt sie ein, nach unseren Begriffen, harmonisches Leben mit seinen Freuden. Wettengel bringt dafür das Beispiel einer kranken Frau. Von den anderen Verwandten wurde die Ohnmächtige schon für tot gehalten und sollte begraben werden. Durch die Liebe ihres Mannes wurden die Verwandten gezwungen zu warten, bis der Missionar erschien. Die Frau konnte gerettet werden.

Nur einmal, auch das nur für ein paar Tage, steht die Frau im Mittelpunkt ihrer Bande und geniesst die allgemeine Anteilnahme. Wenn eine Frau glücklich entbunden hat, ihr Kind dem Vater zuführt und er es als das seinige anerkennt, dann bewundert und beschäftigt sich die Bande für eine kurze Zeit mit der Mutter und ihrem Kinde. Sicher kommt daher die häufige Darstellung einer Geburt in den vorausgegangenen Mythen. Eine Geburt ist das wichtigste Ereignis im Leben einer Frau.

Am unglücklichsten ist diejenige Frau, die keine Verwandten besitzt, die sich ihrer annehmen, wenn sie von ihrem Mann allzu ungerecht und grausam behandelt wird. Mag sein, dass die Verwandten in solchen Fällen nicht aus reiner Liebe einschreiten, sondern unter dem Gesichtspunkte, dass die Frau die wertvollste Arbeitskraft ist, die die Bande besitzt. Immerhin ist das der einzige Schutz, den die Frau geniesst; entbehrt sie auch diesen, so ist sie ganz und gar der Willkür ihres Mannes ausgeliefert.

Haben die Frauen unter sich Streitigkeiten, was meistens wegen eines Mannes der Fall ist, so erledigen sie diese Streitigkeiten durch Kämpfe mit ihrem Grabstock. Diese Kämpfe sind erst dann beendigt, wenn Blut geflossen ist - wie bei den Kämpfen der Männer. Es gibt genaue Regeln, nach denen gekämpft wird. Die verwandten Frauen der beiden Streitenden stehen mit ihren Stöcken daneben und achten darauf, dass nichts Ernsthaftes passiert. Die Männer sind klug genug, sich bei diesen Streitigkeiten aus dem Spiel zu halten und nähern sich dem Kampfplatz der Frauen nicht.

Dem Mann ist nicht nur das Strafrecht über seine Frau eingeräumt, sondern auch unbeschränkte Strafgewalt. Es kommt vor, dass ein Mann seine Frau wegen eines kleinen Vergehens auf das Grausamste mehrere Male straft.

Die mythische Grundlage der Konzeption: Aus dem Material von Wettengel geht hervor, dass die bekannten Kinderkeime der beiden Geschlechter an verschiedenen Orten lokalisiert sind. Die Mädchenkeime haben ihren Sitz vorwiegend in Felsenhöhlen. Welche Rolle die Felsenhöhlen in der Entwicklung der Menschheit spielen, wäre bestimmt eine interessante Frage, denn wir finden sie nicht nur in beinahe allen Mythen der Naturvölker erwähnt, sondern auch in der Vor- und Frühgeschichte aller europäischen Völker. In Australien werden sie oft im Zusammenhang mit den alten Männern erwähnt, oder sie sind geheime Orte, an denen die Jugend ihre Ausbildung erhält, d.h. die männliche Jugend, die für Jagd und Fang ausgebildet werden soll.

Hier sind es nun ausgerechnet die Kinderkeime der Mädchen, die in den Felsenhöhlen ihren Sitz haben sollen. Welche Bewandtnis kann es damit haben?

In diesen Bemerkungen steckt ein gewisser Widerspruch. Frauen dürfen sich den Felsenhöhlen, in denen die heiligen Hölzer und Tafeln aufbewahrt werden, bei Todesstrafe nicht nähern. Die Kinderkeime halten sich aber an diesen Orten auf, so dass nicht einzusehen ist, wie die Kinderkeime ihrer Mutter begegnen können. Nach dem von anderen Forschern beigebrachten Material ist eine Lösung dieser Frage sehr naheliegend: Eine Frau weiss ja vor der Geburt nicht, ob sie einen Knaben oder ein Mädchen zur Welt bringen wird, es kann also erst nach der Geburt festgestellt werden, wo die Frau, dem Glauben der Aranda nach, den Kinderkeim mutmasslich empfangen hat. Wie schon vorher ausgeführt wurde, geben die alten Frauen, wahrscheinlich unter dem Einfluss der alten Männer, den Kindern einen Namen, der sie einem bestimmten Totem zuordnet. Wettengel hat also nicht genügend scharf zwischen dem allgemeinen Wissen der Aranda - dass die Kinder auf sogenannte Kinderkeime zurückzuführen sind - und dem Geheimwissen der alten Männer und Frauen unterschieden - wo sich die Kinderkeime genauer aufhalten, und welcher Totemzugehörigkeit der betreffende Kinderkeim, der in die Frau eingedrungen war, ist.

Wir kommen nun zu der Besprechung der sonstigen Bemerkungen über die Frauen, die ungeordnet im Text verstreut waren und für uns von bestimmtem Interesse sind.

Es ist da besonders auffällig, dass die Frauen nur einen Tanz richtig besitzen, ihn ausführen und zu diesem Zwecke auch bemalt werden. Bei den profanen Tänzen ist das nichts Besonderes, aber in diesem Falle scheint es sich nicht um einen profanen Tanz, sondern um einen Kulttanz zu handeln. Gemeint ist der Tanz für die Jalka. Ob sich die Frauen über den tieferen Sinn dieses Tanzes klar sind, ist sehr zu bezweifeln, da sich auch die jüngeren Männer meist im Unklaren darüber sind. Die alten Männer bewahren, wie stets, darüber das Geheimwissen, bei näherem Eindringen wissen sie aber recht gut den eigentlichen Grund anzugeben.

Dass das Ausweichen bestimmter verwandter Männer und Frauen auf Schamhaftigkeit beruht, dürfte wohl auch eine falsche Interpretation Wettengels sein. Das Meiden der Verwandten hat meistens zur Ursache, dass man Eifersucht oder aus bestimmten Gründen näheres Kennenlernen vermeiden will, damit der Bestand der geltenden Heiratsregeln nicht gefährdet wird.

Es bleibt jetzt nur noch, eine kurze Besprechung der Mythen zu geben. Es fehlen Angaben, ob zu diesen Mythen Tänze aufgeführt werden. Das ist sehr wahrscheinlich, da ja alle Mythen nicht erzählt, sondern getanzt und gesungen werden. Da nun der Text allein, ohne die entsprechenden Aufführungen kein klares Bild des Gemeinten vermitteln kann, sollen hier auch nur einige Punkte hervorgehoben werden, die irgendwie Beachtung verdienen, sei es, dass das Verhalten der lebenden Frauen dem der mythischen Frauen gleicht, oder dass es in wichtigen Einzelheiten abweicht. Beides lässt sich feststellen.

Wettengel behauptete, dass diese Mythen das Verhalten der Frauen in allen Punkten regeln. Es ist aber nicht einmal gesagt, ob die Frauen diese Mythen überhaupt kennen. Das ist sogar nach allem über die Aranda bekannt gewordenen Material ziemlich unwahrscheinlich; es genügt auch, dass die Männer diese Mythen kennen, da das Verhalten der Frauen von den Männern geleitet wird. Das ist um so wahrscheinlicher, da diese Erzählungen echte Mythen sein sollen, die immer im Zusammenhang mit einer Tjurunga stehen, von denen die Frauen ganz sicher nichts wissen.

In den Mythen ist auffällig, dass die Frauen bemalte Stangen herstellen, einen Tanz um sie aufführen und sie dann vergraben. Heute werden solche Gebilde nur noch bei bedeutenden Zeremonien der Männer hergestellt. Wird bei solchen Zeremonien die Mitwirkung der Frauen benötigt, dann ist die heilige Pflicht jedes Mannes, die Stangen vor dem Anblick der Frauen zu bewahren.

Mythe 2 bezieht sich wohl tatsächlich auf das noch heute gültige Verhalten der Frauen. Wenn sie draussen im Busch sammeln, dürfen sie keinen fremden Mann an sich herankommen lassen, sie müssen vor ihm fortrennen wie die Frauen vor der Schlange, wenn man diese als Symbol auffassen darf. Mythe 3 darf man wohl als Wandermythe auffassen, wie wir ähnlich in grosser Zahl von den männlichen Vorfahren berichtet haben. Mythe 4 enthält Teile aus allen drei vorhergehenden Mythen.

In Mythe 5 ist besonders auffällig, dass die Frauen hier Schwirrhölzer schwingen. Wenn man bedenkt, dass sich die Frauen heute bei Todesstrafe keinem Platz nähren dürfen, an dem Schwirrhölzer geschwungen werden, so fällt die Deutung dieser Mythe schwer. Im gleichen Zusammenhang muss auf den Schluss der Mythe 7 aufmerksam gemacht werden. Auch dort schwingen die Frauen Schwirrhölzer, doch ausserdem setzen sich die alten Frauen nieder, öffnen an einem Arm eine Ader, lassen Blut heraus und trinken dasselbe. Das ist heute eine für Frauen undenkbare Zeremonie.

Es muss auffallen, dass heute beide Handlungen nur von Männern im Zusammenhang mit Totem- oder Initiationsriten vorgenommen werden. (Wobei bemerkt werden muss, dass der grösste Teil der Initiationsriten Totemzeremonien sind.) Genau wie heute die Frauen, dürfen sich in der Mythe die Männer nicht den Frauen, die bei dieser Zeremonie versammelt sind, nähern.

Dürfen wir nun daraus schliessen, dass die Frauen in den Mythen Totemzeremonien abhalten? Die Deutung ist vielleicht nicht unmöglich, aber immerhin erstaunlich. Es würde dann diese Mythe auf eine Zeit hinweisen, in der sich die Männer noch nicht über die Frauen erhoben haben, wie das heute der Fall ist. Auf jeden Fall kann dann diese Mythe nur in der Anfangszeit des Totemismus entstanden sein. Es ist bedauerlich, dass gerade zu dieser Mythe die sicher sehr aufschlussreiche getanzte Zeremonie nicht berichtet wird. Denn so lässt sich leider gar nichts Genaueres aussagen. Betont werden muss, dass es auch in dieser Mythe wieder die alten Frauen sind, die diese Zeremonie vornehmen.

Göttin/Ahnin und Frauen der australischen Mythologie. Die Ahnin in „Gebärstellung". Felszeichnung des westlichen Arnhem-Landes.

Totemzentrum einer australischen Traumzeit-Stätte.

Paul Wirz

Totemismus in Neuguinea

Das südliche und zentrale Neuguinea

Aus dem südlichen Küstengebiet von Neuguinea war das Vorhandensein von einem wohlausgebildeten Totemismus schon seit längerer Zeit bekannt, doch war man sich über den Aufbau der totemistisch-sozialen Systeme keineswegs im Klaren. Untersuchungen haben ergeben, dass bei gewissen Stämmen des südlichen Küstengebietes, wie bei den Marind-anim und dann auch bei den Gogodara, im Gebiet des Aramia-Flusses, eine verhältnismässig ältere Zweiklassenorganisation von einer jüngeren lokaltotemistischen überlagert wurde, so dass die ursprünglichen Verhältnisse im allgemeinen nicht mehr deutlich zu erkennen sind. Diese Überlagerung fand jedoch durchaus nicht überall in gleicher Weise statt, daher finden wir heute selbst in diesem kleinen Gebiet die verschiedensten Systeme einer totemistisch-sozialen Organisation vor. Die Zweiklassenorganisation muss sehr alt sein. Wir finden deutliche Spuren davon längs der ganzen Südküste, bis weit in den Papuagolf hinein. Bei manchen Stämmen, wie den Gogodara, beherrscht sie selbst das ganze soziale Zusammenleben. Desgleichen auch im zentralen Hochland, bei den kleinwüchsigen Stämmen, im Quellgebiet der Mamberamo-Zuflüsse, die zweifellos als eine der ältesten und verhältnismässig unvermischt gebliebenen Bevölkerungsschichten der Insel aufzufassen sind, und deren uralte Kultur nur sehr wenig von aussen beeinflusst worden ist. Aber auch im Norden sind Spuren einer einstmaligen Zweiklassenorganisation nicht zu verkennen, wenn auch weniger deutlich wie im Süden, so dass wir heute mit ziemlicher Sicherheit annehmen dürfen, dass sie einstmals über die ganze Insel verbreitet war. Die beiden Klassen nennen sich hier woya (Känguruh) und wenda (Beutelmarder) und es durchdringt diese totemistische Zweiklassenorganisation das ganze soziale Leben dieser Eingeborenen. Sie regelt die Eheverhältnisse, indem die Gattenwahl ausschliesslich aus der anderen Gruppe zu erfolgen hat und sie spielt auch bei den rituellen Festlichkeiten und Zeremonien, vor allem aber bei bedeutsamen Anlässen und Zusammenkünften aller Art eine Rolle.

Wie die Marind-anim nach ihrem heutigen Wohngebiet kamen, fanden sie dort eine bereits lokaltotemistisch organisierte Bevölkerung vor. Aber das Zweiklassensystem, das sie mitbrachten, war diesen erstansässigen Stämmen nicht bekannt gewesen. Auch heute besitzen die Nachbarstämme der Marind-anim noch stets einen wohlausgebildeten Lokaltotemismus, aber keine Spur von einer Zweiklassenorganisation. Sie gliedern sich in zahlreiche Klane, oder Lokalgruppen, von denen ursprünglich eine jede ihr bestimmtes, fest umgrenztes Wohngebiet besass. Später fanden dann mancherlei Verschiebungen und Durchmischungen statt und so veränderte sich das ursprüngliche Bild. In abgelegenen Gegenden hat es sich freilich bis auf den heutigen Tag zu erhalten vermocht.

Die Marind-anim waren stets das vordringende Element. Aus dem östlichen Küstengebiet kommend, nahmen sie erst den Strand in Besitz, so weit dieser für die Kokoskultur geeignet war und begannen dann allmählich, längs den Flussläufen ins Innere vorzudringen. Hierbei wurden die erstansässigen Stämme zurückgedrängt und ausgerottet, denn es war den Vordringenden in erster Linie um die Erbeutung von Köpfen zu tun. Mit diesen Wanderungen und der Besiedelung des Landes, welche sich jedenfalls über lange Zeiträume erstreckten und sich unter mehreren Schüben vollzogen, trat naturgemäss auch eine Zersplitterung und Aufspaltung der anfänglichen Zweiklassenorganisation ein und die Folge davon war, dass sich die verschiedenen abgespaltenen Gruppen die lokaltotemistischen Beziehungen der Unterworfenen und Verdrängten aneigneten.

Pflanzen- und Tiertotem

Am häufigsten entspricht das Totemobjekt einer Tier- oder Pflanzenart, und zwar einer solchen, die für das engere oder weitere Wohngebiet charakteristisch ist. In anderen Fällen kann es sich auch um ein vereinzeltes, seltenes oder ungewöhnliches Exemplar handeln, wie z.B. einen grossen, alleinstehenden Baum, ein seltenes Tier, oder ein anderes seltenes Naturobjekt.

Man sieht also bereits, dass es sich hierbei um Objekte handelt, die besonders häufig oder durch ihre Grösse, Seltenheit oder ihr Vorkommen in Erscheinung treten. Es ist entweder das Ungewöhnliche, Seltsame, oder auch das Charakteristische, Typische, das aus seiner Umgebung heraustritt und auch von den Eingeborenen herausgehoben wird. Es ergibt sich hieraus auch, dass derartige totemistische Beziehungen sich tatsächlich hier, am Ort ihres Vorkommens herausgebildet haben und nicht von Auswärts mitgebracht worden sind. Es finden sich z.B. im Wohngebiet des Arecatotemklans tatsächlich viele Arecapalmen, oder im Gebiet des Kasuarklans besonders viele Kasuare, im Totemklan des Tons ein breiter, schlammig-toniger Strand usw. Auch in der Torres-Strasse, sowie in Nordaustralien sind bekanntlich die Totem sämtlich lokalisiert, oder waren es einmal, und bezüglich der Aranda wird ausdrücklich berichtet, dass die Totemplätze nur dort sind, wo das Totemtier, die Totempflanze in reicherer Anzahl auftreten.

Auf der Hand liegt natürlich die Herausbildung der totemistischen Beziehung da, wo das Totemobjekt bloss in der Einzahl oder als besonderer in Erscheinung tretender Repräsentant seiner Gattung auftritt, wie z.B. ein grosser Baum, eine seltene Pflanze. Es versteht sich von selbst, dass derartige Objekte stets mit den Vorfahren des Klans in Zusammenhang gebracht werden.

Den Mythen zufolge haben sich die Vorfahren vielfach in Tiere verwandelt, diese zeugten wieder Tiere, daher die Verwandtschaft mit diesen. Gelegentlich wird aber auch ein einzelnes Naturobjekt, das sich durch ungewöhnliches, seltsames Aussehen aus den anderen Objekten seiner Gattung heraushebt (grosser, alter Baum; seltsam aussehendes Tier) mit dem Klanherrn selbst identifiziert.

Steinverehrung

Sehr oft wird behauptet, dass sich der Ahnherr nach Ablauf seiner irdischen Tätigkeit in Steine verwandelt habe. Steine sind jedoch im ganzen südlichen Küstengebiet sehr selten. An gewissen Stellen des Strandes finden sich da, wo keine grossen süsswasserführenden Flüsse münden, oftmals ausgedehnte Bänke von erhärtetem und in Brauneisenstein umgewandeltem Ton, und es werden diese auch von den Strandbewohnern stets mit den Vorfahren in Zusammenhang gebracht. Vereinzelte grössere oder auch kleine Steine, die man zuweilen in den Siedlungen vorfindet, sind aber nahezu ausschliesslich Flussgerölle, die bei irgend einem Anlass von den Eingeborenen selbst weit aus dem Innern hergebracht worden sind.

Diese Steine nun spielen als Fetische eine sehr grosse Rolle und man erblickt in ihnen nichts anderes, als den zu Stein gewordenen Ahnherrn des Klans selbst. Eine derartige Steinverehrung ist namentlich bei den Jee-anim am oberen Maro gut ausgebildet. Hier findet man nahezu in einer jeden Siedlung einen solchen Stein, der sorgfältig verwahrt und mit grossem Respekt behandelt wird. Ein jeder dieser Steine hat seinen Eigennamen und dieser entspricht auch dem Namen des Ahnherrn. Auch benennt sich die ganze Gruppe nach ihm. Es verhält sich mit ihnen nicht anders, wie mit grossen Bäumen, in denen sich die Ahnherren verkörpert haben.

Bodenbeschaffenheit und Auffälligkeiten des Wohngebietes

Neben den Tieren und Pflanzen werden auch alle Besonderheiten des Wohngebietes mit den Vorfahren des Klans in Zusammenhang gebracht. Gruben, Wasserlöcher, kleine Hügel und Erdwälle, schliesslich auch die Wasserstrudel in den Flüssen sind Erzeugnisse der Ahnen. Vielfach werden sie als deren Behausung oder Rückzugsgebiet angesehen. Insbesondere gilt dies von den Sümpfen und Wasserlöchern. Langgestreckte Erdhügel werden mit Vorliebe als deren Kanu bezeichnet. Dass man solche Stellen respektiert und daher auch meidet, liegt auf der Hand. Wie die Steine und grossen Bäume, so werden natürlich auch sie in das totemistische Verwandtschaftssystem eingereiht, denn man fühlt sich mit ihnen verbunden.

Zu den auffälligen und ungewöhnlichen, oder aber aus der Umgebung heraustretenden Erscheinungen, gehören sodann auch solche, die sich aus der Bodenbeschaffenheit erklären. Hier kommt dann auch deutlich zum Ausdruck, wie eng diese Form von Totemismus mit der Ahnenverehrung und dem Wohngebiet zusammenhängt, wobei man eben die Erscheinung als Ganzes ins Auge fasst. Das Charakteristische, Auffällige oder auch Seltsame wird aus der Umgebung herausgehoben, wird mit den Klanvätern in Zusammenhang gebracht oder gar identifiziert, mag es sich dabei um Naturobjekte, Bodenbildungen oder gar blosse Erscheinungen und Wahrnehmungen handeln.

Auch liegt einem alles, was hier vorkommt, also die Flora und Fauna dieses Gebietes viel näher als anderen, man fühlt sich mit der gesamten Umwelt durch magische Kräfte verbunden, auf die man abgestimmt ist und mit denen man harmoniert. Einem anderen würde das Leben hier auf die Dauer unmöglich sein, denn es ist nicht sein Grund und Boden, und die Vorfahren, die sich noch stets, doch unsichtbar natürlich, hier aufhalten oder zurückgezogen haben, und alle die Kräfte, die hier wirksam sind, würden ihm das Dasein unmöglich machen.

Begebenheiten und Ereignisse

Bei der Herausbildung der totemistischen Beziehungen spielten zweifellos auch gewisse eindrücklich gebliebene Begebenheiten und Ereignisse eine nicht unbedeutende Rolle. Wo sollten sonst die vielen Mythen ihren Ursprung genommen haben? Übrigens sei schon hier bemerkt, dass die Mythen, die bei diesen Eingeborenen ohne Ausnahme von der totemistischen Verwandtschaft und den Vorfahren berichten, zweierlei Art sind. Die einen sind eigentliche Wandermythen, sie berichten vom Tun und Treiben der Vorfahren und von besonders eindrücklich gebliebenen Ereignissen und Begebenheiten. Die anderen sind mehr unseren Märchen gleich. Die erstgenannten scheinen alle einen wahren, historischen Hintergrund zu besitzen, die anderen sind bloss aus der Phantasie heraus entstanden. Von den Klanvätern ist in ihnen nur wenig die Rede, aber das Hauptgewicht wurde auf die wahrgenommenen Analogien und Ähnlichkeiten der Naturobjekte und Erscheinungen gelegt, die vielfach auch zur Erklärung der Entstehung der Dinge herangezogen wurden. Es sind also diese Märchen im Grunde genommen nichts anderes wie eine Naturphilosophie.

Die totemistische Verwandtschaft

Bei den Nachbarstämmen der Marind-anim haben wir es mit einem verhältnismässig einfachen Lokaltotemismus zu tun. Eine jede Gruppe, ein jeder Klan besitzt seinen Ahnherrn und steht durch diesen mit irgend einem Naturobjekt oder auch mehreren in Beziehung. Das war das ursprüngliche Bild, wie es sich auch heute noch vorfindet. Zwar hat auch bei diesen Stämmen schon eine Tendenz zur Gruppenbildung eingesetzt, die vermutlich von den Marind-anim ausging.

Wie die Marind-anim von Osten kommend das Küstengebiet in Besitz nahmen, übernahmen sie die totemistischen Beziehungen der erstansässig gewesenen Bewohnern. Dies erfolgte natürlich ganz allmählich, wie auch die Ausbreitung längs der Küste und landeinwärts nur langsam vor sich ging und sich jedenfalls über einen längeren Zeitraum erstreckt.

Es ist eine merkwürdige Erscheinung, dass eine jede Gruppe dieses Stammes heute noch genau anzugeben vermag, von wo sie ursprünglich ausgegangen war und wo sie ihre totemistischen Beziehungen übernommen hat. Noch überraschender ist jedoch das Ergebnis, wenn man der Sache tiefer auf den Grund geht und nachforscht, welche Leute eigentlich zuerst an diesem Platz ansässig gewesen waren. In sehr vielen Fällen wird man dann finden, dass es nicht die Marind, sondern ein fremdsprachiger Stamm war, der heute, auf wenige Individuen zusammen geschmolzen und in schwer zugängliche Gebiete zurückgedrängt, ein kümmerliches Dasein fristet. Seine totemistischen Beziehungen beweisen dies. Man wird selbst nicht selten finden, dass die Benennungen der Ortschaften und Gebiete, die heute von den Marind-anim bewohnt sind, von einem anderssprachigen Stamm herrühren, der einstmals hier ansässig gewesen war.

Das Verhalten der Eingeborenen gegenüber ihrem Totem zeigt das übliche Bild. So ist es beispielsweise den Vertretern der Kokosgruppe nicht erlaubt, eine Kokosnuss auf die übliche Art aufzuschlagen, sondern muss das Öffnen der Nuss sachte geschehen, desgleichen darf ein Vertreter der Sagogruppe den rohen oder gebackenen Sago nicht mit einem Messer zerschneiden, sondern muss ihn brechen. Der Vertreter der Känguruh- oder Schweinetotemgruppe darf die erlegten Tiere nicht auf die übliche Weise zerteilen, sondern muss dabei möglichst schonend verfahren.

Was das Tötungs- und Speiseverbot anbetrifft, so tritt ein solches nur zeitweise in Kraft, nämlich beim Abhalten der totemistischen Kulte. So ist es z.B. nach Ablauf der mayo-Zeremonien, die ja ursprünglich einen Kokoskult darstellen, das Pflücken und Sammeln der gefallenen Kokosnüsse während einiger Zeit untersagt. Stets werden die Kokosbestände des Verstorbenen mit Tabu belegt; im Innern sind es die Sagopflanzungen. Vermutlich hängt auch diese Sitte ursprünglich mit dem

Totemismus zusammen, denn zeitweise, wenn auch selten, kommt es vor, dass man nach dem Tode einer angesehenen Person auch andere Genussmittel, die zur Totemgruppe des Verstorbenen gehören, für einige Zeit mit Tabu belegt. Gehört beispielsweise der Verstorbene zur Arecagruppe, so werden zuweilen auch diese Palmen tabuiert, gehört er zur Fischgruppe, so ist es während einiger Zeit verboten, Fische zu fangen. Ist die Zeit des Tabu vorbei, so wird dieses anlässlich einer kleinen Feier aufgehoben und zwar in der Regel durch die Kinder des Verstorbenen oder dessen Familie, die auch als erste die verbotene Speise wieder essen dürfen.

Da man mit dem Totemobjekt verwandt ist, so glaubt man auch an einen eigentlichen Austausch der verwandten Seelenkräfte, was insbesondere bei den verschiedenen Riten und Kulten zum Ausdruck kommt. Diese Kulte sind ursprünglich nichts anderes wie Fruchtbarkeitszeremonien, mit stark erotischem Charakter, welche auf die Erhaltung und Vermehrung des Totemobjektes abzielen, also ganz den australischen Intichiuma-Zeremonien entsprechen.

So kennt man einen Kokoskult (mayo), einen Schweinekult oder einen Feuerkult (rapa), der eigentlich den Zweck hat, das Feuer vor dem Ausgehen zu bewahren, bzw. dass die von den Vorfahren übernommene Kunst des Feuerbohrens (rapa) nicht in Vergessenheit gerate. Bei allen diesen Kulten spielen erotische Momente mit hinein, denn gemäss den Mythen war die Hervorbringung der Naturobjekte stets mit sexuellen Handlungen verknüpft gewesen.

Man glaubt auch mit seinem Totemobjekt, im Falle es sich um ein Tier handelt, verwandte oder entsprechende Eigenschaften zu besitzen. Die zum Kasuarklan gehörenden glauben beispielsweise ausdauernde Läufer zu sein, oder die Vertreter des Hundetotemklans einen sehr feinen Spürsinn zu besitzen.

Weiterhin sucht man vielfach auch mit seinem Totemobjekt eine gewisse Übereinstimmung und Identität zu erzielen. Dies äussert sich vor allem in der Wahl und der Anordnung des Schmuckes, im Material, das zur Herstellung des Schmuckes dient und sehr oft den Totemtieren oder Pflanzen entnommen wird, und schliesslich auch in der Haartracht. Schon bei kleinen Kindern wird auf dergleiche Analogien geachtet und ist es beispielsweise bei den Marind-anim Sitte, dass das Kopfhaar bei den Kindern einer jeder Gruppe in ganz besonderer Weise geschnitten wird, und man in den Frisuren eine Analogie mit dem Totemtier erblickt. Von grösster Bedeutung ist schliesslich auch die Bemalung des Gesichtes, die der Nachahmung der Totemtiere gleichfalls einen weiten Spielraum gestattet.

Das nördliche Küstengebiet

Das Gebiet ist dadurch charakterisiert, dass die Stämme in eine Anzahl von Gruppen und häufig auch Untergruppen zerfallen, die totemistisch organisiert sind. Bei den Numforesen und Biakern, über die wir am besten unterrichtet sind, werden diese Gruppen und auch die Untergruppen keret genannt. Weiter westwärts lautet die entsprechende Bezeichnung dieser sozialen Gruppen gelet: „Die zu einem keret gehörenden Glieder fühlen sich eng mit einander verbunden. Dieses Zusammengehörigkeitsgefühl ist so stark, dass man den Eindruck bekommt, als fühle sich der Biaker in erster Linie als Glied eines gewissen keret, und erst hierauf als Individuum."

Die Glieder eines keret wohnen meistens zusammen in einem, höchstens aber zwei nebeneinander stehenden Häusern. Der keret ist meistens auf kommunistischen Grundlagen aufgebaut. Solange jemand überflüssige Nahrung hat, wird er diese mit seinen keret-Genossen teilen. Wohl hat jedes Individuum seine privaten Besitzungen, aber auf diese kann der keret, so nötig, Beschlag legen, falls es sich um allgemeine Interessen der keret-Genossen handelt. Brautschatz, Bussen und neuerdings auch Steuern werden ebenfalls gemeinschaftlich aufgebracht. Hierbei ist jedoch niemals von Zwang die Rede. Jedes Glied eines keret fühlt sich moralisch verpflichtet, seinen Anteil beizusteuern, falls das keret-Oberhaupt solches verlangt. Weiterhin besteht unter den zu einem keret gehörenden Personen eine gemeinschaftliche Verantwortung. Der gesamte keret muss die Folgen tragen für jede Handlung, die eines seiner Glieder beging. Auf diese Weise stellt eine Person, die eine strafbare Handlung begeht, den ganzen keret an Strafe und Rache bloss.

Bei den Numforesen findet sich dieselbe Organisation wie bei den Biakern. Sie gliederten sich anfänglich in vier Hauptgruppen, die nach der Überlieferung aus vier Häusern hervorgingen und auch nach diesen benannt wurden. Es sind dies: Rumberpon (das erste Haus), Rumansrar (das mittlere Haus), Rùmberpur (das letzte Haus) und Angradifu. Aus den Benennungen der drei ersten Häuser dürfte hervorgehen, dass das letzte Haus erst nachträglich hinzukam. Diese vier Gruppen bilden zusammen einen Stamm und besassen ursprünglich als gemeinsames Totem eine Schlangenart. Die Schlange bildet auch heute noch das Hauptmotiv der numforesischen und biakschen Kunst und wird allgemein als Nahrungsmittel gemieden. Letzteres gilt auch vom Leguan.

Pflanzentotem sind viel seltener wie Tiertotem (auf vielen mohammedanischen und zum Christentum bekehrten Inseln hat sich die totemistische Bedeutung der Tiere nur noch im Essverbot erhalten) und dann sind es durchaus nicht immer Nutzgewächse, sehr oft auch wildwachsende Bäume und Kräuter, die als Totem der einen oder anderen Gruppe auftreten. Erwähnen will ich hier bloss ein Beispiel eines Pflanzentotem, das insofern von Interesse sein dürfte, als es beweist, dass auch fremde Objekte zum Totem erhoben werden können und von den Eingeborenen ins totemistische System eingegliedert werden. Es ist dies der Reis. Nach der Überlieferung soll die Ahnfrau der Gruppe zwei Reiskörner geboren haben. Diese pflanzte man. Ehedem kannte man den Reis nicht.

Auch die Gestirne können Totem sein. Weiterhin Steine, anstehende Felsen und seltsame Bodenbildungen, die für eine gewisse Gegend oder Lokalität charakteristisch sind. Wo die Gruppe ursprünglich ansässig war, da haben sich bei gewissen charakteristischen Tieren, Pflanzen und Bodenbildungen des Wohngebietes entsprechende totemistische Beziehungen herausgebildet. Man betrachtete sich zu dem betreffenden Objekt besonders nahestehend und auch durch gemeinsame magische Kräfte mit ihnen verbunden. Alles sind Bildungen der Ahnherren.

Bei sämtlichen Stämmen der Nordküste spielen die Gestirne, namentlich aber die Sonne und der Mond, eine hervorragende Rolle. Ob man hierin tatsächlich einen ehemaligen Sonnen- und Mondkult zu erblicken hat, wie von verschiedenen Seiten mit Sicherheit angenommen wird, soll hier dahingestellt bleiben. Tatsächlich geniesst die Sonne mancherorts als höchstes Wesen heute noch göttliche Verehrung, und was den Mond anbetrifft, so ist man ganz allgemein der Ansicht, dass er auf alles einen Einfluss ausübe. Infolgedessen richtet man sich bei allen wichtigen Anlässen und Vorhaben nach der Phase des Mondes. Im Auf- und Untergang der Sonne, noch mehr aber im Wachsen und Abnehmen des Mondes sehen die Biaker ein Gegenstück des menschlichen Lebens. Von Sonne und Mond wurden in früherer Zeit auch Effigien verfertigt, welche die Kulthäuser und die Geisterhäuser im östlichen Küstengebiet zierten. Die Numforesen verfertigten auch Mondeffigien bei gewissen Wachstumsriten. Beim Tanz trugen sie auch kleine, von Lontarblättern verfertigte Mondeffigien im Haar oder verzierten die

Kämme mit solchen. Auch die Kenntnis der Sterne und Sternbilder ist bei diesen Stämmen wohlausgebildet und dürfte auch mit der grossen Beweglichkeit der Eingeborenen auf dem Wasser und ihrer Wanderlust zusammenhängen.

Bei den Numforesen und Biakern, sowie den anderen Stämmen der Nordküste, besitzt eine jede Gruppe ihr Stammelternpaar. Man bildete diese Stammeltern der verschiedenen totemistischen Gruppen früher in Holz nach. So waren z.B. die bekannten Kulthäuser auf Pfählen erbaut gewesen, an denen die Ahnen der verschiedenen Gruppen zur Darstellung gebracht waren. Auch im Innern des Kulthauses waren die Stammeltern zu sehen gewesen. Das Totem wird von den Eingeborenen der Nordküste ganz allgemein als Grossvater oder Ahne, seltener auch als Bruder bezeichnet.

Das Verhalten dem Totem gegenüber ist längs der ganzen Nordküste dasselbe. Das Totemtier darf weder getötet, noch gegessen, auch nicht (absichtlich) gefangen, noch verwundet werden. Fängt jemand zufällig einen Fisch, der sein Totem ist, so muss er den Fang an einen Vertreter einer anderen Gruppe abliefern, oder aber wegwerfen. Auch seiner Gattin darf er den Fang nicht aushändigen, obschon diese ja zu einer anderen (totemistischen) Gruppe gehört. Das Totemtier, die Totempflanze ist tabu. Sehr oft hört man auch die Aussage, dass die Gattin das Totem des Mannes und der Mann das Totem der Frau nicht essen darf, und desgleichen müssen auch die Kinder das mütterliche Totem meiden, obschon längs der ganzen Nordküste und auch in den Molukken Vaterfolge herrscht.

Übertritt man ein Verbot, so schwillt der Bauch auf und bösartige Krankheiten stellen sich ein. Tabu ist beispielsweise der Platz, wo Blut eines Angehörigen geflossen ist, tabu sind auch Speisen, welche der Mörder eines Familienmitgliedes berührt hat. Früher soll man auch die Kokosnuss nicht gegessen haben, da sie einer mythologischen Überlieferung nach aus einem Schädel entspross. Dieselbe Erzählung findet sich bekanntlich bei sehr vielen Stämmen auch ausserhalb Neu-Guineas wieder. Von den Bewohnern von Wariap wird erzählt, dass sie keinen Reis essen, weil in der Plazenta einer Ahnfrau eine Reisähre gefunden wurde.

Hingegen dürfen Federn von Totemvögeln und Felle von Totemtieren als Schmuck verwendet werden. Vielerorts werden solche sogar als Abzeichen getragen. Damit sucht man eben eine gewisse Übereinstimmung mit dem Totemtier zu erzielen. Desgleichen dürfen auch Knochen vom Totemtier anstandslos zu Geräten verarbeitet werden. Mancherorts haben die verschiedenen Gruppen auch bestimmte Zeichen, die sie sich auf die Stirne, die Oberarme oder den Rücken tätowieren lassen. Bei Pflanzentotem besteht das Speiseverbot ebenfalls, insofern es sich nicht um unentbehrliche Nahrungsmittel (Sago, Taro) handelt.

Totembäume dürfen auch nicht gefällt werden, das Holz nicht verbrannt und zu nichts verwendet werden. Das Anfertigen von Geräten und Waffen aus dem Holz einer Totempflanze muss man daher den Vertretern anderer Gruppen überlassen, sie von ihnen beziehen. So dürfen z.B. die Wariangi den Bambus und auch die Pandanuspalme nicht schneiden und zu nichts verwenden, da beide Totem dieser Gruppe sind.

Wer die Tabuvorschriften nicht einhält, wird krank. Wenn man das Totemtier tötet oder fängt, oder sich mit einer Totempflanze zu schaffen macht, so hat die Berührung mit den Händen eine Hautkrankheit oder ein Abschälen der Haut zur Folge, und wenn man das Totemtier oder Totemgewächs isst, so ist es für den Vertreter der betreffenden Gruppe unverdaubar; es richtet sich im Magen wieder auf, und werden infolgedessen die Eingeweide und Gedärme erkranken. Übertretungen kommen infolgedessen nur selten vor, geschehen jedenfalls so gut wie niemals absichtlich; doch führt man die Krankheit häufig auf unbewussten Genuss oder böswilliges Verabreichen der Totemspeisen zurück.

Soziale und totemistische Organisation

Die soziale Gliederung der Stämme im Gebiet der Humboldt-Bai beruht auf der Sitte, dass die Kinder gleich bei der Geburt, je nach Herkunft der Mutter, einer bestimmten Klasse oder Gruppe zugeteilt werden. Bei dieser Klassifizierung ist also der Herkunftsort der Mutter ausschlaggebend. Jedes Kind wird, je nach der Herkunft seiner Mutter, in eine bestimmte Gruppe hineingeboren. In dieser bleibt es bis zum Tode. Ein Austreten aus seiner Gruppe, und ein Eintreten in eine andere, ist nicht möglich. Ich glaube nicht fehl zu gehen mit der Annahme, dass diese Organisation ursprünglich für die Heiratsregelung von Bedeutung war. Sie musste aber ihre Bedeutung verlieren, wie die Leute ihr ursprüngliches Wohngebiet verliessen und sich im Gebiet anderer Stämme ansiedelten. Und solches muss hier im Grenzgebiet nicht bloss einmal, sondern während einer längeren Periode andauernd der Fall gewesen sein. Auch heute sind solche Wanderungen nicht abgeschlossen. Sie scheinen selbst, seitdem eine geregelte Schiffsverbindung besteht, mehr als früher vorzukommen. Die Stämme von Neu-Guinea sind vaterrechtlich organisiert. Dennoch scheint sich diese Organisation im Gebiet der Humboldt-Bai aus einer mutterrechtlichen Verfassung herausentwickelt zu haben.

Steinkult der Sentanier

Begeben wir uns nach dem Sentani-See im Süden der Humboldt-Bai. Ich fand hier Spuren, dass ein Totemismus einstmals vorhanden war, aber infolge der Wanderungen und bei der Aufsuchung eines neuen Wohngebietes vollständig verloren ging. Vermutlich war mit diesen Wanderungen auch eine weitgehende Zersplitterung des Stammes verknüpft gewesen, wodurch sich das Verlorengehen der ursprünglichen totemistisch-sozialen Organisation noch deutlicher begründen lässt. Man vermeidet nämlich noch überall die grossen Seefische zu essen. Dieses Speiseverbot muss aber entschieden aus einer früheren Periode herrühren, wo die Leute noch am Meer ansässig gewesen waren.

Die soziale Gliederung der Bewohner des Sentani-Sees und der benachbarten Stämme ist dieselbe, wie wir sie im Gebiet der Humboldt-Bai kennen gelernt haben. Die Klassenbildung beruht auch hier auf dem Umstand, dass die Kinder nach der Herkunft der Mutter, die auch hier aus dem eigenen oder einem fremden Stamm abkünftig sein kann, in eine bestimmte Gruppe hineingeboren werden.

In einer früheren Publikation habe ich bereits auf eine besondere Form der Verehrung gewisser Steine und anderer Objekte hingewiesen, welche nicht bloss den Sentaniern, sondern auch allen benachbarten Stämmen bekannt sind. In einem gewissen Alter, wenn die Haare bereits zu ergrauen beginnen, glaubt ein jeder Mann von einem bestimmten Geist aufgesucht zu werden. Dieser Geist kommt nachts auf das von ihm erwählte Medium nieder; d.h. er geht wie die Eingeborenen sagen, durch die Zehen und Beine in den Körper ein. Das Medium wird besessen und redet Dinge, die ihm der Geist eingibt. Meistens befällt auch den Körper ein heftiges Zittern, das einige Zeit anhält. Zu einer eigentlichen Ekstase wird es aber wohl nur in vereinzelten Fällen kommen. Der Mann legt auch seinen bisherigen Namen ab und benennt sich fortan nach dem Geist (uaropo), der in ihn eingegangen ist. Für die betreffende Person beginnt nun ein neuer Lebensabschnitt. Sie ist von nun an gewissermassen selbst uaropo, denn mit dem Geist bleibt sie bis zu ihrem Lebensende in unlöslichem Kontakt und ist durch ihn in den Besitz von Kräften gelangt, die sie zur Verrichtung von allerhand magischen Handlungen fähig macht.

Es bleibt natürlich nicht bei diesem einen Besuch des Geistes. Das Niederkommen des Geistes wiederholt sich vielmehr, je älter die betreffende Person wird, um so häufiger, findet aber stets nur nachts statt. Auch vermag sie fortan den Geist selbst zu zitieren und auf sich niederkommen zu lassen. Dies geschieht vor allem durch (übermässigen) Genuss von Masoirinde. Wenn der Geist zum erstenmal auf sein Medium niederkommt, soll er ihm, wie man sagt, selbst Masoirinde verabreichen und dann auch seinen Namen zu wissen geben. Der niederkommende Geist ist ein für andere Leute unsichtbares Wesen. Dem Medium aber erscheint er, nach einstimmiger Aussage, stets in menschenähnlicher Gestalt.

In den allermeisten Fällen ist er als Stein verkörpert, oder er beseelt einen anstehenden Felsen, hält sich in einer Felsspalte, einer Grotte, oder unter überhängenden Felsen auf. Auch im See, in den Bächen und Sümpfen gibt es allenthalben uaropo. Viele denkt man sich auch in Gestalt von Tieren, wie Schlangen, Krokodile, Schweine. Auch können grosse Bäume von uaropo beseelt sein.

Wenn ein gewisser Geist zum erstenmal über eine Person kommt, so sucht sich diese zu erinnern, wo sie sich in den letzten Tagen aufgehalten hat, ob sie nicht unbewusst oder absichtlich die Stätte eines uaropo betreten habe. Sie erinnert sich meist, dass dies wohl der Fall gewesen war, denn solche Stellen gibt es allenthalben, auch in der nächsten Nähe der Siedlungen in grosser Anzahl. Von diesem uaropo glaubt man auch als Medium erwählt worden zu sein.

Mit seinem Geist steht der betreffende Mann von nun an in engem Kontakt, der bis zum Tode nicht gelöst wird. Er betrachtet sich fortan auch als dessen Schutzherrn und begibt sich bei gewissen Anlässen nach der Stelle, um gewisse magische Handlungen zu vollziehen. Mit derartigen uaropo, welche auch als eigentliche Schutzpatrone der Siedlung angesehen werden, stehen vor allem die Häuptlinge in Kontakt. Infolgedessen ist es auch stets ihre Sache, das Ritual zu vollziehen.

Zu den im Interesse der Gesamtheit stehenden uaropo gehören vor allem gewisse Steine, die als Schweine-uaropo, Sago-uaropo, Taro-uaropo, Pfeil-uaropo usw. angesehen werden. Man darf sich aber durchaus nicht vorstellen, dass die Steine irgendwelche Ähnlichkeit mit dem genannten Objekt hätten. In vereinzelten Fällen kann dies freilich zutreffen, wenn z.B. ein Sagostein die Ähnlichkeit und das Aussehen von einem Stück frischen, ausgewässerten Sago hat. Auch tritt der Geist durchaus nicht als ein Schwein, eine Sagopalme oder als Pfeil in Erscheinung. Doch wird z.B. von einem Pfeil-uaropo gesagt, dass neben dem Stein gelegentlich kleine Pfeilchen aus dem Boden kommen sollen. Die Bezeichnung Schweine-uaropo, Sago-uaropo etc. verdanken die Steine vielmehr ihrer Eigenschaft, die betreffenden Objekte beeinflussen zu können. Man ist der Ansicht, dass sie die Fruchtbarkeit gewisser Nutzgewächse und den Ertrag der Pflanzungen zu erhöhen vermögen.

Es gibt weiterhin Steine, die, wenn man sie beschwört, Regen spenden können; andere halten Gewitter ab. Zu den letztgenannten gehören vor allem Bergkristalle, die man als Blitz-uaropo bezeichnet. Solche Steine finden sich in nahezu sämtlichen Siedlungen des Sentani-Gebietes. Es gibt grosse Steine, die frei herumliegen und kleine, die man sorgfältig gesammelt hat und in einem kleinen Hüttchen aufbewahrt, jetzt auch häufig unter grossen Bäumen. Eigentliche Opfer werden diesen uaropo nicht angeboten, aber wenn man ein grosses Tier (Schwein, Krokodil oder Kasuar) erlegt, so darf man die Knochen nicht einfach wegwerfen. Man legt sie vielmehr zu einem grossen Stein. Auf diese Weise glaubt man sich auch fernerhin Jagdglück zuzusichern. Würde man hingegen die Knochen und vor allem den Schädel eines erlegten Tieres einfach wegwerfen, so würde man ein solches auch in Zukunft nicht mehr erlegen.

Von den meisten dieser Steine wird berichtet, dass sie einzeln oder alle zusammen in einem Topf vom Himmel gefallen seien. Mit dieser Überlieferung hängt auch zusammen, dass sich unter diesen Steinen häufig auch Topfscherben befinden. Oftmals werden sie auch in einem ganzen Topf aufbewahrt. Sie sind selten in der Einzahl vorhanden. Oft sind es ihrer sehr viele. Man pflegt dann gelegentlich auch je nach der Grösse, männliche und weibliche Steine sowie Kinder zu unterscheiden, entsprechend der ganzen Familie des uaropo. Andere Steine von grösserer Dimension, die frei herumliegen, denkt man sich hingegen aus der Erde hervorgekommen. An manche knüpfen sich auch lange Märchen über deren Ursprung an.

Hermann Niggemeyer

Totemismus in Indien

Der indische Totemismus ist bisher für die Bearbeitung und Klärung des Totemismusproblems schlechthin unfruchtbar geblieben, obgleich Indien neben Australien und Nordamerika zu den Gebieten der Welt gehört, in denen sich der Totemismus am stärksten erhalten hat. Doch nimmt der indische Totemismus unter den totemistischen Gebieten der Welt eine Sonderstellung ein. Indien ist das einzige Land mit stark ausgeprägtem Totemismus, das durch Jahrtausende unter dem Einfluss einer Hochkultur gestanden hat. Dadurch haben die totemistischen Verhältnisse Indiens eine ganz bestimmte Note erhalten. Bei verschiedenen Völkern ist der Totemismus zum Teil noch durch keine jüngeren Kulturformen überdeckt und bis auf den heutigen Tag die Grundlage der Gesellschaftsgliederung geblieben. In den Gebieten jedoch, in denen die indische Hochkultur wirksam geworden ist, und in denen europäischer Einfluss die alten Verhältnisse noch weiter zersetzt hat - besonders in den Küstengebieten und den leichter zugänglichen Teilen des Inneren -, da hat ein Verfall der alten totemistischen Formen eingesetzt. Der Grundgedanke des Totemismus ging verloren, die totemistischen Erscheinungen degenerierten zu reinen Äusserlichkeiten und es kam unter dem Einfluss der Hochkultur zu Neuschöpfungen und zu sekundären Umbildungen der alten totemistischen Verhältnisse.

Soziologie des indischen Totemismus

Um die Stellung des Totemismus innerhalb der Gesellschaftsordnung Indiens richtig zu erfassen, ist ein kurzer Überblick über die gesellschaftliche Gliederung der indischen Bevölkerung notwendig. Abgesehen von den jüngeren Umschichtungen der indischen Gesellschaft unter

151

mohammedanischem und europäischem Einfluss, die für unser Problem von keinerlei Bedeutung sind, zerfällt die Bevölkerung Indiens in Kasten und Stämme. Man versteht unter Kaste eine Gruppe von Familien, die einen gemeinsamen Namen trägt. Dieser Name bezeichnet in der Regel ein Gewerbe oder ist mit einem solchen verbunden. Die Mitglieder einer Kaste stammen von einem gemeinsamen, mythischen menschlichen oder göttlichen Ahnen ab. Sie sind verpflichtet, das gleiche Gewerbe zu ergreifen. Die Kaste ist streng endogam. Kastenzugehörigkeit kann im allgemeinen nicht erworben werden, sondern vererbt sich von den Eltern auf die Kinder. Ausserdem sind mit der Kaste noch eine Reihe sozialer und religiöser Sitten und Gebräuche verbunden, so Bestimmungen über den Verkehr, der nur mit Kastenmitgliedern erlaubt ist, ferner die Verehrung der gleichen Kastenheiligen, die Feier gemeinsamer Feste, gemeinsame Trauerzeremonien und anderes mehr. Erwähnt sei noch, dass jede Kaste eine gewisse Jurisdiktion ausübt, jedoch nur über ihre Mitglieder, die sich etwa gegen die Kastenvorschriften vergangen haben. Diese Jurisdiktion liegt in den Händen des Kastenrates.

Diese Kasten zerfallen wieder in eine ganze Reihe Unterkasten, die meistens regionale Namen tragen. Innerhalb dieser Unterkasten bestehen weitere Untergruppen, die in den verschiedenen Gegenden, je nach der Sprache, mit verschiedenen Namen bezeichnet werden, für die heute jedoch die Bezeichnung Gotra (Familie, Familienname) allgemein ist.[1] Diese Gotras sind im Gegensatz zu den Kasten streng exogam, d.h. ihre Mitglieder müssen sich ihre Frau aus einer anderen Gotra holen, die jedoch derselben Unterkaste und Kaste angehören muss. Die Gotras sind häufig nach geographischen Namen benannt, nach Spitznamen der (wirklichen oder mythischen) Ahnen oder nach Beschäftigungen und Gewerbe. Bei einigen Kasten sind alle oder ein grosser Prozentsatz der Gotras totemistisch, d.h. sie sind nach Tieren, Pflanzen, Gegenständen usw. benannt, zu denen die Mitglieder der Gotra in irgendeinem mystischen Verhältnis stehen.

In diese Kastenorganisation ist der grösste Teil der Bevölkerung Indiens eingeordnet. Zum mindesten sind alle Hindus Angehörige irgendeiner Kaste, und das sind schon mehr als zwei Drittel der Gesamtbevölkerung. Aber auch die Mohammedaner haben sich der Kastenidee nicht ganz entziehen können, auch bei ihnen besteht eine kastenähnliche Organisation. Nur ein geringer Teil der Inder ist dem Kastenwesen nicht oder noch nicht verfallen. Das sind die Stämme Nordost-, Zentral- und Südindiens, die bis heute noch die alte Stammesorganisation bewahrt haben. Risley definiert einen Stamm in Indien als eine Gruppe von Familien, die einen gemeinsamen Namen trägt, gewöhnlich von einem mythischen oder historischen Ahnen abstammt, meist die gleiche Sprache spricht und einen gewissen Landstrich besitzt. Ein Stamm ist nicht notwendig endogam.

Der wesentliche Unterschied zwischen Kaste und Stamm besteht darin, dass ein Stamm nicht den Namen eines Gewerbes trägt und auch nicht mit einem solchen verbunden ist, dass der Stamm keinen Platz innerhalb der sozialen Stufenleiter des Kastenwesens einnimmt, sondern ganz ausserhalb des Kastensystems steht. Ein Stamm bewohnt allein oder nahezu allein ein ganz bestimmtes Gebiet, die Kaste nimmt dagegen grössere Räume ein, und zwar derart, dass in einem Gebiet mehrere Kasten nebeneinander siedeln. Der Stamm steht im Gegensatz zu den meisten Kasten kulturell durchaus selbständig da. Die Sprache ist in den meisten Fällen Eigentum des Stammes, der Stamm hat seine eigenen Sitten und Gebräuche und seine eigene Religion, die in den meisten Fällen noch heute selbständig neben dem Hinduismus und unbeeinflusst von ihm besteht. Der Stamm bildet eben im Gegensatz zur Kaste eine ethnische und kulturelle Einheit. Eine hierarchische Gliederung ist den echten Stämmen, die sich ihre kulturelle Sonderstellung noch erhalten konnten, unbekannt.[2]

So viele Unterschiede im allgemeinen auch zwischen Stämmen und Kasten bestehen mögen, in einer sehr wichtigen soziologischen Tatsache stimmen sie überein. Auch die Stämme zerfallen in ihrer überwiegenden Mehrzahl (vor allem in Nordost- und Zentralindien) wieder in exogame Untergruppen. Einige dieser Untergruppen sind ähnlich wie manche exogame Gotras der Kasten nach geographischen Bezeichnungen, Titeln und ähnlichem benannt. Die meisten exogamen Stammesuntergruppen tragen jedoch die Namen von Tieren, Pflanzen, Objekten usw., und häufig wird irgendeine Geschichte, eine Mythe, überliefert, welche die mystische Verbundenheit der Gruppe mit ihrem Tier oder Pflanze erklären soll. Auch hier tritt also, ebenso wie bei den exogamen Untergruppen mancher Kasten, der Grundgedanke des Totemismus, das Sichverbundenfühlen mit einem belebten oder unbelebten Gegenstande, hervor.

Aus dieser Übersicht über die Gliederung der indischen Gesellschaft geht also mit genügender Deutlichkeit hervor, dass sich bei einer Reihe von Stämmen und Kasten totemistische Erscheinungen finden. Und zwar sind nicht die Kasten (oder Unterkasten) und Stämme als solche die Träger des Totemismus. Der Totemismus tritt immer nur in Verbindung mit den exogamen Gotras (bei den Kasten) und den exogamen Untergruppen (der Stämme) auf. Und diese Klans (wie die exogamen Untergruppen bei Kasten und Stämmen zusammenfassend genannt sein sollen) sind im engeren Sinne die Träger des Totemismus in Indien.

Es ist wahrscheinlich, dass einerseits das Prinzip der endogamen Untergruppe ein verhältnismässig junges Element in der gesellschaftlichen Entwicklung Indiens ist, das erst spät in die totemistische Gliederung der Stämme und Kasten eingriff und diese modifizierte, und dass anderseits durch die Stämme und Kasten, die keine endogame Einteilung zeigen und die ungeteilt in exogam-totemistische Klans zerfallen, ein älterer Zustand repräsentiert ist. Daraus lässt sich wohl entnehmen, dass einst die einfache Gliederung der Stämme ohne endogame Einteilung viel weiter verbreitet war als heute. Die Ansicht, dass diese atomische Gliederung[3] das Ursprüngliche ist, wird noch dadurch verstärkt, dass gerade die primitivsten und von fremden (vor allem hochkulturlichen) Einflüssen unberührtesten Stämme diese Einteilung aufweisen.

Dass sich eine endogame Gruppe den anderen gegenüber als überlegen ansieht, ist eine Erscheinung, die sich auch bei anderen Kasten noch des öfteren findet. Gerade die Selbstüberhebung derjenigen, die sich selbst für reiner und höherstehend ansehen, gibt uns eine ausgezeichnete Handhabe zur chronologischen Einschätzung für diese Art der Zweiteilung der Stämme. Gerade für das ganz entwickelte Kastensystem ist diese Anschauung typisch. Nur die Kinder, die aus einer dem Kastenendogamiegesetz entsprechenden Ehe hervorgehen, werden als vollwertige Mitglieder der indischen Gesellschaft angesehen. Kinder aus Mischehen gelten als minderwertig und gehören einer niederen Kaste an, wenn sie nicht gar zu den Kastenlosen gerechnet werden. Dieser gleiche Geist spricht aus der Einteilung eines Stammes in „Echte" und „Unechte" oder ähnlichem. Wir gehen nicht fehl, wenn wir jene Einteilung als erst unter dem Einfluss eines extrem ausgebildeten Kastensystems entstanden erklären, also als eine verhältnismässig junge Erscheinung in der Gesellschaftsbildung Indiens ansehen.[4]

Totemismus in Assam

Eine besondere Besprechung erfordert der Totemismus in Assam. Hier sollen die Völkerstämme Assams insoweit berücksichtigt werden, als sie geographisch und ethnographisch zum vorderindischen Raum gehören oder in Wechselbeziehungen zu den Kulturen Vorderindiens getreten sind. Andere Völkerschaften, die - wie die Naga - sich ethnographisch mehr Hinterindien anschliessen, werden nicht einbezogen. Der Totemismus erscheint in Assam teilweise in eine ganz sonderbare Gesellschaftsorganisation eingebettet. Die Garo in den Garobergen kennen grosse geographische Einteilungen des Stammes; nebenher zerfallen sie noch in drei exogame Phratrien, die aber keine Beziehung zum Totemismus aufweisen. Die kleinste Gesellschaftsgruppe der Garo ist die Muttersippe (machong), in der Mutterrecht herrscht, d.h. die Kinder gehören zur Sippe der Mutter. Einige dieser Muttersippen nun sind totemistisch: Es herrscht die Anschauung, von irgendeinem Tier abzustammen, aber immer durch die Frau. Diese totemistischen Muttersippen sind auch exogam. Risley gibt Affe, Pferd, Bär, Maus, Eidechse, Frosch, Kürbis und eine Anzahl Bäume als Totem der Garo an.

Die Khasi in den Khasibergen sind in eine Anzahl von Klans aufgeteilt, die sich auf eine gemeinsame Ahnfrau zurückführen. Die Kinder gehören zum Klan der Mutter, es herrscht Mutterrecht. Einige der Klans scheinen totemistisch zu sein, sie sind nach Tieren und Pflanzen (Affe, Krabbe, Kürbis) benannt, die früher wahrscheinlich auch tabuiert wurden. Heute werden die Tabugebote nicht mehr geübt. Weitere Spuren von Totemismus gehen aus den Meidungsgeboten einer Reihe von Khasi-Klans hervor, die heute jedoch ohne Beziehung zu dem Namen der Klans und ohne sonstige totemistische Anschauungen beobachtet werden. Im Zusammenhang mit dem Totemismus der Khasis mag ein Bericht erwähnt sein, der von einer Seelenwanderung der Khasis berichtet: „The Khasis believe on metempsychosis or transmigration of souls. After death, human beings are transformed into monkeys, crabs, tortoises, frogs...“[5]

Bei den Lalung, den Nachbarn der Khasis, ist der Totemismus in noch stärkerem Masse nur in Rudimenten vorhanden. Der Stamm ist in exogame Klans aufgeteilt, die wieder in kleinere Untergruppen zerfallen, die nach Bambus, Bergspitze oder Salz benannt sind. Nach der Vermutung Frazers ist dieser Name von der Anschauung abzuleiten, der Ahnherr sei auf dem Berge, in der Salzschachtel usw. geboren. Der einzige deutlichere Rest von Totemismus bei den Lalung ist ein Klan, der nach dem weissen Kürbis benannt ist, der diese Pflanze nicht essen, anbauen und nicht einmal berühren darf. Bei den Kachari in Nordassam zeigen einzelne der exogamen Klans ebenfalls Spuren von Totemismus. Ein Klan ist nach der Areka-Palme benannt, die Angehörigen des Tiger-Klans trauern, wenn sie vom Tode eines Tigers hören.

Soviel über die Verbreitung des Totemismus im westlichen Teile Assams. Fürer-Haimendorf neigt der Ansicht zu, dass auf dem Boden Hinterindiens einmal ein der totemistischen Kultur der Südsee ähnlicher Kulturkomplex bestanden hat. Er weist auf die auffallende Erscheinung hin, dass der Totemismus in Assam bei so verschiedenen Völkern auftritt, wie den östlichen Naga, die das älteste heute fassbare Bevölkerungselement in dem Bergland zwischen Brahmaputra und Chindwin darstellen, den zur tibeto-birmanischen Bodo-Gruppe gehörigen Kachari, Garo und Lalung und den Khasi, die eine austroasiatische Sprache sprechen. Er denkt an die Möglichkeit, dass diese verschiedenen Gruppen die totemistischen Erscheinungen von einer gemeinsamen Unterschicht übernommen haben könnten, die eine rein totemistische Kultur oder eine mutterrechtlich-totemistische Mischkultur gewesen sein könne. Ich stimme der Ansicht Fürer-Haimendorfs zu, dass eine relativ junge Übertragung des Totemismus aus Vorderindien kaum anzunehmen ist, da die in grösster Abgeschlossenheit lebenden östlichen Naga die kräftigsten totemistischen Züge aufweisen.

Wesensart des Totems

Die genaue Festlegung der Wesensart des Totems, d.h. ob das Totem ein Tier, eine Pflanze, ein Gegenstand, eine Himmelserscheinung u.ä. ist, ist für das Gesamtproblem des Totemismus von Wichtigkeit. Die Feststellung dieser Tatsachen gibt uns ein Mittel an die Hand, zur Erkenntnis des Wesens des Totemismus überhaupt vorzudringen. Denn die Erscheinungsformen des Totemismus, vor allem die Meidungsgebote, werden sich ganz anders dort auswirken, wo Pflanzentotems vorkommen, als etwa dort, wo überwiegend Tiertotems verbreitet sind. Die Entscheidung, welche Art von Totems die ursprüngliche ist, wird bei der Frage nach der Entstehung dieser eigenartigen Erscheinung von Wichtigkeit sein.

Für die meisten der totemistischen Gruppen sind nur einige Beispiele für die Namen der Totemklans gegeben. Da die Totemgruppen in Indien meist recht zahlreich sind, hat der betreffende Forscher nur eine beliebige Auswahl aus den vorhandenen Totems berichtet, meist Tiere und Pflanzen. Nur von verhältnismässig wenigen Kasten und Stämmen sind sämtliche vorkommende Totems bekannt, so dass wir diese zur Beantwortung unserer Frage heranziehen können.

Das erste der Gebiete - Chota Nagpur - ist ein Gebiet mit vorherrschenden Tiertotems. Mit Sicherheit lässt sich aber die Grenze des Verbreitungsgebietes nicht festlegen. Allerdings sind die angegebenen Beispiele vorwiegend Tiere, bei einigen Kasten sogar nur Tiere. Doch lassen sich bis jetzt bei keinem einzigen Stamm ausschliesslich Tiertotems nachweisen. Alle Stämme, die genauer untersucht sind, zeigen neben den Tiertotems mindestens einige Totems von anderer Wesensart, z.B. Pflanzen, Gegenstände, Himmelserscheinungen und andere. Aber das Vorkommen tierischer Totems ist nicht nur auf das eben behandelte Gebiet beschränkt. Tiertotems sind in Indien allgegenwärtig, d.h. alle Stämme und Kasten, die totemistisch sind, haben zum mindesten einige Tiertotems.

Enthoven stellte im Gebiet Bombay eine Reihe von Kasten mit zum Teil recht eigentümlich ausgeprägter Totemorganisation fest. Dabei ergibt sich die eigenartige Tatsache, dass die grösste Mehrzahl der Totems pflanzlicher Natur ist. 137 Totems sind angegeben, davon sind 82 Pflanzen, 28 Tiere, 24 leblose Gegenstände, dazu kommt noch Elfenbein, Garuda und Waagebalken. Nahezu zwei Drittel aller vorkommenden Totems sind also Pflanzen. Pflanzentotems selbst sind natürlich nicht nur auf dieses Gebiet beschränkt, sondern finden sich überall im totemistischen Indien. In Bengalen, Orissa und dem Norden der Präsidentschaft Madras, dem Gebiet mit vorherrschendem Tiertotemismus, stehen Pflanzentotems nach Zahl und Bedeutung an zweiter Stelle.

Neben diesen beiden grossen Gruppen der Tier- und Pflanzentotems treten die Totems anderer Wesensart stark zurück. Von Himmelskörpern und sonstigen Himmelserscheinungen ist die Sonne das wichtigste Totem, der Mond findet sich als Totem bedeutend seltener, z.B. bei den Bestahl in Mysore. Die Munda kennen Vollmond, Mondlicht und Regenbogen als Totems, die Santal Plejaden, die Juang Hagelkörner. Ferner ist von den Astraltotems noch der Stern bekannt. Minerale und Metalle kommen ebenfalls nur sporadisch als Totems vor, das wichtigste ist Gold, das sich im gesamten Gebiete des totemistischen Indien als Totem findet. Andere Totems dieser Art sind Silber, Eisen, Kupfer, Kristall, Salz, roter Ocker und ähnliches, die aber nur vereinzelt auftreten. Gerade diese Totems weisen vielfach auf jüngere Entstehung hin. Das gleiche gilt für die meisten Objekttotems, die in Indien jedoch verhältnismässig selten sind.

Über den Osten und Südosten der Halbinsel lassen sich wegen der Unvollständigkeit des Materials keine genauen Angaben über die Wesensart der Totems machen. Aber gerade hier treten ganz eigentümliche

Totemnamen auf, zum Beispiel: Ozean, Gewehr, Korallen, Perlen, Kuchen, Moschus, Garten, ferner Girlande, Zauberei, Schutthaufen, Insel, Farben wie Weiss und Rot, Abstrakta wie Dunkelheit, Langsamkeit und vieles andere mehr. Durchwegs kommen diese „Totems" neben echten Tier- und Pflanzentotems vor und stehen auch in der gleichen Bedeutung als Namen für einen exogamen Klan.[6]

Unter den Totemtieren und -pflanzen ist nahezu die gesamte reiche Fauna und Flora Indiens vertreten. Unter den Säugetieren kommen häufig vor: Tiger, Leopard, Elefant, Büffel, verschiedene Hirscharten, Bär, Hund, Eichhörnchen, sogar Pferd und viele andere. Besonders beliebt sind Reptilien: Schlangen (besonders die Kobra = naga, eines der verbreitetsten Totems in Indien), Schildkröte (ebenfalls ein sehr häufig auftretendes Totem), Krokodil, verschiedene Eidechsarten und anderes mehr. Vögel und Fische sind im allgemeinen nur mit der Bezeichnung „a bird", „a fish" angegeben, worunter sich aber gewiss viele Arten verbergen. Unter den Pflanzentotems ragen verschiedene Ficus-Arten, Mango, Mohua, Platane hervor, dazu kommen verschiedene Pilzarten, Gemüsesorten, sogar Reis, ferner Moose, verschiedene Arten von Wasserpflanzen, Früchte von wilden und von Kulturpflanzen, Blumen, Bäume usw. Unter den Pflanzentotems in der Präsidentschaft Bombay scheinen Bäume an erster Stelle zu stehen, und Enthoven bemerkt, dass manche Totems Bäume sind, die dem Menschen in irgendeiner Weise nützlich sind. Doch heben sich die Totems tierischer oder pflanzlicher Natur, die für den Menschen wirtschaftlich wertvoll sind, weder in Bombay noch sonst irgendwo in Indien von den gewöhnlichen Totems ab. Beide geben einer exogamen Gruppe von Menschen den Namen und werden von diesen Menschen in irgendeiner Weise respektiert oder verehrt.

Totemexogamie

Es wurde festgestellt, dass die Totemklans, die sowohl bei Stämmen als auch bei Kasten am Ende, gewissermassen an der Basis der Gesellschaftsordnung stehen, durchwegs exogam sind, und dass bei den Stämmen und Kasten mit Totemismus die Totemgruppen in der Regel die einzigen exogamen Gruppen bilden. Dies ist durchaus das Normale. Die Totemexogamie ist an keine Sprachen-, Rassen- und Kulturgrenzen gebunden, sie ist in den totemistischen Gebieten einfach allgegenwärtig, ja, die Exogamie hat sich sogar überall da gehalten, wo alle anderen totemistischen Elemente wie Tabuisierungsgebote und das Bewusstsein der lebendigen Beziehung zwischen Menschengruppe und Totem, geschwunden sind und der ganze Totemismus zu einem unverstandenen Heiratsregulierungssystem degeneriert ist.

Doch hat sich an verschiedenen Stellen und aus verschiedenen Gründen die Strenge des Exogamiegebotes etwas gelockert, wobei aber vielfach die Existenz des alten Gesetzes der Totemexogamie noch durchschimmert. Einer der Gründe für das Aufgeben der Klanexogamie ist das Zusammenschrumpfen der Gesellschaft, wodurch besonders Primitivgruppen beim Zusammenstoss mit Hochkulturen betroffen werden. Die Pahira in Chota Nagpur kennen heute nicht mehr Gebote der Klanexogamie. Es genügt heute, wenn die Heiratspartner verschiedenen Dörfern angehören oder ihre Familien verschiedene Friedhöfe benutzen. Der Zusammenstoss mit der indischen Hochkultur hatte oft auch die Folgen, dass ein Teil des Primitivstammes zum Ackerbau überging, sesshaft wurde und sich den neuen Nachbarn kulturell weitgehend anpasste. Dabei wurde dann meistens die Gesellschaftsorganisation des Totemismus durch das Kastenwesen ersetzt und damit ging natürlich das Exogamiegebot verloren. Das ist der Fall bei den Asur in Chota Nagpur und den Gadaba in Ganjam, wo beim „wilden" Volksteil der Totemismus mit Exogamie- und Tabugebot noch in voller Blüte steht, während die sesshaft gewordenen Volksgenossen den Totemismus gänzlich vergessen haben.

Die Entwicklung ist jedoch nicht bei der Neubildung von exogamen Gruppen neben den alten Totemgruppen stehengeblieben, sondern es wurde nicht selten die Exogamie der Totemgruppen völlig verdrängt und damit diese Gruppen selbst, sofern sich nicht auf anderem Gebiete (Tabugebote) Spuren der Totemgruppen erhalten haben. Bei manchen Kasten lässt sich dieser Vorgang noch genau verfolgen. Bei den Kurmi in Bihar besteht die Neigung, die Klanexogamie durch die Blutsverwandtschaftsexogamie zu ersetzen, nach welcher die Heirat innerhalb bestimmter Generationen, vom Vater oder von der Mutter aus gerechnet, verboten ist.

Auffälligerweise haben alle diese exogamen Gruppen, die sich teils neben die Totemklans, teils an ihre Stelle gesetzt haben, etwas mit Blutsverwandtschaftsexogamie zu tun, sei es, dass die Heirat innerhalb gewisser Generationen vom Vater oder von der Mutter gerechnet, verboten war, sei es, dass die Heirat innerhalb einer Sippe oder Familiengruppe als unerlaubt angesehen wurde. Diese Feststellung erinnert lebhaft an die beiden Arten von Exogamie, die Karandikar herausgearbeitet hat, einmal die Blutsverwandtschaftsexogamie, von der er Spuren in den Veden gefunden hat, dann die Gruppenexogamie, als deren ursprüngliche Träger Karandikar die „Ureinwohner" ansieht, während diese Art der Exogamie in den Veden nicht zu belegen ist. Die eindringenden Arier wurden selbst zwar stark von der Gruppenexogamie der „Urbewohner" beeinflusst, und diese ging als Gotra-Exogamie in das Kastensystem ein, sie vermochten aber die Blutsverwandtschaftsexogamie zu bewahren, welche in den höheren Kasten des Nordens bis auf den heutigen Tag - zum Teil neben der Gotra-Exogamie - herrschend blieb. Ganz deutlich lassen sich diese Züge der Blutsverwandtschaftsexogamie als verhältnismässig junges Element in der totemistischen Gesellschaftsordnung Indiens dartun, das erst mit dem Vorrükken des hochkulturlichen Indertums und seiner Gesellschaftsordnung, dem Kastenwesen, eindrang.

Deszendenz des Totems

Die Zugehörigkeit zu einem Totemklan kann auf keine Weise erworben werden, sondern wird schon durch die Geburt bestimmt, d.h. das Totem wird vererbt. Für den grössten Teil des totemistischen Indien ist die vaterrechtliche Vererbung des Totems anzusetzen, wenn auch die vaterrechtliche Deszendenz nicht bei jedem Stamm und bei jeder Kaste ausdrücklich bezeugt ist. Das erklärt sich daraus, dass in der indischen Gesellschaftsordnung das Vaterrecht das normale ist, dessen Vorhandensein bei jeder Gruppe nicht mehr besonders bestätigt zu werden braucht. Doch hat diese Regel zwei Ausnahmen in zwei Gebieten Indiens, in denen sich die Totemklanzugehörigkeit mutterrechtlich vererbt. Das erste dieser Gebiete ist Assam. Bei den Garo zeigte sich der Totemismus mit den exogamen Muttersippen (machong) verbunden, die dadurch charakterisiert sind, dass die Kinder zum machong der Mutter gehören. Die Folge davon ist, dass sie auch dem gleichen Totem wie die Mutter angehören. In gleicher Weise gehören die Kinder bei den Khasi zum Klan der Mutter, also auch zu ihrem Totem, wenn der Klan totemistisch ist. Undurchsichtiger sind die Verhältnisse bei den Lalung und bei den Kachari. Spuren von Totemismus finden sich sicher bei beiden Stämmen, Spuren von Mutterrecht zum mindesten bei den Lalung, weniger deutlich bei den Kachari.

Bedeutend festeren Boden betreten wir im zweiten mutterrechtlich-totemistischen Gebiete Indiens, über das ein weit umfangreicheres und gesichertes Material vorliegt. Dieses zweite Gebiet liegt im Südwesten des Dekkan, in den Provinzen Süd- und Nordkanara, vom totemistisch-mutterrechtlichen Assam durch die ganze Breite der vorderindischen Halbinsel getrennt. Zur richtigen Erfassung der mutterrechtlichen Verhältnisse in diesen Gebieten ist es notwendig, nicht nur der mutterrechtlichen Vererbung der Totemklanzugehörigkeit nachzugehen, sondern auch die mutterrechtliche Vererbung des Eigentums zu berücksichtigen, auch wenn diese mit dem Totemismus unmittelbar nichts zu tun hat. Denn mutterrechtliche Totemvererbung und mutterrechtliches Eigentumserbrecht fallen nicht immer zusammen, und es gibt nicht wenige Kasten, bei denen einer mutterrechtlichen Vererbung des Totems ein vaterrechtliches Eigentumserbrecht gegenübersteht, während bei anderen Kasten wiederum beide Erbgesetze mutterrechtlich sind. Es sei aber hier schon hervorgehoben, dass in jedem Falle das mutterrechtliche Totemerbrecht weiter reicht, d.h. es gibt wohl eine Reihe von Kasten mit mutterrechtlichem Klanerbrecht und vaterrechtlichem Eigentumserbrecht, der umgekehrte Fall ist mir jedoch niemals bekannt geworden. Durch die Anwendung des Vaterrechts und des Mutterrechts einerseits auf die Vererbung des Totems, andererseits auf die Vererbung des Eigentums haben sich recht komplizierte Verhältnisse herausgebildet.

Diese Verteilung der vaterrechtlichen und mutterrechtlichen Vererbung lässt erkennen, dass die Vererbung des Eigentums in der männlichen Linie später, vielleicht erst unter dem Einfluss der Hochkultur in die vollmutterrechtlichen Erbverhältnisse eindrang. Die mutterrechtliche Totemerbfolge blieb erhalten, weil die Hochkultur keine entsprechende Einrichtung kannte und deswegen auch die mutterrechtliche Vererbung des Totems nicht durch eine ähnliche, aber erbrechtlich anders bestimmte Organisation ersetzen konnte.

Individualtotemismus

Bei einer Unterabteilung des Mundastammes der Asur (Birjia) besteht eine Art Individualtotemismus. Bei diesen scheint es, dass ein Kind sein Totem von dem Geiste eines toten oder lebenden Verwandten oder Nachbarn erhält, der das Kind bei der Geburt „überschattet".

So erklärte ein Birjia dem Forscher, dass der Geist der Grossmutter seines Vaters, deren Totem eine gewisse Schlangenart war, ihn bei seiner Geburt überschattet habe, und dass daher diese Schlange sein Totem wurde, obgleich das Totem seines Vaters der snia-Vogel und das Totem der Mutter der maina-Vogel war. Der Name des Verwandten oder Nachbarn, dessen Geist das Kind bei der Geburt überschattet, wird von dem Zauberdoktor bei der Zeremonie des „Namengebens" verkündet. Das Kind erhält dann den Namen und das Totem dieses lebenden oder toten Verwandten oder Nachbarn.

Ausser diesem Individualtotemismus ist den Asur auch der übliche Gruppentotemismus mit Totemexogamie und Meidungsgeboten wohl bekannt. Es kommt nämlich vor, dass das Klantotem in der dritten oder vierten Generation gewechselt wird. Mit dem Wechsel des Totems der Familie ist auch der Wechsel der Ahnengeister verbunden, desgleichen wird das Heiratsverbot mit anderen Teilen der Familie aufgehoben. An manchen Stellen wird das Klantotem der Familie regelmässig in jeder vierten Generation geändert. Nähere Informationen über diese sonderbaren totemistischen Erscheinungen konnte Roy nicht erhalten, da seinem Gewährsmann eine weitere Aufklärung von seiten seiner Stammesgenossen verboten wurde. Insbesondere gelang es nicht, das Verhältnis zwischen Individual- und Gruppentotemismus näher zu ergründen. Denn wenn die Kinder das Totem nicht von den Eltern ererben, sondern es ihnen jedesmal bei der Namengebung zugeteilt wird, ist eigentlich für den Familientotemismus kein Platz, es sei denn, dass jedes Individuum zwei Totems hat, einmal sein Individualtotem und dann das Totem des Klans, dem seine Familie angehört.

Die religiöse Seite des indischen Totemismus

Von einigen Stämmen und Kasten wird in den Quellen berichtet, dass dem Totem eine Art „respect", „reverence" oder „worship" entgegengebracht wird. Worin diese Verehrung im einzelnen besteht, wird leider nicht immer berichtet. In vielen Fällen wird man unter „respect" und „reverence" wohl das übliche Meidungsgebot verstanden haben, sicher hat man aber auch eine richtige Totemverehrung mit diesen Ausdrücken bezeichnet. Festerer Boden wird bei den Stämmen und Kasten erreicht, von denen die Grussitte für das Totem berichtet wird, wodurch sich eine gewisse Verehrung für das Totem wenn auch noch nicht eine religiöse Verehrung, kundgibt. Von den Bhil im Nordwest-Dekkan wird berichtet, dass die Klanmitglieder sich verbeugen müssen, wenn sie ihrem Totem begegnen. Frauen dürfen das Totem nicht anschauen, sondern müssen ihr Haupt verhüllen und mit abgewandtem Gesicht vorübergehen.

Die stärkste Ausprägung hat die Totemverehrung bei den Stämmen und Kasten gefunden, die bei gewissen Feiern und Zeremonien, vor allem aber bei der Hochzeit, das Totem oder ein Abbild von ihm verehren. Ihre Hauptverbreitung hat diese Sitte in den nordwestlichen Teilen des Dekkan bei den Maratha und verwandten Kasten. Die Maratha sind heute in exogame kuls (Familiengruppen) eingeteilt. Diese kuls haben jedoch sogenannte devaks [devaka = „Gott"], hauptsächlich Bäume, die früher sicher Totems waren. Das geht schon daraus hervor, dass bei manchen Maratha-Familien ein gemeinsamer devak das Heiratsverbot bedingt, d.h. dass Spuren ehemaliger devak-Exogamie sich noch deutlich nachweisen lassen. Wo diese Heiratsschranke nicht mehr gilt, ist die Exogamie der devaks offenbar durch die Exogamie der kuls oder Familiengruppen ersetzt, die als moderner und erstrebenswerter gilt als der primitive Brauch. Für den Totemcharakter der devaks spricht ihre bemerkenswerte Ähnlichkeit, ja völlige Identität mit den Totems (bali) von Kanara. Beide, sowohl die devaks (im Norden) als auch die balis (im Süden) werden regelmässig verehrt, sorgfältig behandelt und regeln die Heiratsverhältnisse.

Die gewöhnlichste Gelegenheit zur Verehrung des Totems ist die Hochzeit, ausserdem wird die Totemverehrung noch geübt, wenn ein neues Haus bezogen wird, bei der Herrichtung der Dreschtenne zur Erntezeit und bei der Verleihung der heiligen Schnur an die Knaben. Der Vorgang bei der Totemverehrung anlässlich der Hochzeit ist folgender: Wenn die Häuser der Braut und des Bräutigams im gleichen Dorfe liegen, findet die Totemverehrung am Hochzeitstage statt, im anderen Falle einige Tage früher. Zunächst werden die Hausgötter verehrt, dann begibt sich die Hochzeitsgesellschaft zum Tempel Maruti's, die Braut trägt dabei eine Art Tablett mit dem Totem oder einem Abbild von ihm und einem Speiseopfer. Hier wird der devak förmlich verehrt und dann zum Hause der Braut zurückgebracht, wo es entweder an der Hochzeitshütte befestigt oder bis zur Vollendung der Hochzeitszeremonien zwischen die Hausgötter gestellt wird. Manchmal begibt sich die Hochzeitsgesellschaft nach dem Besuch in Maruti's Tempel zum Hause des Dorftöpfers, wo der devak noch einmal verehrt wird. In den Dekkandistrikten wird am Tage vor der Hochzeit ein Zweig des devak nach Hause gebracht und verehrt. Darauf wird er in Maruti's Tempel und zum Hause des Töpfers getragen. Nachdem er dort verehrt wurde, wird er an der Hochzeitshütte angebracht.

Bei den Burud in Hyderabad werden Abbilder des Totems aufgestellt und bei den Hochzeitszeremonien verehrt. Die Chadar, Basor und Dahait in den nördlichen Zentralprovinzen verehren bei ihren Hochzeitszeremonien ein gemaltes Abbild ihres Totems, beim Tigerklan der Dahait wird das Tier förmlich zur Hochzeit eingeladen und ihm ein Kuchen der Art geopfert, wie er sonst nur Familienmitgliedern gegeben wird. Die Khadal kennen eine Verehrung ihres Totemtieres und ein Opfer von Blumen, Sandelholz, Zinnober und Reis an das Totem bei Gelegenheit der Hochzeiten, von den Khangar und Gond wird über die Verehrung des Totems bei den Krokodilklans berichtet.

Wenn die Chauhan ihr Totem nicht erreichen können, machen sie ein Abbild aus Mehl und verehren dieses. In ähnlicher Weise stellen in der Paikara-Unterkaste der Kawar die Braut und der Bräutigam ein in Öl gebackenes Abbild des Totems aus Mehl her und zeigen es bei den Familien ihres Ehepartners als Beweis ihrer Abstammung und Totemzugehörigkeit vor. Die Bhaina in Bilaspur kennen sehr komplexe Tabugebote. Neben dem üblichen Meidungsgebot und der Trauer um das tote Totemtier wird das Totem noch bei Hochzeiten in folgender Weise verehrt. Der Vater der Braut stellt ein Abbild des Totems des Bräutigams aus Ton her und stellt es neben den Hochzeitspfosten. Der Bräutigam verehrt das Totembild, indem er vor ihm ein Opferfeuer anzündet und den Zinnober opfert, den er nachher auf die Stirn seiner Braut streicht. Im Hause des Bräutigams wird ein Abbild vom Totem der Braut hergestellt, das sie nach ihrer Rückkehr von der Hochzeit verehrt. Weit im Süden Indiens ist noch ein vereinzelter Fall von Totemverehrung bei der Hochzeit berichtet. Der Schlangenklan der kanaresischen Toreya verehrt bei Hochzeiten Termitenhügel, die als Wohnungen der Schlangen angesehen werden. Dem Silberklan ist das Tragen von Silberringen im allgemeinen verboten, nur bei Hochzeiten darf Silberschmuck getragen werden.

Roy fand auf seinen Reisen durch das Gebiet der Oraon des öfteren hölzerne Schildkröten, die in einer Art Totemschrein aufbewahrt wurden und denen von den Mitgliedern des Schildkrötenklans göttliche Ehren entgegengebracht wurden. Ausserdem konnte er noch verschiedene Gebräuche beobachten, die auf eine regelrechte Verehrung des Totems hinweisen. Manche Dörfer der Oraon haben eigene Dorfembleme, Figuren aus Holz oder Messing, die im Hause des Dorfpriesters aufbewahrt werden. Roy sah die Figuren von Fischen, Schildkröten, eines Tigers und eines Schweines. Am Tage eines Tanzfestes werden die Bilder hervorgeholt, zeremoniell gewaschen, neu angestrichen und mit Zinnober bemalt. Darauf wird ihnen eine Reisbierspende und ein Huhn geopfert. Wenn der Tanzplatz sich nicht in dem betreffenden Dorfe selbst befindet, so werden die Tiere auf einem Holzbrett befestigt und von der Dorfgemeinde mit zum Platz getragen. Wird auf dem Wege zum Tanzplatze ein anderes Dorf berührt, so wird die Figur niedergesetzt und wieder Reisbier und ein Huhn geopfert, das aber in diesem Falle nicht getötet, sondern nur auf dem Tragbrett des Tieres festgebunden und auf dem Rückweg wieder losgelassen wird. In allen Fällen glaubt man die Dorfprobleme fest verknüpft mit dem Glück der betreffenden Dorfgemeinde, und man erweist ihnen göttliche Ehren und bringt Opfer in der erwähnten Weise dar.

Bei den Birhor konnte Roy eine interessante Zeremonie beobachten, die Licht wirft auf die Beziehungen zwischen dem Totemklan und seinem Totem. Jeder Klan glaubt, von einem ganz bestimmten Hügel herzukommen. Alljährlich wird dem Geiste dieses „ancestral hill" ein Opfer dargebracht. Bei dieser Gelegenheit dient ein Teil des Klantotems, eine Klaue, ein Flügel, eine Feder oder die Haut, als Repräsentation des ganzen Klans. Da das Totem jedoch für die Klanangehörigen tabu ist und nicht getötet werden darf, so werden die für diese Zeremonie notwendigen Teile des Totems von einem Klan besorgt, dem das betreffende Tier nicht tabu ist. Durch diese Klanfeier wird nicht nur die Identität der Menschengruppe mit ihrem Totem manifestiert, sondern Roy glaubt, dass auch zwischen dem Klan und dem Geiste des Hügels, der als ursprüngliche Heimat des Klans angesehen wird, eine lebendige Verbindung besteht.

In einem kleinen Gebiete Indiens, bei einigen Stämmen und Kasten der östlichen Zentralprovinzen und der östlich sich anschliessenden Gebiete, hat die Scheu, die dem Totem entgegengebracht wird, eine eigentümliche Form angenommen. Man hält dort eine Trauer um das Totem, wenn man von seinem Tode hört oder die Leiche eines Totemtieres erblickt. Der Trauer wird in gleicher Weise Ausdruck verliehen, als wenn ein nahes Familienmitglied gestorben wäre. Das äussere Zeichen der Trauer ist das Zerschlagen oder Wegwerfen sämtlicher irdener Gefässe oder Kochtöpfe, die im Hause sind. Dann folgt ein Reinigungsbad, man lässt sich Bart und Kopfhaare rasieren und legt neue Kleider an. Genau die gleichen Zeremonien finden statt, wenn ein

Mitglied des Haushaltes, also meistens ein naher Verwandter, gestorben ist.

Am weitesten verbreitet ist unter den indischen Stämmen und Kasten das allgemeine Meidungsgebot, das sich bei verschiedenen Totemarten in ganz verschiedener Weise auswirkt. Tierische Totems dürfen nicht verletzt, getötet oder gegessen werden. Pflanzen werden nicht berührt; sie dürfen nicht ausgerissen, Bäume nicht gefällt werden. Vielfach ist der Genuss der Früchte des Totembaumes verboten. Es ist verboten, die Pflanzen oder das Holz der Bäume in irgendeiner Weise zu benützen, bei den Bhondari dürfen z.B. die Stengel der Totempflanze nicht zum Zähneputzen benützt werden. Ist das Totem ein Metall, vor allem ein Edelmetall (Gold, Silber), so ist das Tragen von Gold- und Silberschmuck verboten. Unbelebte Gegenstände, Werkzeuge, Geräte und ähnliches dürfen nicht berührt oder benutzt werden. Mancherorts befürchtet man bei der Übertretung des Meidungsgebotes für sich körperliche Nachteile. Die Oraon und Parja glauben, krank oder blind zu werden, und nach der Anschauung der Komati wird der Übeltäter, der das totemistische Tabugebot übertreten hat, sieben Generationen lang als Insekt wiedergeboren. Bei den „unechten" Totems hat das Meidungsgebot zum Teil eine ganz besondere Ausprägung gefunden. Einige Kasten haben das Totem „Licht" oder „Lampe". Die Bhondari dürfen das Licht nicht auslöschen und es nur dann anzünden, wenn sie mit einem Seidengewande bekleidet sind. Die Ghasi hören auf zu essen, wenn das Licht ausgeht. Demgegenüber ist bei den Pan das Essen verboten, wenn die Lichter angezündet sind. Leider ist aber gerade von den „unechten" Totems eigentlich nie die Art des Tabugebotes berichtet. Wenn ein solches Gebot bei diesen Kasten gar nicht vorhanden sein sollte, so wäre das ein weiterer Beweis dafür, dass wir es hier mit einem stark degenerierten Totemismus zu tun haben.

Bei den tierischen und pflanzlichen Totems, die wirtschaftlich wichtig sind, sucht der Klan das strenge Tabugebot abzuschwächen oder zu umgehen. Bei den Oraon z.B. hat ein Klan das Totem „Salz". Den Mitgliedern dieses Klans ist es verboten, das Salz roh aus der Hand zu essen, in Speisen verkocht darf es genossen werden. Ein anderer Klan der Oraon hat das Schwein zum Totem. Die Klanangehörigen dürfen aber das Schwein unter der Bedingung essen, dass der Kopf nicht mitgegessen, sondern weggeworfen wird. Bei den Kawar ist das Totemtabu für die wirtschaftlich wichtigen Tiere (Hirsch, Ziege) weggefallen, während im allgemeinen die Meidungsgebote noch streng befolgt werden. Für die Mitglieder des Reisklans bei den Chauhan ist nur eine

Reisart tabu. Durch derartige Umgehungen des strengen Meidungsgebotes tritt schon ein Verfall der Tabugesetze ein, der sich in manchen Fällen, besonders unter der Einwirkung der indischen Hochkultur, noch weiter fortsetzen kann.

Darstellung des Totems

Am häufigsten wird das Totem in Indien dort dargestellt, wo es bei Hochzeiten verehrt wird. Die Art und Weise, wie das Totem abgebildet wird, ist bei den Kasten, die diesen Brauch kennen, nicht einheitlich, ist auch aus dem Quellenmaterial nicht immer klar ersichtlich. Von den Chauhan in den östlichen Zentralprovinzen berichtet Russell, dass bei den Hochzeiten ein Abbild des Totems verehrt wird, wenn das Totem in natura nicht zu erreichen ist. Bei den Bhaina, die im gleichen Gebiete wohnen, werden Abbilder der Totems sowohl des Bräutigams als auch der Braut aus Ton hergestellt, die dann bei den Hochzeitsfeierlichkeiten verehrt werden. Die Maratha Burud in Nordwest-Hyderabad stellen Nachbildungen ihrer Klantotems zur Verehrung in den Hochzeitshütten auf. Eine ganz eigenartige Methode der Totemnachbildung wird bei den Kawar befolgt. Dort stellen Bräutigam und Braut ein Abbild ihres Totems aus einer Art Teig her und backen es in Öl. Bei dieser Kaste wird aber das Totem anlässlich der Heiratszeremonien nicht verehrt, sondern es dient nur als Beweis der Klanzugehörigkeit, die bei Bräutigam und Braut wegen des strengen Exogamiegebotes verschieden sein muss.

Eine interessante Schlüsselstellung nehmen die Halvakki Vakkal ein. In der Provinz Nordkanara finden sich gewisse Abbildungen von Totemtieren aus Stein. Ausserdem werden auch Zweige der Totembäume aufgehängt und diesen Totemdarstellungen werden von den jeweiligen Klans der Halvakki Vakkal Opfer dargebracht.

Tatauierung findet sich in Indien nicht selten. Sie ist im wesentlichen auf Stämme beschränkt, aber auch die Brahmanen kennen die Tatauierung. Im allgemeinen sind jedoch bei diesen Stämmen und Kasten nur die Frauen tatauiert. Eine totemistische Bedeutung liegt allen diesen Tatauierungsmustern nicht zugrunde. Nur von zwei Stämmen sind wir über Totemtatauierung genauer unterrichtet. Bei den Bhaina in Bilaspur sind die Frauen häufig mit Abbildungen ihres Totemtieres tatauiert. Barnes schreibt von den Bhil, dass sie gewöhnlich auf der Brust und an den Armen mit ihren Klantotems tatauiert seien. Nach Luard ist genau das Gegenteil der Fall. Dazu passt in etwa die Nachricht Frazers, dass die Mitglieder des Mavli-Klans keinen Kornkorb auf ihren Körper malen dürfen, denn der Korb ist den Klanmitgliedern tabu, weil er die Form des Altares hat, an dem die Klangöttin verehrt wird. Auf jeden Fall geht aus den Nachrichten über Bhaina und Bhil hervor, dass eine Totemtatauierung in Indien bekannt ist.

Wechselseitige Beziehung zwischen Mensch und Totem

Die bisher behandelten soziologischen und religiösen Erscheinungen des Totemismus sind sicher seine typischsten und wesentlichsten Merkmale, sie sind aber doch mehr äusserlicher Natur. Sie sind der Ausfluss, der äussere Ausdruck einer geistigen Haltung, jener speziellen Beziehung zwischen Menschengruppen und Totem, jenes inneren Zueinanderverhältnisses, das erst den eigentlichen Gehalt, das Wesen und den Kern des Totemismus ausmacht. Diesen Wesensinhalt des Totemismus, die Art der Beziehung zwischen Menschengruppe und Totem herauszuarbeiten, muss daher das Endziel einer jeden Untersuchung über den Totemismus bilden.

Der Erreichung dieses Zieles, den Kerninhalt des Totemismus herauszuschälen, stellen sich in Indien aus verschiedenen Gründen ganz besondere Schwierigkeiten entgegen. Gerade in dieser Beziehung hat sich der zersetzende Einfluss der indischen Hochkultur in besonderem Masse geltend gemacht. Dieser Hochkultur fehlte eine derartige Anschauung, und überall dort, wo sich der hochkulturliche Einfluss nur einigermassen auswirken konnte, wurde gerade dieser innere Gehalt des Totemismus nahezu ausgemerzt. Die mehr äusserlichen Erscheinungen, Exogamie, Meidungsgebote und ähnliches, blieben zwar in den meisten Fällen erhalten, es fehlt aber auch hier nicht an Beispielen, wo auch diese Formen eine Umbildung im Sinne der indischen Hochkultur erfuhren.

Für weite Teile Indiens ist die Auffassung bezeichnend, dass der menschliche Totemklan in einem gewissen Verwandtschaftsverhältnis zu seinem Totem steht. Verschiedene Tatsachen scheinen diese Anschauungen zu bestätigen.

Die Asur glauben, dass ihr Totemtier ein Blutsverwandter ist. Daher ist auch Heirat mit Klangenossen streng verboten, weil man eben in jedem Klangenossen einen nahen Verwandten sieht. Die Birhor haben die Anschauung, dass die Klanleute eine gewisse Ähnlichkeit mit ihrem Totem haben, so wird gesagt, dass die Geierleute wenig Haare auf dem Kopf tragen, und dass die Mitglieder des Lupungklans dicke Lippen wie die Lupungfrucht haben. Das ist vielleicht auch ein Beweis dafür, dass der Glaube an eine Totemverwandtschaft besteht. Eine eigenartige Sitte wird bei den Komati beobachtet. Bei dieser Kaste werden die Gesetze des Totemtabu noch streng eingehalten. Wollen jedoch die Mitglieder eines Klans ihre Totempflanze essen, so müssen sie jedes Jahr einmal die Trauerzermonien für den Totemahnen abhalten, und zwar in Gaya, wo im allgemeinen die Trauerfeierlichkeiten für die Ahnen stattfinden.

Alle diese Anschauungen und Gebräuche weisen unzweifelhaft darauf hin, dass das Verhältnis zwischen Totemgruppen und Totem als eine Art Verwandtschaft gedacht wird. Die Garo glauben, dass ihre Klanahnen von dem Totemtier abstammen, aber nur durch eine Frau, die als Stammutter des Klans angesehen wird. Das ist ein weiterer Beweis für die vorherrschenden mutterrechtlichen Anschauungen im Totemismus der Garo. Die Kawar glauben nur bei tierischen und pflanzlichen Totems an eine Totemabstammung, nicht dagegen bei den Objekttotems.

Diesen gegenüber steht eine grosse Anzahl von Gruppen, welche die Idee einer Abstammung strikte ablehnen und zur Erklärung der Totemahnen gewisse Geschichten erzählen, nach denen ihre menschlichen Klanahnen ein Zusammentreffen mit dem Totemtier gehabt und daher den Klan so benannt haben. Alle diese Geschichten sind wohl jüngeren Ursprungs und sie konnten sich erst dann herausbilden, als die totemistischen Verhältnisse schon in Verfall geraten und der ursprüngliche Sinn des Totemismus verlorengegangen war. Für den kulturgeschichtlichen Wert dieser Erklärungsgeschichten ist bezeichnend, dass die Bhangi in Hindostan noch beständig neue Totemerklärungsgeschichten ausdenken und immer wieder passende Mythen erdichten. Wegen des jungen kulturhistorischen Alters können diese Erscheinungen zur Erklärung des ursprünglichen Wesensgehaltes des Totemismus nicht herangezogen werden.

Wesentlich tiefer bis an die Wurzeln des Totemismus scheinen jedoch einige Anschauungen heranzureichen, die bis jetzt nur bei den Asur und bei den Birhor beobachtet werden konnten. Das ist die Identifizierung des ganzen Klans oder einzelner Klanleute mit dem Totem, die Anschauung, dass Klantotem und Klanmitglied ein und dasselbe seien und dass in keiner Weise ein Unterschied zwischen beiden besteht. Die Asur hüten sich nicht nur, ihr eigenes Totem zu töten oder zu verletzen, sondern schonen in gleicher Weise die Totems ihrer Eltern, Brüder und sonstigen Verwandten, da das Töten oder Verzehren dieser Tiere genau so bewertet wird, als ob man die Verwandten, deren Totems die Tiere sind, töten oder essen würde. Noch deutlicher findet sich diese Anschauung der Wesengleichheit zwischen Mensch und Totem bei den Birhor. Die Birhor glauben ebenfalls, dass das Töten und Verzehren eines Totemtieres dem Töten und Essen des betreffenden Klanmitgliedes absolut gleichzusetzen sei. Ausserdem findet sich bei den Birhor noch die Identifizierung des ganzen Totemklans mit dem Totem. Sie glauben nämlich, dass ein gewisser Klan sich im gleichen Masse vermehrt, wie sich auch das betreffende Totem vermehrt. Ferner wird der ganze Klan bei gewissen religiösen Zeremonien durch einen Teil des Totems repräsentiert und folglich mit ihm identifiziert. Es scheint hier eine der Wurzeln des Totemismus überhaupt zu liegen.

Kulturgeschichtliche Stellung des indischen Totemismus

Es ist bezeichnend, dass die totemistischen Kasten und Stämme im wesentlichen anthropologisch und kulturell einer „Urbevölkerung" näherstehen als die nichttotemistischen Kasten. Besonders intensiv und lebendig zeigt sich der Totemismus dort, wo Kulturen sich relativ frei und unbeeinflusst erhalten konnten. Das gilt in erster Linie für Chota Nagpur und weite Teile Zentralindiens. Für viele Stämme und Kasten sind hier die totemistischen Einrichtungen noch heute die Grundlagen des Gemeinschaftslebens. Noch sehr deutlich, aber schon mehr erstarrt und von dem Kastensystem überwuchert, tritt uns der Totemismus im nördlichen Teil der Ostküste, bei den Telugu-Kasten dieses Gebietes, entgegen. Am stärksten zersetzt erscheint der Totemismus im Nordwest- und Südzentraldekkan. In diesem Gebiet werden die totemistischen Meidungsgebote kaum mehr beachtet, das Gesetz der Totemexogamie ist in Verfall geraten und der totemistische Kern des devak-Wesens ist teilweise bis zur Unkenntlichkeit unter jüngeren Anschauungen und Institutionen versteckt.

Die Träger des indischen Totemismus

Im südlichen Teil der Westghats und in dem Gebirgsgürtel, der sich quer durch Südindien bis etwa zur Kistnamündung zieht, finden sich Reste einer kleinwüchsigen, dunkelhäutigen Rasse, die Eickstedt als malid bezeichnet. Die Weddas auf Ceylon schliessen sich dieser Rasse an. Eine zweite Rasse, aber grosswüchsiger und hellhäutiger als die Maliden, nimmt die Berg- und Dschungelgebiete des nördlichen Zentraldekkan ein. Im Norden reicht das Gebiet dieser Rasse bis an den Rand der hindustanischen Tiefebene; in den Provinzen Zentralindien, Zentralprovinzen und einem Teile von Behar und Orissa bilden die Gondiden (nach Eickstedt) noch heute die Hauptmasse der Bevölkerung. Beide Gruppen werden unter der Bezeichnung Weddide (Altinder) zusammengefasst. Die Ebenen des Südostens werden von einer Bevölkerung eingenommen, die wegen ihrer dunklen Hautfarbe den Namen Melanide erhalten hat. Eine zweite melanide Gruppe findet sich im äussersten Nordosten, in Behar und Orissa und Westbengalen, wo diese Rasse eine wesentliche Komponente der Munda-Völker bildet. Eine einmalige Verbindung der beiden melaniden Gruppen wird durch das Vorkommen melanider Elemente bei gewissen Kasten der Ebenenbevölkerung von Südorissa und Ganjam angedeutet. Die Hauptmasse der Bevölkerung Nordindiens und des westlichen Dekkan gehört der indiden Rasse an, der auch die Bewohner der Malabarküste und die Telugu an der mittleren Ostküste zugerechnet werden. Der nordindide Typus ist im wesentlichen auf die Gebiete nordwestlich von Delhi beschränkt. In Südindien machen sich deutlichere nordindide Einschläge nur bei den Todas bemerkbar.

Welche dieser Rassengruppen könnte nun als Träger des indischen Totemismus in Frage kommen? Mit Sicherheit sind die Südweddiden oder Maliden auszuschliessen. Bei keinem maliden Stamm habe ich nur Spuren von Totemismus feststellen können. Nach meiner Ansicht sind auch die Indiden nicht als Träger des Totemismus anzusprechen. Nord- und Nordwestindien, das Gebiet mit vorwiegend indider bzw. nordindider Bevölkerung, sind ohne Totemismus, nichttotemistisch ist auch das indide Malabar (Die Indoarier waren bei ihrer Einwanderung nach Indien zweifellos nicht totemistisch, wie aus dem Fehlen jeglicher totemistischer Ideen in der älteren vedischen Literatur hervorgeht). Als ein wichtiges Ergebnis der Verbreitung des Totemismus wurde festgestellt, dass der äusserste Süden totemismusfrei ist. Und gerade der äusserste Südosten ist die Domäne der dunkelhäutigen Melaniden. Desgleichen sind die melaniden Tamil auf Ceylon ohne Totemismus. Daher möchte ich auch die Melaniden als Träger des Totemismus ausschalten.

Es bleiben noch die Nordweddiden oder Gondiden, und meines Erachtens sind sie von allen am ehesten als die ursprünglichen Träger des indischen Totemismus anzunehmen. Das Verbreitungsgebiet der Gondiden fällt weitgehend mit dem Kerngebiet des Totemismus zusammen. Die wichtigsten Stämme (Bhil, Baiga, Kurku, Gond, Oraon, Mardia, Kui u.a.) haben noch heute einen lebendigen Totemismus, noch heute ist der Totemismus bei ihnen die Grundlage des sozialen Lebens. Eickstedt fand in den südöstlichen Zentralprovinzen ganz unberührte Stämme, die praktisch von europäischer und auch indischer Hochkultur noch unbeeinflusst waren (Mardia, Muria). Auch diese sind totemistisch.

Wenn sich durch weitere Forschungen die Anschauung bestätigen sollte, dass die Gondiden die ursprünglichen Träger des Totemismus in Indien waren, so ist auch zu gleicher Zeit ein hohes Alter für den indischen Totemismus gesichert. Denn die Gondiden sind ihrer Lagerung und ihrem ganzen kulturellen Habitus nach auf indischem Boden sicher älter als die indide Rassengruppe. In unserem Falle spricht alles dafür, dass sich die Gondiden in den schwer zugänglichen Bergen und Dschungeln Zentralindiens seit alter Zeit bis auf unsere Tage verhältnismässig ungestört haben halten können. In den Gebieten mit jüngeren Einflüssen zeigt sich der Totemismus längst nicht so typisch und lebenskräftig, wie in den Dschungeln des zentralen Dekkan.

Totemismus und indische Hochkultur

Als etwa im 2. Jahrtausend vor Christi Geburt die indogermanischen Völker der Arier nach Indien eindrangen und sich nach heftigen Kämpfen mit den „Ureinwohnern" und untereinander im Norden des Landes, in den Stromgebieten des Indus und des Ganges, festgesetzt hatten, da trat recht bald nicht nur eine rassische, sondern auch eine kulturelle Mischung mit der „Urbevölkerung" ein, eine Mischung, aus der das komplizierte gesellschaftlich-religiöse Gebilde des Hinduismus und der Komplex der indischen Hochkultur hervorgehen sollte. Von der Ansicht, die früher allgemein verbreitet war, dass nämlich die indische Hochkultur in ihren wesentlichen Punkten ein Erbe der eingewanderten Arier sei und dass die vorarischen Bewohner Indiens nichts oder sehr wenig zur Entstehung dieser Kultur beigetragen hätten, ist man in neuerer Zeit immer mehr abgekommen. Heute ist auch die zünftige indologische Forschung geneigt, der vorarischen Bevölkerung einen guten Anteil an den Errungenschaften der indischen Hochkultur zuzubilligen.

Es ist wohl so gut wie sicher, dass die Arier zur Zeit ihres Eindringens nach Indien das Kastenwesen in seiner heutigen ausgeprägten Form noch nicht kannten. Auf jeden Fall kannten sie nicht eine wichtige Form der Kastenorganisation, nämlich die exogamen Gruppen, die sich heute bei allen Kasten als letzte Einteilung der an sich endogamen Kastengruppe finden. Diese Tatsache hat Karandikar ganz einwandfrei feststellen können und er konnte nachweisen, dass die Arier jener Zeit nur eine Art von Blutsverwandtschaftsexogamie befolgten. Anderseits haben unsere Untersuchungen wahrscheinlich gemacht, dass vor dem Einbruch der arischen Völker der vorarischen Bevölkerung eine derartige Gruppenexogamie wohl bekannt war, und zwar in der Form der Totemklanexogamie. Daher ist es klar, dass die Gruppenexogamie, die sich heute bei den arischen Indern allgemein findet, nur von den „Urbewohnern" übernommen sein kann. Das ist auch durchaus das Ergebnis der Arbeit Karandikars: „The only possible explanation that may be offered is that the Indoaryans copied the custom of sept exogamy from the Aborigines. Most of the non-Aryan tribes were totemic and almost all were exogamous." Es ist nur sonderbar, dass bei diesem Mischprozess im wesentlichen nur das Prinzip der Exogamie übernommen wurde, weniger aber die Grundanschauung des Totemismus, das mystische Verbundensein mit dem Totem (Tier, Pflanze oder Gegenstand).

Nachdem diese neuen soziologischen Formen der Kastenorganisation sich durch Zusammenwirken mehrerer Faktoren herausgebildet und gekräftigt hatten, breiteten sie sich von Norden her über ganz Indien aus und erlangten gar bald ein Übergewicht über die Stämme. Diese konnten der neuen Kultur keinen Widerstand leisten, und so befindet sich der Totemismus in ganz Indien überall dort in Auflösung, wo die indische Hochkultur ihren Einfluss geltend machen konnte. Totemistische Stämme, die früher lose organisiert waren, werden in streng endogame Gruppen umgebildet, die ursprüngliche Gleichheit der Totemklans auf der sozialen Stufenleiter wird beseitigt, und es kommt zur Bildung hypergamer Klans und anderes mehr. Von den soziologischen Formen des Totemismus sind es besonders die Benennungen dieser Klans nach Tieren, Pflanzen und Objekten, die nach den Anschauungen der Hochkultur anstosserregend sind. In ganz Indien besteht unter dem

Einfluss der Hochkultur die Neigung, tierische und pflanzliche Klannamen nach Namen von mythischen Heiligen (besonders beliebt, wenn ein gewisser Gleichklang zwischen den Namen der Heiligen und der Totems besteht), nach Städte- und Ländernamen oder nach Titeln und Spitznamen zu benennen, während die übrige Organisation in der alten Form erhalten bleibt. Daher finden sich auch bei vielen Stämmen und Kasten exogame Gruppen sowohl mit Totemnamen, als auch mit geographischen Bezeichnungen, Namen von Ahnen usw. Diese Namen können ja auch auf heterogene Zusammensetzung der betreffenden Kaste hinweisen. Auf jeden Fall lassen sich die Totemgruppen aber immer als älter erweisen. Es kommt also im Laufe der angedeuteten Umformung der primitiven Gruppen zu der eigenartigen Erscheinung, dass die nach mythischen Ahnen, geographischen Begriffen, Spitznamen und ähnlichem benannten Gotras, die doch den exogamen Totemklans ihre Entstehung verdanken, in den Kulturbesitz der Hochkultur übergehen und als solche dann später von den primitiv gebliebenen Totemisten als erstrebenswertes Gut der Hochkultur begehrt und angenommen werden.

Das wesentliche Merkmal des indischen Totemismus liegt im Vorkommen des Totemismus sowohl bei Stämmen als auch in der Hochkultur und in dem tiefgehenden Einfluss, den die Hochkultur auf die Existenz und die für Indien typischen Formen des Totemismus ausübte. Indien ist das einzige Land, in welchem die totemistischen Verhältnisse diese Ausbildung erfahren haben. Eine weitere wichtige Besonderheit des indischen Totemismus liegt in der Lagerung des exogamen Totemklans innerhalb der grossen Gesellschaftsordnung. Es ist typisch für den gesamten indischen Totemismus, dass die Totemgruppen in jedem Falle in einem strengen Endogamiesystem organisiert sind, das vor allem bei den totemistischen Kasten scharf ausgeprägt ist. Aber auch bei den totemistischen Stämmen ist eine Verschärfung der Stammesendogamie eingetreten, die früher sicher nicht in dem Masse vorhanden war, wenn auch die Heirat innerhalb des Stammes wohl die Regel war. In diesem Endogamiegebot ist ein weiterer Einfluss der Hochkultur zu sehen.

Anmerkungen

[1] Die exogamen Gruppen werden in ganz Indien mit Namen bezeichnet. Am weitesten verbreitet ist die Bezeichnung Gotra, ein Sanskritwort, das Familie oder Familiennamen bedeutet. (Die ursprüngliche Bedeutung von Gotra (im Rigveda) ist offenbar „Kuhhürde", „Kuhstall"). Das Wort ist also [indoeuropäischen] Ursprungs und wurde erst dann allgemein angewandt, als sich die brahmanische Kultur über das ganze Gebiet Vorderindiens ausgebreitet hatte. Die Bezeichnung Gotra ist für Südindien also ein junges Element, sie ist ein neuer Name für eine alte soziologische Erscheinung.

[2] Doch haben sich mannigfache Beeinflussungen und Verzahnungen zwischen Kasten und Stämmen herausgestellt. So z.B. bei der Exogamie. Die Stämme waren ursprünglich nicht streng endogam. Da aber Heiraten mit benachbarten endogamen Kasten wegen der Endogamie der letzteren nicht möglich waren, entwickelte sich bei den Stämmen eine Art Notendogamie, die sich nicht selten durch die Übernahme kastentheoretischer Anschauungen zur Zwangsendogamie weiterentwickelte. Oder aber es haben sich manche Stämme durch Übernahme des Hinduismus zu Kasten umgewandelt und sich so der Kastenordnung eingefügt. Diese Gebilde tragen die Merkmale sowohl des Stammes als auch der Kaste an sich.

[3] Zerfällt eine Kaste oder ein Stamm ohne Einteilung in (endogame) Untergruppen sofort in (exogame) Totemklans, so wird die Gruppe atomisch genannt.

[4] Gerade eine Reihe der hier erwähnten Stämme und Kasten, wie Kurku, Halba, Agharia u.a., zeigen in mancher Beziehung eine noch unverfälschte Kultur, ein Beweis dafür, dass der Einfluss der indischen Hochkultur und ihres Kastenwesens erst jüngeren Ursprungs bei ihnen ist.

[5] W. Hunter, A Statistical Account of Assam, S. 218.

[6] Neben diesen tierischen und pflanzlichen Totems kommen noch einige besondere Arten vor, Teiltotems und Multiplextotems. Teiltotems, d.h. Teile von Tieren oder Pflanzen, kennen die Oraon, z.B. Reissuppe, Eingeweide des Schweines; die Munda haben Horn, Knochen der Kuh und ähnliches, die Majhwar Horn des Büffels u.a. Bei den Multiplextotems in Indien wird die totemistische Bedeutung von dem ursprünglichen Totem ausgedehnt auf alle Dinge, die mit dem Totem eine eingebildete oder wirkliche Ähnlichkeit haben oder zufällig denselben Namen tragen. Bei den Oraon ist für den Tigerklan auch das Fleisch des Eichhörnchens tabu, weil das Fell Streifen wie ein Tigerfell hat. Sie dürfen auch nicht im Monat Dezember/Januar (Magh) heiraten, denn das Wort für Tiger ist bagh. Die Mitglieder des Affenklans (Affe = gari) dürfen auch nicht im Schatten des Garibaumes sitzen oder den Baum fällen und sein Holz verbrennen. Die Basor in den Zentralprovinzen haben einige Klans, die nach Städten benannt sind, z.B. den Mahobiaklan (benannt nach der Stadt Mahoba). Die Klanangehörigen verehren den Mahuabaum. Der Orahiaklan (benannt nach der Stadt Orai) verehrt jetzt das Uraigras, der Tikarahiaklan (von Tikari) verehrt ein gläsernes Armband (= tikli).

Kurrin-Yerra, die Regenbogen-Schlange mit einem Wasserloch oder
Totemzentrum. Australische Malerei der Aborigines.

Kurt Derungs

Märchen und Totemismus

Wer auch immer sich mit Mythen und Märchen beschäftigt, wird dem Tier als einer Hauptgestalt begegnen. Das Tier ist dem Menschen vielfach in Freundschaft verbunden, ist Helfer und Schützer und kennt die Zauberdinge, ohne welche die Heldin oder der Held ihren Weg nicht beschreiten könnten. Aber vor allem erscheint das Tier in einer grundsätzlich verschiedenen Selbstverständlichkeit, als dies in der heutigen Weltauffassung der Fall ist: Das Tier ist noch nicht das Untermenschliche, ein Wesen zweiter Ordnung, das es zu beherrschen gilt. Das Tier ist dem Menschen gleichgestellt oder sogar überlegen. Es ist von gleicher Abstammung wie der Mensch, oder der Mensch leitet seine Herkunft von einem Tier ab, welches als Ahnin oder Ahne angesehen wird. Betrachten wir besonders urtümliche Erzählungen, können wir allgemein sagen, dass Menschen und Tiere ursprünglich derselben Familie angehören.

Zu dieser Verwandtschaft von Mensch und Tier gesellen sich fliessende Übergänge der beiden Wesen, d.h. die charakteristische Verwandlungs- und Sprachfähigkeit besonders im Zaubermärchen. Ohne Staunen - eben im kulturellen Selbstverständnis des Märchens - wechseln Menschen ihre Gestalt, sprechen, helfen und erleben nun als Tiere ihren weiteren Werdegang, bis sie ebenso unbekümmert „entzaubert" in Menschengestalt wiederkehren. Die fliessenden Übergänge und die gemeinsamen Verwandtschaftsverhältnisse zeigen somit ein erweitertes Gesellschaftsverständnis, welches die menschlich-sozialen Begebenheiten auf die Umwelt überträgt, bzw. die Natur in den gesellschaftlichen Ablauf mit einbezieht. Diese Wechselseitigkeit ist ein sehr altes Motiv, welches das Märchen bewahren konnte, und zeigt oftmals einen Kreislauf bzw. regenerativen Handlungsverlauf: Verwandlung und Rückverwandlung oder Verzauberung und Entzauberung etc. als Erfahrungen von Tod und Wiederkehr. Solche Züge erhalten Farbe und Verständnis, wenn wir sie kulturgeschichtlich in einem ebenfalls sehr alten Wiedergeburtsglauben entschlüsseln.

Abstammung, Verwandtschaft und Verwandlung treffen in zwei hochinteressanten Motiven zusammen, die uns im Märchen wie im Glauben der Völker häufig begegnen: die Herkunft der Kinder bzw. die „übernatürliche" Empfängnis sowie die Seelenverwandtschaft bzw. der Lebensgleichlauf von Mensch und Tier. Stirbt der Mensch, so stirbt auch sein Zweites Ich und umgekehrt. Die Alter-Ego-Vorstellung, die Seele im Tier oder die Tierseele versinnbildlicht noch einmal das innige Verhältnis von Mensch und Tier und verweist wiederum auf eine ganz andere Lebensauffassung des Märchens. Ebenso führt uns die Kinderherkunft im Märchen - Empfängnis durch eine Frucht, ein Insekt, durch Wasser oder Wind etc. - zu vorgeschichtlichen Zeiten und Kulturen oder zu Glaubensauffassungen noch existierender Völker.

Aber nicht nur mit dem Tier ist der Mensch im Märchen innigst verbunden. Die Allverbundenheit, die allseitige Beziehungsfähigkeit ist mit jedem Naturobjekt der Umwelt möglich, seien dies Bäume oder Steine, Gestirne oder Elemente. Mensch und Natur sprechen die gleiche Sprache, wenn Sonne, Mond und Sterne die Heldin oder den Helden auf ihren Wegen beraten oder der Vogel der Wahrheit das Geheimnis der Steinverwandlung berichtet. Sowohl die unbelebte als auch die belebte Natur, der ganze Kosmos ist im Märchen belebt und beseelt, was ein Märchen der Kabylen ausspricht: „Im Anfange sprachen alle Steine, sprach alles Holz, sprach alles Wasser, sprach die Erde." Selbst der Knochen besitzt Verwandlungs- und Sprachfähigkeit; er ist Vitalträger par excellence und führt zur glücklichen Wiedergeburt der Verstorbenen.

Damit hätten wir einige Wesensmerkmale und bezeichnende Motive des Märchens beschrieben. Doch mit diesem Katalog könnten wir ebenso Wesentliches im Totemismus skizzieren. Die Parallelen und Erscheinungsformen im Totemismus, also einer religions-ethnologischen Realität, und in traditionellen Erzählungen, also einer sprachlich-textmässigen Überlieferung, sind erstaunlich. Nicht nur die Märchen der sogenannten Naturvölker sind totemistisch geprägt, sondern auch die Märchen in „Hochkulturen" weisen einen hohen Prozentsatz totemistischer Phänomene auf. Das beweist jede europäische, indische oder ostasiatische Märchensammlung, wie auch immer sie redigiert worden ist. Der totemistische Kern fasziniert und bildet das mit, was das Wesen des Märchens ausmacht. Was wären z.B. die Grimm-Märchen ohne Tiere?

Doch unser Katalog des Märchens lässt sich nicht nur mit dem Totemismus parallelisieren. Auch im Schamanismus finden wir verblüffende Übereinstimmungen vor, was sich weltweit immer wieder an ganz verschiedenen Orten zeigen lässt. Ich erinnere z.B. an die Abstammung der Schamaninnen und Schamanen von einer Tier-Mutter oder an den Lebensgleichlauf von Schamane und Schamanenbaum. Oder an die zahlreichen Tierverwandlungen und Tier-(Ahnen)-Helfer, geschweige denn von der Sprache der Tiere, welche von den Schamanen erlernt werden muss. Ebenso finden wir sowohl im Märchen wie im Schamanismus die alte Auffassung und Einteilung der Welt nach Stockwerken, nämlich in eine Obere, Mittlere und Untere Welt, welche durch eine märchenhafte Jenseitsreise oder durch schamanistische Tod- und Wiederkehrerlebnisse bereist werden können. Dazu gehört wiederum ein Reittier als Tierhelferfigur sowie die Ausdrücke „Wegreiten" und „Wegfliegen" für eine schamanistische Jenseitsreise.

Das Märchen ist damit nicht nur totemistisch geprägt, sondern zu einem grossen Teil auch schamanistisch, so dass wir von einem totemistisch-schamanistischen Weltbild im Märchen sprechen können. Es sind dies jene Schichten im Zaubermärchen, die uns beim Lesen oder Hören vor allem ansprechen, auch wenn wir schon lange nicht mehr in diesem Kulturkontext leben. Interessanterweise sind es besonders die Frühformen des totemistisch-schamanistischen Weltbildes wie z.B. die „übernatürliche" Empfängnis oder der verwandtschaftliche Lebensgleichlauf (Zweites Ich), die im Märchen so vielfältig vertreten sind, wenn auch hier vor allem in den urtümlichen Schichten und Zügen.

Überhaupt ist Totemismus nicht gleich Totemismus, so wie sich im Schamanismus und im Märchen kulturgeschichtliche Umformungen und Überschichtungen feststellen lassen. So erkennen wir z.B. im „hochkulturellen" Speiseverbot letzte, sinn- und kontextlose Reste eines einstmals lebendigen Totemismus mit verwandtschaftlichen Tabuvorstellungen. Was uns hier also ethnologisch interessiert, sind Frühformen des Totemismus, Frühformen des Schamanismus und archaische Motive im Zaubermärchen. Alle drei Bereiche lassen sich wiederum kulturgeschichtlich auswerten, was zu erstaunlichen Ergebnissen führt. So hat sich im Zaubermärchen ein hoher Prozentsatz einer matriarchalen Mythologie erhalten, ebenso verweisen die Frühformen des Schamanismus auf ein Schamaninnentum mit entsprechender matriarchaler Gesellschaftsstruktur. Gleiches gilt in Ansätzen für die Frühformen des Totemismus.

Tiere im Märchen

Eines der sehr urtümlichen Märchen-Motive, das sich direkt mit totemistischen Vorstellungen vergleichen lässt, finden wir im Märchen von der Unke (= Ringelnatter, KHM 105). Hier lebt ein Kind in enger Freundschaft mit einer Hausschlange, welche sein Zweites Ich oder Alter Ego darstellt. Eines Tages wird diese Schlange getötet, und eine merkwürdige Veränderung geht nun im Kind vor. Schliesslich stirbt auch das menschliche Alter Ego, das im Lebensgleichlauf mit seinem tierischen in Symbiose gelebt hat. Ganz ähnliche Motive finden wir in verschiedenen Sagen oder in volkskundlichen Glaubensvorstellungen, was wir mit Sympathievorstellungen beschreiben können. Ich erinnere z.B. an die - leider sehr dämonisierten - Sagen von den Weisen Frauen, die sich in Tiere verwandeln können und so den Menschen als Katze oder Fuchs etc. begegnen. Dem Tier geschieht nun eine böswillige Verletzung, da es als verwandelte „Hexe" geglaubt wird. Tags darauf wird dann eine Frau im Dorf gesehen, die ebenfalls eine Verletzung auf sich trägt und sich so zu erkennen gibt. Ein Beispiel aus dem Volksglauben ist der Brauch des Geburtsbaumes. Bei der Geburt eines Kindes wird ein entsprechender Baum gepflanzt, der dann im Lebensgleichlauf mit dem Neugeborenen steht. Baum und Mensch teilen nun ihr Schicksal, und was dem einen widerfährt, geschieht auch dem anderen. Die totemistischen Vorstellungen sind somit auch in Europa nicht gänzlich verschwunden; sie haben sich im Prozess der „Zivilisierung" in Sage, Brauch und Märchen verflüchtigt.

Unzählig sind die Märchen mit helfenden und rettenden Tieren, die der Heldin oder dem Held beigegeben sind. Diese erwerben die Hauptfiguren auf verschiedene Art und Weise. Die Tiere werden ihnen geschenkt und erweisen sich später als klug und hilfreich, oder, was sehr häufig vorkommt, der Held hat sich als entgegenkommend und wohlwollend erwiesen, so dass sich das dankbare Tier nun als freundschaftlicher Helfer anbietet. Oder das helfende Tier erscheint dem Helden plötzlich (in einer misslichen Lage) und beschreitet den weiteren Werdegang mit ihm. Nicht selten steht am Schluss der erfolgreichen Abenteuer die Rückverwandlung des Helfertieres in seine menschliche Gestalt, wobei dies durch dessen Tod (erwünschtes Köpfen etc.) geschehen muss. Leider sind im Märchen die Abstammungs- und Verwandtschaftsverhältnisse nur sehr selten angegeben, dort, wo sie aber erwähnt werden, erscheint das Tier als „verzauberter" Verwandter oder „Bruder" etc., jedenfalls als Sippenangehöriger. Ich erinnere wiederum an das totemistisch-schamanistische Helfertier, das als Schwester, Bruder oder allgemein als Ahne angesprochen wird. Diese Ahnen sind es - und jede religions-ethnologische Untersuchung wird dies bestätigen - von denen die Menschen Hilfe und Schutz erbeten und denen man in Dankbarkeit für ihr Wohlwollen Opfergaben bereitet.

Häufig stammen die Menschen von einer Urahnin, einem Urahnen oder einem Stammelternpaar ab, wobei diese auch in tierischer Gestalt gedacht werden. In China erscheint die Schlangen- oder Drachenfrau Nü-kwa als alte Schöpfergöttin; ihr zugesellt wurde ihr Bruder, der ebenfalls halb menschlich und halb tierisch dargestellt ist. Durch die Vereinigung der Geschwister entstanden die ersten Menschen, ein Motiv, das sich im asiatischen Raum bei fast jeder Ethnie wiederfinden lässt. Die Yao, eine Minderheit in China, leiten sich von einer menschlichen „Prinzessin" und einem Hundeheros ab, den sie hoch verehren. Die vietnamesische Legende wiederum berichtet von einer Urmutter Au Co (Schlange, Drachin, Schildkröte), die hundert Eier legte, aus denen die Völker entstanden sind. In einem Märchen aus Bhutan, welches Züge von KHM 96 aufweist, gebärt eine Katze Zwillingsmädchen, die von ihrer Tier-Mutter vor ihrem Tod ein sie kennzeichnendes Schmuckstück erhalten. Dieser Tier-Mutter begegnen wir auch in denjenigen Märchen, in denen der Held von einer Hündin, Bärin, Stute, Wölfin oder Hindin etc. gesäugt und grossgezogen wird. In nördlichen Regionen ist es das Märchen vom Bärensohn, das von der Vereinigung von Mensch und Tier berichtet. Zu Beginn der Erzählung steht hier die Entführung einer Frau durch einen Bären, der sie in seiner Höhle festhält. Sie wird seine Frau und schenkt bald darauf einem Sohn das Leben.

Ein burmesisches Märchen berichtet von der Abstammung von einer Tier-Mutter, einer Hündin, die zu einer menschengestalteten Frau wird und einen König heiratet. Aus Kummer verwandelt sich die Königin wieder in eine Hündin, stirbt auf der Suche nach der jüngsten Tochter und verwandelt sich in einen goldenen Baum. Die fliessenden Übergänge und die totemistisch-schamanistischen Spuren zeigen sich in diesem Märchen ebenso wie die Relikte einer matriarchalen Mythologie, was in Südostasien noch mit der entsprechenden Gesellschaftsstruktur verdeutlicht werden kann. Aber auch patriarchale Umformungen und hochreligiöse Überlagerungen sind in diesem Märchen greifbar. So bewirkt die totemistische Selbstverständlichkeit der Verwandlung nun ein Eremit/Zauberer, und dem Herrscher-König ist eine Tier-Frau nicht zumutbar, ja der totemistische Hintergrund erhält einen abwertenden

Anstrich und eine gesellschaftliche Deklassierung. Trotzdem ist die alte totemistische Abstammung und der matrilineare Erbgang von der Tier-Mutter bzw. Göttin in Tiergestalt für die jüngste Tochter und Erbprinzessin noch die wirkliche Inthronisation.

Der goldene Baum

In einem grossen Wald lebte ein alter Eremit. Eines Tages kam zu ihm ein mageres und halb verhungertes Hündchen gelaufen, die Augen voller Furcht. „Komm, du arme kleine Kreatur!" sagte der Eremit, denn er hatte Mitleid mit dem Tier. „Die wilden Tiere des Waldes werden dich sicher töten. Bleibe bei mir! Da tut dir niemand etwas zuleide." Der Eremit gab dem Hündchen ein Plätzchen, und sie teilten sich die Früchte und Beeren, von denen sie lebten.

Eines Tages sass der Einsiedler lange, lange Zeit da und schaute auf das Hündchen. Schliesslich sagte er: „Ich werde immer älter und bin nicht länger imstande, Früchte und Beeren für meine täglichen Mahlzeiten zu sammeln. Ich brauche jemanden, der in meinen alten Tagen nach mir schaut. Deshalb werde ich beten, dass du menschliche Gestalt annehmen mögst." Der alte Eremit schloss die Augen und begann zu beten. Er betete lange. Als er die Augen wieder öffnete, stand vor ihm ein schönes Mädchen. Der Eremit war sehr glücklich über die Erfüllung seines Wunsches. Er behandelte das Mädchen, als wäre es seine Tochter. Auch das Mädchen war sehr glücklich. Sie kümmerte sich um den Eremiten, so gut sie konnte. Der Eremit lebte zufrieden, nur eines beunruhigte ihn. Das Mädchen war sehr gut, aber sie hatte einen Fehler. Wie alle Hunde fand sie grossen Gefallen, in Leder zu beissen. Der Eremit wusste das, und jede Nacht, ehe er schlafen ging, versteckte er seine Sandalen. Jede Nacht hörte er aber das Mädchen weinen und schluchzen und dem Geruch des Leders nachgehen, um etwas zum Kauen zu finden. Erst mit der Zeit gab das Mädchen diese Angewohnheit auf.

Als etliche Wochen vergangen waren, wurde eines schönen Morgens der Frieden des Waldes durch den Klang von Hörnern und das Tuten von Blasmuscheln gestört. Der König veranstaltete eine Jagd. Er war gerade einem Reh auf der Spur und kam dabei zu der Hütte des Eremiten. Dort sah er das hübsche Mädchen und hielt auf der Stelle sein Pferd an. Noch niemals hatte er ein schöneres Mädchen gesehen, und sie gefiel ihm gleich. „O frommer Mann", sagte der König zum Eremiten, „wenn dieses schöne Mädchen deine Tochter ist, dann gib deinen Segen und erlaube mir, sie zu meiner einzigen Königin zu machen!" „Sie ist nicht von hoher Geburt, um eine passende Königin für Euch zu sein", entgegnete der Eremit. „Ich bitte Euch, zieht weiter und lasst meine Tochter hier!" „Was kümmert es mich, ob sie von edler Geburt ist oder nicht!" sagte der König. „Sie wurde geboren, um an meiner Seite zu regieren. Ich möchte sie zur Königin haben, oder ich brauche überhaupt keine Königin." Der Eremit erkannte den Ernst, mit dem der König sein Heiratsangebot vorbrachte. Deshalb nahm er ihn zur Seite und sagte zu ihm: „Ich stimme einer Ehe mit meiner Tochter zu. Aber versprecht mir, dass ihr sie nie und nimmer unglücklich macht! Sie hat eine grosse Schwäche, und diese Schwäche wird nur zutagetreten, wenn sie unglücklich ist." Der König versprach es, und der Eremit erlaubte ihm, das Mädchen mit sich zu nehmen und zu heiraten. Der König war zufrieden, und er machte seine Königin so glücklich, wie er nur konnte. Und weil die Königin glücklich war, dachte sie nie daran, ihre Zähne Leder kauen zu lassen.

Jahre gingen ins Land. Die Königin war stolze Mutter von sechs hübschen Töchtern. Als die Mädchen eines nach dem anderen heranwuchsen, heirateten die fünf älteren hübsche und mächtige Prinzen. Lediglich die jüngste Prinzessin verliebte sich in einen Holzfäller, der dem Koch des Königs täglich Feuerholz brachte. Als der König das erfuhr, wurde er sehr zornig, und er befahl der Prinzessin, nie mehr den jungen Holzfäller zu sehen. Am nächsten Morgen, als der Holzfäller wieder seine Ladung Holz brachte, lief die Prinzessin mit ihm davon, um als seine Frau in seiner ärmlichen Hütte zu leben. Der König erboste sich, als er entdeckte, dass seine jüngste Tochter seine Wünsche missachtet und den Holzfäller geheiratet hatte. Er nahm sein Schwert und stürmte voll Zorn in das Gemach der Königin. „Die jüngste Prinzessin hat mir Schande gemacht!" schrie er. „Am liebsten möchte ich sie mit meinen eigenen Händen umbringen, aber dir zuliebe muss ich mich im Zaume halten. Von heute an ist sie meine Tochter nicht mehr. Ich wünsche ihr Gesicht niemals mehr zu sehen, und ich verbiete auch dir, sie je zu treffen!"

Die Königin liebte ihre jüngste Tochter sehr und war in grosser Verzweiflung. Den ganzen Tag über weinte und schluchzte sie. Des Nachts konnte sie kaum schlafen. Spät in der Nacht stieg sie, ohne zu wissen, was sie tat, aus ihrem Bett, nahm einen Pantoffel des Königs und begann zu beissen und zu kauen. Plötzlich wurde sie gewahr, was sie tat. Sie nahm den angekauten Pantoffel, lief zu ihrem Bett zurück und verbarg ihn unter dem Bettuch. Am nächsten Morgen vermisste der König zu seinem grossen Erstaunen einen Pantoffel. Er suchte allerorts. Vergeblich! „Das ist ja seltsam", sagte er. „Der Pantoffel war mit Rubinen und Brillanten besetzt. Wenn ihn ein Dieb genommen hat, warum dann bloss einen und nicht beide?" Der König konnte sich das alles nicht erklären. Er nahm ein anderes Paar Pantoffeln, die waren noch teurer als die vorigen, zog sie an und ging seinen Geschäften nach. Spät in der Nacht kaute die Königin wieder an einem der Pantoffeln. Erst als ihr bewusst wurde, was sie tat, lief sie zurück zu ihrem Bett und verbarg ihn unter dem Bettuch. „Heute Nacht werde ich der Sache auf den Grund gehen", schwor sich der König. „Ob es ein Dieb ist oder ein Geist, ich werde ihn fangen." Mit einem neuen Paar Pantoffeln ging er am nächsten Tag seinen Staatsgeschäften nach. Als es Zeit zum Schlafengehen war, legte er seine Pantoffeln ab und stellte sie neben das Bett. Aber er legte sich nicht schlafen, sondern nahm sein Schwert und verbarg sich hinter einer Säule. Es war schon spät - der König wollte es gerade aufgeben -, da sah er die Königin sein Gemach betreten. Sie ging zum Bett, setzte sich dort auf den Fussboden, nahm einen der Pantoffeln und begann gierig daran zu kauen. Der König konnte kaum glauben, was seine Augen sahen. Er kam hinter seiner Säule hervor. Seine Augen waren gerötet vor Zorn. Er verlangte von der Königin eine Erklärung. Da war die arme Königin gezwungen, ihm die Wahrheit zu sagen. Sie erzählte ihm, wie sie der gute Eremit von einem Hündchen in ein Mädchen verwandelt hatte. Beschämt, dass er eine Hündin geheiratet hatte, trieb der König seine Frau aus dem Palast. Weinend und schluchzend ging sie zurück zum Eremiten und bat ihn, ihr die einstige Gestalt wiederzugeben, da sie nicht den Wunsch habe, als menschliches Wesen weiterzuleben. Der alte Eremit betete wieder, und seine Gebete wurden erhört. Die Königin verwandelte sich wieder in eine Hündin.

Viele Tage vergingen. Da begann die Hündin ihre sechs Töchter zu vermissen. Sie bat den Eremiten um Erlaubnis und machte sich auf den Weg. Sie ging zur Wohnung ihrer ältesten Tochter, stellte sich draussen vor die Tür und rief nach ihrer Tochter: „Öffne die Tür und lass mich ein! Ich bin deine Mutter und komme, dich zu besuchen." Die Prinzessin öffnete. Doch als sie eine Hündin draussen stehen sah, wurde sie zornig. Sie warf einen Stein nach ihr und trieb sie davon. Das gleiche geschah bei den anderen Töchtern. Nachdem sie von allen fünf Töchtern mit Steinen beworfen worden war, ging die Mutter zuletzt zur jüngsten Tochter, die mit dem Holzfäller verheiratet war. Hier wurde sie mit Freundlichkeit und Liebe empfangen. Die jüngste Tochter wusch und säuberte ihre Wunden und fütterte sie mit warmer Milch und Reis. „Hab Dank, liebe Tochter!" seufzte die Mutter. „Die Wunden an meinem Körper sind tief. Tiefer jedoch sind die Wunden der Undankbarkeit, die deine Schwestern in mein Herz geschlagen haben. Ich weiss, dass ich sterben werde, bevor die Sonne untergeht. Wenn ich tot bin, begrabe mich vor deiner Hütte!" So geschah es auch. Bei Sonnenuntergang starb die Mutter. Die jüngste Tochter liebte ihre Mutter sehr, obwohl sie sich in eine Hündin verwandelt hatte. Sie weinte lange. Dann begrub sie den toten Körper vor ihrer bescheidenen Hütte. Am nächsten Morgen, als die Tochter aufstand, war sie überrascht, einen grossen goldenen Baum an dem Platz zu sehen, wo sie ihre Mutter begraben hatte. Alle Zweige waren von reinem Gold und glänzten hell. Jeder Zweig war voll seltsamer Früchte aus reinem schwerem Gold.

Es dauerte nicht lange, da hörten die bösen Schwestern von dem goldenen Baum. Als sie erfuhren, dass er auf dem Grab ihrer Mutter wachse, wollten sie ihren Anteil an dem Gold. Sie liefen zu ihrem Vater, dem König, und sagten: „Der goldene Baum ist ein Geschenk unserer Mutter. Wie haben mehr Recht daran, als unsere böse jüngste Schwester. Die Mutter hat mit uns viele glückliche Tage verlebt. Gegen unsere Warnung besuchte sie unsere jüngste Schwester. Dort starb sie, kaum hatte sie den Fuss in ihre Hütte gesetzt. Wir fordern für unsere jüngste Schwester Bestrafung, weil sie unsere Mutter getötet hat, und für uns die Früchte des goldenen Baumes!" Als der König das hörte, begann er zu überlegen. Je länger er nachdachte, desto trauriger war er darüber, dass er die Königin aus dem Palast vertrieben hatte. „Mag sie auch einst eine Hündin gewesen sein, als Königin war sie eine wunderbare und liebenswerte Frau." Voller Ärger und Hass gegen seine jüngste Tochter erhob sich der König und ging mit den anderen Töchtern zu dem Goldbaum und erklärte: „Pflückt alle Früchte und Blätter! Sie stehen euch rechtmässig zu." Mit gierigem und bösem Lächeln rannten die fünf Schwestern auf den Baum los, langten nach den Früchten und zogen und zerrten, bis sie ganz rot im Gesicht wurden. Die Blätter und Früchte aber liessen sich nicht lösen. Der König stand dabei und schaute zu. Plötzlich wurde ihm alles klar. „Wartet!" rief er. „Lasst die jüngste versuchen, eine Frucht von diesem goldenen Baum zu pflücken!"

Die jüngste Tochter aber wollte keine Frucht pflücken. Da geschah mit einem Mal das Wunder. All die goldenen Früchte fielen von selbst herab und ihr vor die Füsse. Der König schloss mit Tränen in den Augen seine jüngste Tochter in die Arme. „Vergib mir, mein liebes Kind!" sagte er. „Ich war einst sehr böse auf dich, weil du einen armen Mann geheiratet hast. Heute weiss ich, dass arme Leute nicht solche mit leeren Taschen, sondern solche mit leerem Herzen sind. Auch mein Herz war leer, und ich stehe vor dir als Bittender. Ich bitte dich und deinen Mann, mich wieder reich zu machen. Übernehmt den Thron und lasst mich in eurer Hütte in der

Nähe des Grabes meiner Königin leben!" So geschah es, dass der Holzfäller und die jüngste Prinzessin König und Königin wurden.

Zu diesem Märchen, das verwandt ist mit dem Motiv der Tierehe, gesellen sich die Erzählungen von einem Tierbräutigam oder das verbreitete Motiv der Ehe mit einer Schwanenjungfrau. Beim Tierbräutigam handelt es sich meistens um einen verwandelten oder verzauberten Mann, der als „Strafe" in ein Tier (Schlange, Rabe etc.) verwünscht wurde. Oftmals fehlt gerade die verzaubernde Gestalt, aber dort, wo sie richtigerweise noch erscheint, handelt es sich vielfach um eine alte Frau. Der Tierbräutigam erlangt oder verlangt nun eine junge Frau zur Ehe, oft die jüngste Tochter von drei Schwestern, welche in die Ehe mit einem Tier einwilligt. In der Nacht jedoch legt das Tier seine Haut oder sein Fell ab, und ein schöner Jüngling erscheint der Braut. Nun folgen verschiedene Aufgaben an die Frau, was zu einer ganzen Abenteuerkette anwachsen kann. Schliesslich erlangt aber der Tiermann durch die junge Frau seine glückliche Wiederkehr, seine „Erlösung", und bleibt in menschlicher Gestalt.

Das weibliche Gegenstück zum Tiermann finden wir in der Tierfrau. Diese ist vielfach eine verwunschene Prinzessin in Schlangen- oder Krötengestalt, welche einen Mann empfängt, um sich „erlösen" zu lassen. Die Aufgaben des Mannes sind, die Tierfrau zu küssen oder sich von ihr küssen zu lassen. Dazu kommt, dass der Retter die Schlangenfrau über sich wegkriechen oder sich von ihr umwinden (umarmen, umschlingen etc.) lassen muss. Dasselbe Motiv finden wir in der Sage, in der aber der Mann immer angstvoller wird und schliesslich wegrennt; eine glückliche Wiederkehr der Tierfrau ist nicht erfolgt.

Bei den Schwanenjungfrau-Märchen erscheint eine Anzahl von Schwestern in Vogelgestalt, die zusammen tanzen oder baden. Sie werden jedoch von einem Jüngling oder Mann beobachtet, wie die Vogelfrauen ihr Federkleid ablegen und sich vergnügen. Einer der Frauen stiehlt nun der Jüngling das Federkleid, so dass sie sich nicht mehr verwandeln und wegfliegen kann. Dadurch erzwingt oder erlangt er ihre Einwilligung zur Ehe, aus der auch Kinder entspringen. Dazu kommen Varianten, in denen sich der Jüngling auf die Suche nach der Schwanenjungfrau macht und diese in einem Jenseitsreich wiederfindet. Oder die Frau ist in der Ehe nicht glücklich, wird gar gedemütigt, und findet eines Tages das versteckte Tierkleid. Nachdem sie dieses wieder angezogen hat, verlässt sie als Vogelfrau Kinder und Mann und gelangt in das Reich ihrer Schwestern zurück.

Eine ganze Reihe sehr schöner Schwester-Bruder-Märchen berichtet von der Verwandlung und glücklichen Wiederkehr einer Anzahl Brüder durch die Schwester. Die Brüder werden durch die Mutter, den Vater oder durch eine andere Frau in Tiere (Raben, Schwäne etc.) verwünscht und leben nun an einem fremden Ort. Die Schwester erfährt vom Schicksal ihrer Brüder und macht sich auf die Suche nach ihnen, was verschiedene Prüfungen und Gefahren mit sich bringt. Die Brüder als Tiere erkennen ihre Schwester und erzählen ihr, wie sie wieder zu Menschen werden können. Durch Stummheit und Grashemden nähen gelingt es der Schwester schliesslich, die Tier-Brüder wieder ins menschliche Leben zu führen. In diesen Märchen ist die totemistische Vorstellung von der Wiedergeburt erhalten geblieben, aber auch der matriarchal-mythologische Hintergrund. So ist es auffallend, dass der „Tod" (Verwünschung, Verzauberung), der im Märchen als solcher nicht existiert, sondern als Schlaf und als Jenseitsreise beschrieben wird, durch eine alte Frau geschieht, also durch eine Greisin-Gestalt einer Göttin/Ahnin, und die Wiedergeburt (Rückverwandlung, Erlösung) durch eine junge Frau, also durch eine Mädchen- oder Frauengestalt einer Göttin/Ahnin.

Eine Anzahl Erzählungen berichtet von einer Tiergeburt. Hier wünscht sich eine Frau sehnlichst ein Kind, auch „wenn es nur ein Igel wäre" oder ein anderes Tier. Ihr Wunsch geht in Erfüllung, und sie gebärt ein Tierkind mit allen Eigenschaften eines menschlichen Wesens. Oft hat das Kind besondere Fähigkeiten, auch verlangt es nach einer Braut bzw. Prinzessin, und es folgen verschiedene Varianten des Märchens vom Tierbräutigam.

Dass Tiere sprechen können, ja die ganze Natur sprachfähig ist, erscheint im Märchen als eine unhinterfragte Selbstverständlichkeit. Dennoch gibt es Erzählungen, in denen nur der Held die Sprache der Tiere versteht oder diese erlernen kann. Oft ist dann ein gegenseitiger Dialog nicht erwähnt, d.h. der Held versteht nur, was die Tiere einander berichten. Zu diesen Märchen gehören z.B. Der treue Johannes (KHM 6) oder Die drei Sprachen (KHM 33). Gerade letztere Erzählung zeigt einen stark schamanistischen Hintergrund, indem der Held drei Sprachen - die Sprache der Vögel, der Hunde und der Frösche - erlernt, d.h. die drei Ebenen Himmel, Erde und Unterwelt bereist und Kenntnisse erwirbt.

Märchen und Zweites Ich

Ein Märchen-Motiv, das sehr stark an frühtotemistische Begebenheiten erinnert, ist die Vorstellung vom Zweiten Ich oder die Alter-Ego-Verbindung. Diese verwandtschaftliche Beziehung muss sehr alt sein, ja sie bildet eine Grundkonstituante des Totemismus, zu dessen älteste Kulturschicht sie gehört. Auch dort, wo Alter-Ego-Vorstellungen im Märchen vorkommen und noch nicht zur Spielform degenerierten, begegnen wir urtümlichen Relikten. Ich verweise z.B. auf das Märchen von der Unke, das schon weiter oben beschrieben wurde.

Märchen von der Unke

Es war einmal ein kleines Kind, dem gab seine Mutter jeden Nachmittag ein Schüsselchen mit Milch und Weckbrocken, und das Kind setzte sich damit hinaus in den Hof; und wenn es anfing zu essen, so kam die Hausunke aus seiner Mauerritze hervorgekrochen, senkte ihr Köpfchen in die Milch, und ass mit. Das Kind hatte seine Freude daran, und wenn es mit seinem Schüsselchen da sass, und die Unke kam nicht gleich herbei, so rief es ihr zu: „Unke, Unke, komm geschwind, komm herbei du kleines Ding, sollst dein Bröckchen haben, an der Milch dich laben."

Da kam die Unke herbeigelaufen, und liess es sich gut schmecken. Sie zeigte sich auch dankbar, denn sie brachte dem Kind aus ihrem heimlichen Schatz allerlei schöne Sachen, glänzende Steine, Perlen und goldene Spielsachen. Die Unke trank aber nur Milch, und liess die Brocken liegen, da nahm das Kind einmal sein Löffelchen, schlug ihr damit sanft auf den Kopf, und sagte: „Ding, iss auch Brocken." Die Mutter, die in der Küche stand, hörte, dass das Kind mit jemand sprach, und als sie sah, dass es mit seinem Löffelchen nach einer Unke schlug, so lief sie mit einem Scheit Holz heraus, und tötete das gute Tier.

Von der Zeit an ging eine Veränderung mit dem Kinde vor. Es war, so lange die Unke mit ihm gegessen hatte, gross und stark geworden, jetzt aber verlor es seine schönen roten Backen und magerte ab. Nicht lange, so fing der Totenvogel an nachts zu schreien, und das Rotkehlchen sammelte Zweiglein und Blätter zu einem Totenkranz, und bald hernach lag das Kind auf der Bahre.

So berichtet uns ein sprachlich ausgeschmücktes Grimm-Märchen. Trotzdem finden wir das Kern-Motiv wieder, den Lebensgleichlauf von Mensch und Tier, die typische Vorstellung vom Zweiten Ich des Totemismus, verkörpert als wohlwollende Hausschlange. Ebenso erzählt ein spanisches Märchen von einer verwandtschaftlichen Schlange im Haus. Berichtet wird von menschlichen und tierischen Zwillingsschwestern, die von gleicher Geburt und Abstammung sind. Die Alter-Ego-Vorstellung tritt etwas in den Hintergrund, doch erhalten wir im

Anfang Empfängnis und Geburt durch eine Frau bzw. Ahnin, sowie im weiteren Verlauf die schicksalshafte Bezogenheit der beiden Wesen.

Das Mädchen und die Feldschlange

Es war einmal ein junges Ehepaar, das hatte keine Kinder, und deswegen herrschte Missstimmung am häuslichen Herd. Eines Tages, als die Eheleute mit einer Freundin einen Spaziergang ins Freie machten, sahen sie eine zusammengerollte Feldschlange. Da sagte die Frau zu ihrem Mann: „Ich wollte, ich wäre schwanger, und brächte ich selbst eine Schlange wie diese hier zur Welt." „Sag so etwas nicht", antwortete ihre Freundin, „denn man weiss nie, was die nächste Stunde bringt."

Nach einigen Monaten fühlte sie die Anzeichen der Schwangerschaft, und als die Stunde kam, brachte sie ein Mädchen und eine Feldschlange zur Welt. Die Schlange legten sie sofort nach der Geburt in eine Schüssel mit warmer Milch. Sie trank daraus und sprang dann durch das Fenster in den Garten und verkroch sich unter einem Apfelsinenbaum. Als das Kind älter wurde und anfing zu spielen, ging es in den Garten und sprang dort herum und kam doch gekämmt und gewaschen wieder ins Haus zurück. Und eines Tages fragte ihre Mutter: „Meine Tochter: Wer kämmt dir's Haar, wer wäscht dich fein? „Die Schlange macht's, mein Schwesterlein."

Die Sympathie-Vorstellung, also der parallele Lebensgleichlauf von Mensch und Tier (Pflanze, Dinge etc.) erscheint auch im Volksglauben immer wieder. Auf den Geburtsbaum habe ich schon hingewiesen, und aus Böhmen besitzen wir Nachricht von Sympathieschlangen: In manchen Häusern gab es ganze Schlangenfamilien, „von denen jedes Glied ein Glied der menschlichen Familie vertritt, dass alles, was der Schlange widerfährt, auch dem Familienmitglied geschieht." Aus Magden in der Schweiz berichtet Rochholz von zahmen Hausschlangen: „Sie überwacht die Kinderzucht, behütet besonders im Stall die Milchtiere, hütet die heranwachsenden Töchter und sorgt ihnen nach Verdienst für einen Mann... Manchmal hat ein Wohnhaus ihrer zwei, die mit Hausvater und Hausmutter leben und sterben." Die totemistischen Zusammenhänge sind somit nicht nur den sogenannten Naturvölkern und ihren Mythen und Märchen eigen, sondern auch Lebens- und Weltauffassungen der europäischen Volkskunde, z.T. bis in die jüngste Vergangenheit und greifbar noch in der Märchen- und Sagentradition.

So erzählen verschiedene Märchen - als erweiterte Form des Märchens von der Unke - von einer wohlgesinnten Hausschlange als Hausgeist. Die Sympathie-Schlange ist hier Sympathie-Tier zu den Kühen. Solange die Magd die Schlange im Stall mit Milch füttert, gedeihen die

Tiere prächtig. Der hartherzige Bauer jedoch entdeckt eines Tages die Magd und die Schlange und weist die Frau vom Hof. Darauf verlässt auch die Hausschlange den Stall, und die Folge ist, dass Unglück und Schicksalsschläge über Hof und Haus hereinbrechen. Die Schlange selbst schenkt ihr Krönlein der Magd, die dadurch Glück und Erfolg gewinnt, und bleibt schliesslich an der Seite der jungen Frau. Ähnliche Märchen berichten von einem Weisen oder einem Weinbauern, der in Freundschaft mit einer Schlange lebt und von ihr Goldstücke oder Schätze erhält. Ein Verwandter erscheint, dem die Begebenheiten geschildert werden, worauf dieser, von Gier ergriffen, der Schlange schadet oder sie gar tötet, um an die ganzen Schätze heranzukommen. Von nun an ist aber die Freundschaft zwischen Mensch und Tier zerbrochen, und Misstrauen entzweit Schlange und Menschenwelt.

Zweites Ich und totemistisches Tabu begegnen sich in einem Märchen der Zigeuner. Hier ist es eine Sympathie-Kröte, die einer schauderhaften Blaubart-Gestalt vorgesetzt wird. Der Unhold stirbt am Ende, als er von seiner eigenen Lebenskröte isst, die ihm die gefangene Frau zum Essen gibt, statt das Tier zu füttern.

Aber nicht nur Tiere sind Alter-Ego-Träger des Menschen. Ich erinnere an die Märchen, in denen der Held oder die Heldin Gegenstände (Messer, Sacktuch, Kerze etc.) zurücklassen, damit die Angehörigen erkennen, ob es ihnen auf dem Weg gut geht. Im Märchen Die zwei Brüder (KHM 60) zeigt das in einen Baum gesteckte Messer an, ob der andere Bruder in der Fremde noch am Leben ist. Dazu gehört auch KHM 85, Die Goldkinder: „Die gleich den beiden Goldkindern aus Stücken eines Wunderfisches entstandenen goldenen Lilien erweisen sich als Sympathie-Blumen der Zwillinge: Als der eine Bruder von einer Hexe zu Stein verwandelt wird, fällt zu Hause die eine Goldlilie um. Die Sympathieblume ist das 'alter ego' des Helden, das zu gleicher Zeit stirbt wie dieser selbst." (Röhrich) Zu diesem Erzähltyp gehört die altägyptische Variante, in der der eine Bruder sein Herz in eine Akazienblüte legt; solange der Baum steht, kann niemand den Helden besiegen. Erst nachdem der Baum gefällt wurde, stirbt auch er.

In der Grimm-Variante zu Schneeweisschen und Rosenrot heisst es: „Eine arme Witwe, die lebte einsam in einem Hüttchen und vor dem Hüttchen war ein Garten, darin standen zwei Rosenbäumchen: davon trug das eine weisse, das andere rote Rosen; und sie hatte zwei Kinder, die glichen den beiden Rosenbäumchen, und das eine hiess Schneeweisschen, das andere Rosenrot." Mitgemeint ist die Wesensidentität und Sympathie von Pflanze und der beiden Schwestern, also eine totemistische Vorstellung, wie sie auch noch in KHM 9, Die zwölf Brüder, auftaucht: „Es war aber ein kleines Gärtchen an dem verwünschten Häuschen, darin standen zwölf Lilienblumen - nun wollte sie ihren Brüdern ein Vergnügen machen, brach die zwölf Blumen ab und dachte, jedem aufs Essen eine zu schenken. Wie sie aber die Blumen abgebrochen hatte, in demselben Augenblick waren die zwölf Brüder in zwölf Raben verwandelt und flogen über den Wald hin fort... wie es sich umsah, so stand eine alte Frau neben ihm, die sprach: 'Mein Kind, was hast du angefangen? Warum hast du die zwölf weissen Blumen nicht stehenlassen? Das waren deine Brüder, die sind nun auf immer in Raben verwandelt.'"

Reste totemistischer Anschauungen finden wir auch in den verschiedenen Varianten des Märchentyps Der Riese ohne Herz. Hier muss der Held das in einem Ei versteckte Herz des Riesen nach zahlreichen Abenteuern auffinden und vernichten, um eine junge Frau aus der Gewalt des Unholds zu befreien. Die Schwierigkeit der Aufgabe wird oft dadurch erschwert, dass sich zur besonderen Sicherheit dieses Sympathie-Ei in einem Tier befindet, das sich an einem gut verborgenen Ort aufhält. Dieses Alter-Ego-Ei kann mehrfach verpackt bzw. geschützt sein, auch der Ort ist sehr variantenreich, doch meistens ist das Versteck ein Ei, das sich in einem Vogel befindet. Schliesslich gelingt es dem Helden, durch die Hilfe dankbarer Tiere das Herz des Riesen zu zerstören, worauf auch der Riese stirbt.

Märchen und Empfängnis

Wie sich aus den verschiedenen Untersuchungen zum Totemismus herausgestellt hat, ist es möglich, Frühformen des Totemismus zu erkennen. Inhaltlich gehört zur ältesten Kulturschicht sicher die verwandtschaftliche Beziehung zum Tier, zur Pflanze etc., besonders aber die oben beschriebene Alter-Ego-Vorstellung vom sympathiehaften Gleichlauf des Lebens von Mensch und Totem. Eine weitere urtümliche Erscheinung, die ebenfalls zu dieser ältesten totemistischen Kulturschicht gehört, ist die Konzeption der Empfängnis, d.h. die sogenannte „übernatürliche" Empfängnis einer Frau durch Kontakt verschiedener Seelenträger. Drittens gehört damit verbunden die ursprüngliche Anschauung einer „Reinkarnation", einer Wiedergeburtshaltung, die volkskundlich-ethnologisch in Riten und Bräuchen erhalten geblieben ist oder in Mythen und Märchen als „Rückverwandlung", als „Entzauberung" oder in hochreligiöser Sprache als „Erlösung" präsentiert wird. Alle diese totemistisch-schamanistischen Frühformen - Zweites Ich, „übernatürliche" Empfängnis, Tod und Wiedergeburtsglaube - kehren im Zaubermärchen als Motive wieder und bilden auch dort - zusammen mit den matriarchalen Anschauungen - die ältesten Schichten der Märchentypen und deren Varianten.

Gerade die „übernatürliche" Empfängnis gehört zum Wesenskern matriarchalen Denkens, das zu einer festgeglaubten Wiedergeburtshaltung in Beziehung steht. Von da her lassen sich auch die sozialen Begebenheiten wie mütterliche Abstammung, Ahninnenverehrung und Erbgang in der Frauenlinie (Matrilinearität) erklären. Es ist auch nicht unbedingt die Gebärfähigkeit, welche die Frauen in diesen Gesellschaften achtenswert macht, sondern vielmehr die wunderbare Fähigkeit der Frau, vom Tod wieder ins Leben führen zu können. Dieser mythologischen wie praktisch-sozialen Grundanschauung folgen in logischer Konsequenz die weiteren sozialen Einrichtungen wie Muttersippe, Matrilokalität oder Bevorzugung der Töchter, besonders Erbtochter, ohne dass damit aber die Unterdrückung des anderen Geschlechts verbunden wäre, wie wir dies von patriarchalen Gesellschaften her kennen.

Welche Bedeutung hat nun der Geschlechtsverkehr in einer totemistisch-matriarchalen Frühform der Kultur? Die sexuelle Vereinigung von Frau und Mann wird als Vergnügen angesehen, als ein Öffnen der Frau oder als ein Schlüpfrigmachen der Vagina. Auf keinen Fall jedoch wird sie als eigentliche Konzeption oder Befruchtung angesehen, auch wenn die biologischen Zusammenhänge bekannt sind. Völlig einsichtig ist daher die Konzeption der Frauen bei den Aborigines, die das Geisterkind oder den Kinderkeim auch durch den Nabel oder durch die Hüften empfangen können. Die Bedeutung und Bewertung ist eben grundverschieden und lässt sich nur mit dem mythologisch, matriarchal-totemistischen Überbau verstehen. Diese Gesellschaften werden übrigens oft mit sogenannten Fruchtbarkeitskulten in Verbindung gebracht, was irreführend und einschränkend ist. Hinter diesen Kulten steckt die viel weitreichendere Auffassung einer Wiedergeburt von Mensch und Natur, und wir sollten diese Gesellschaften als Wiedergeburtsgesellschaften bezeichnen.

Wenn nun eine Person in einer solchen Sippengemeinschaft stirbt, bleibt sie fester Bestandteil als Ahnin oder als Ahne im Kreis der Lebenden. Nur ist ihre Erscheinung und ihr Aufenthaltsort zuweilen verschieden. Einige manifestieren sich in einem Tier, in einem Stein oder Reisen in ein sehr diesseitiges Jenseitsparadies (Jenseitsinsel), wo sie so leben wie bisher. Oder sie halten sich gleich als Kinderkeime an Totemzentren auf - Wasserlöcher, Höhlen, Bäume, Felsen, Steine etc. - wo sie „übernatürlich" in eine Frau eingehen können, um wiedergeboren zu werden. Als Seelenträger der Kinderkeime kann sich praktisch jede Naturerscheinung anbieten, häufig sind es aber das seelenvolle Wasser, der beseelte Stein, das verwandte Tier oder der Ahnenbaum mit seinen Früchten. Solche Totemzentren existieren weltweit auf jedem Kontinent und in überraschender Gleichförmigkeit. Sei es der europäische Dorfbrunnen oder eine Kulthöhle, das kultische Gegenstück mit derselben Bedeutung und Anwendung werden wir in Australien oder in Asien wiederfinden.

Von den überreichen Belegen im Märchen möchte ich nun einige Beispiele aufführen. Eines der bekanntesten Märchen ist dasjenige von Rapunzel (KHM 12), in dem sich totemistische Sympathie-Vorstellungen mit einer Pflanze und Konzeptionen der Kinderherkunft vermischen, wenn auch schon etwas undeutlich. Am Anfang steht der Kinderwunsch einer Frau, was dann bald in Erfüllung geht, und die Frau ist schwanger. Jedoch wird nicht berichtet, wie oder woher der Kindersegen kommt, doch wird von einem seltsamen Garten einer Fee erzählt, „der voll von Blumen und Kräutern stand". Eines Tages erblickt die Frau im Garten wunderschöne Rapunzel „und wurde so lüstern darnach", dass sie krank und siechend wurde, da sie keine davon zu essen bekam. Ihr Mann beschaffte ihr nun heimlich aus dem Garten der Fee eine Hand voll Rapunzel und „die Frau machte sich sogleich Salat daraus, und ass sie in vollem Heisshunger. Sie hatten ihr aber so gut, so gut geschmeckt, dass sie den andern Tag noch dreimal soviel Lust bekam."

Die Konzeption einer Frau durch Essen einer Frucht oder Pflanze ist ein beliebtes Motiv im Märchen, und ich erinnere wiederum an die Frauen der Aborigines, die von den Männern Essen überreicht bekommen und sich dadurch in Erwartung fühlen. Eindeutiger in der Konzeptions-Vorstellung ist ein Märchen aus Spanien. Hier bewirken Früchte, Apfel und Birne, die „übernatürliche" Empfängnis der Frau, zudem sind es Früchte einer alten Bienengöttin, einer Grossen Ahnin, welche die Kinderkeime schenkt. Gerade am Anfang des Märchens gelangen wir zu einer oben beschriebenen, totemistisch-matriarchalen Schicht, zu einer urtümlichen Frühform, die hier vom Motiv her und von der Kulturgeschichte Frankreichs und Spaniens her bis in die Altsteinzeit und den wunderbaren Höhlenkult reicht.

Das schwarze, das rote und das weisse Haar

Vor langer, langer Zeit lebten einmal ein Mann und eine Frau, die hatten alles, was sie zum Leben brauchten, aber sie waren doch nicht glücklich, denn es fehlte ihnen, was sie sich am meisten wünschten, Kinder... Eines Abends, als sie wie gewohnt beisammensassen und sich von ihrem Tagwerk ausruhten, klopfte es an die Tür. „Wer ist da?" - „Ein armer Bettler. Habt ihr wohl zu essen?"... Am andern Morgen nach dem Frühstück nahm der Alte den Mann beiseite und sprach: „Mir ist heute nacht ein guter Gedanke gekommen. Wenn du es so machst, wie ich dir sage, werdet ihr sicher Kinder haben. Merke also auf: Wenn du gegen das Gebirge gehst, kommst du in einen grossen Wald. Durch den gehst du hindurch, dann siehst du einen hohen Berg, dort steigst du hinauf. Auf halber Höhe aber liegt eine Höhle, aus der fliesst eine Quelle. In die Höhle gehst du hinein; du musst aber ein Gefäss mit Honig und einen Wachsstock mitnehmen, sonst töten dich die Bienen, die in der Höhle sind. Drinnen findest du eine Frau, die hat dreierlei Haare: schwarze, rote und weisse. Wecke die Frau - sie schläft schon viele tausend Jahre in der Höhle. Sie wird dir bestimmt helfen können."... Endlich kam er zu dem Berg, stieg hinauf: richtig! Da war eine grosse Höhle, und aus der floss eine Quelle... Er ging behutsam in die Höhle hinein und berührte die Frau. Da schlug sie die Augen auf, besah ernst und eindringlich den Mann und sagte: „Ich weiss schon, was du willst... Hier gebe ich dir einen Apfel und eine Birne, wenn deine Frau den Apfel isst, wird sie einen Sohn gebären, verspeist sie jedoch die Birne, so wird sie ein Mädchen bekommen."

Ein Märchen aus Österreich führt uns zum alten Steinkult, zu den sogenannten Kinder- und Rutschsteinen, die im Alpengebiet ebenso vorkommen wie auf der ganzen Welt. Grundgedanke ist, dass ein Stein oder eine Steinplatte Seelenträger und Ahnensitz darstellt, also eine Art Totemzentrum, wo nun eine Frau, wenn sie mit diesem Stein willentlich und bewusst in Berührung kommt oder an einer Gleitrinne mit nacktem Gesäss hinabrutscht, Kinderkeime empfangen kann und somit eine Ahnin oder einen Ahnen wieder ins Leben führt. Das volle Verständnis dieses Brauches liegt wie so oft in der totemistisch-matriarchalen Konzeptions-Vorstellung mit einer ausgesprochenen Naturverehrung, einer umfangreichen Ahnenverehrung und einem fest geglaubten Wiedergeburtsglauben. Diese Vorstellungen wurden aber verschiedentlich umgeformt, umgedeutet und von Religions-Ideologien verfolgt, wobei die Dämonisierung, Abwertung und Moralisierung eine wichtige Rolle spielt. Diesen negativen Anstrich müssen wir bei Mythen, Märchen und Sagen immer mit berücksichtigen. Ein Beispiel dafür ist das folgende

Märchen, in dem wir den hochreligiösen Überbau zurück buchstabieren müssen, um an den totemistischen Kern des Steinkultes und der Empfängnis zu gelangen.

Die schwarze Königstochter

Es war ein alter König und eine alte Königin, die hatten aber keine Kinder. Und die Königin wollte gar so gern ein Kind haben. In der Stadt war eine grosse gemauerte Brücke übers Wasser und mitten darauf zur rechten Seite das Kruzifix und auf der linken Seite der Luzifer in Stein ausgehauen. Und die Königin ging öfter hin zu dem Kruzifix und betete um ein Kind. Wie aber das Beten nutzlos blieb, ging sie zum Luzifer hin und betete den Luzifer an. Und über ein Vierteljahr, da spürte sie, dass sie in der Hoffnung war. Das sagte sie dem König und wollte ihm eine Freude machen. Der König wusste sich daran nicht schuldig, er sagte aber nicht viel Gutes oder Schlechtes dazu.

Sehr häufig ist die Konzeption der Frau durch das heilende Wasser, sei es, dass sie im beseelten Element badet, oder dass sie vom erquikkenden Nass trinkt. Ich erinnere an den Wasserkult im Volksbrauchtum, an die unzähligen Heilbäder und in Europa besonders an den Kult der (verchristlichten) mythologischen Frauengestalt der heiligen Verena. In der Urfassung der KHM der Brüder Grimm erscheint z.B. beim Märchentyp Dornröschen das bekannte Motiv einer badenden Königin, wobei plötzlich ein Krebs (Ahnin/Göttin in Tiergestalt) ihr eine Tochter prophezeit. Hier schimmern die totemistischen Zusammenhänge noch etwas hindurch. Auf sicherem Boden stehen wir mit einem Märchen aus Sardinien. Gerade im Mittelmeergebiet sind alte matriarchale Kulturschichten noch fassbar, seien dies archäologische Funde (Kreta, Malta, Zypern, Türkei etc.) oder Brauch und Kult mit den entsprechenden volksreligiösen Riten. So erstaunt es nicht, dass das folgende Märchen eingehend Motive einer totemistischen Frühschicht erzählt und mit Vorstellungen einer matriarchalen Mythologie - Drei Heilige Frauen einer weiblichen Triade/Göttin - verbindet, obwohl der sprachliche Kontext von heute aus gesetzt ist.

Die Legende von den drei heiligen Frauen

Da waren einmal zwei alte Leutchen, ein Mann und sein Weib, die hatten keine Kinder... Sagte einmal der Mann zu seiner Frau: „Als ich jung war, habe ich gehört: wenn du tief in die Berge hineingehst, da gibt es eine Quelle, die hat eine solche Heilkraft, dass viele Sieche und Lahme gesund werden." Da macht sich die Frau auf und ging und ging... Endlich kommt sie nun doch an eine Stelle, wo sich

das Tal gabelt... „Ich suche eine heilkräftige Quelle, die in den Bergen sein soll."
„Da bist du schon richtig [sagt der Hirt]. Geh nur immer dieses Tal hinauf und
halte dich stets rechts, so kannst du dich nicht verlaufen. Wenn du eine Weile gegangen bist, dann kommst du schliesslich in einen Talkessel, und dort springt eine
Quelle aus dem Felsen... Wenn du einen Jungen möchtest, dann musst du drei
Schlucke trinken, willst du aber ein Mädchen, dann vier."... Geht die Alte also hin,
schlägt das Kreuz und bückt sich hin und trinkt. Trinkt erst drei grosse Schlucke
und sagt sich: „Nun gibt's also einen Jungen!" Dann denkt sie nach - (und Durst
hat sie auch) - sagt also: „Eigentlich wäre es doch gescheiter, ein Mädchen im
Hause zu haben!" Beugt sich also nochmals hin und trinkt vier grosse Schlucke...
Sie kommt heim, und bald darauf stellen sich die Wehen ein. Gebiert einen Knaben
und ein Mädchen, ein hübsches Zwillingspärchen.

In sehr vielen Märchen ist das Motiv der Verwandlung, bzw. die
Funktion Tod (= Jenseitsreise) mit dem Motiv der Rückverwandlung (=
Wiedergeburt) gekoppelt, so z.B. in zahlreichen Schwester-Bruder-
Märchen (KHM 9, KHM 96) oder in Erzählungen mit einem ausgesprochenen Steinkult mit Opferhandlungen (KHM 6). Da die totemistisch-matriarchale Weltauffassung einen zyklisch-jahreszeitlichen Ablauf kennt, ist es nicht verwunderlich, schliessende Kreisläufe bzw. re-
generative Kräfte und Wiedergeburtshandlungen im Märchen wieder-
zufinden. Somit ist Ahnenkult immer auch Natur- und Lebensphiloso-
phie, d.h. Kult der Lebenserhaltung, was einen endgültigen Tod oder
Todesängste kategorisch ausschliesst. Wo Rückverwandlungen im eigentlichen Zaubermärchen ausbleiben, können wir vermuten, dass
Umformungen und Motivverschiebungen stattgefunden haben, die Brü-
che hinterlassen und die Überlieferung zersetzen, wie wir dies an unzähligen „unvollständigen" Märchen, sowie am Beispiel der Sagen und
Legenden aufzeigen können. Ich erinnere an das Märchen vom Ma-
chandelbaum (KHM 47) mit seinen internationalen Varianten (AT
720). Der Verlauf ist etwa folgender: Die Stiefmutter oder eine andere
(weibliche) Person tötet den Sohn und gibt ihn dem Vater zum Essen.
Die Schwester jedoch entdeckt die Tat am Bruder und sammelt dessen
Knochen, welche sie unter einem Baum (Wacholderstrauch), unter der
Türschwelle oder an einem Stein vergräbt. Kurze Zeit darauf entsteht
aus den Knochen ein Vogel bzw. der Bruder in Tiergestalt, der nun allen sein Schicksal vorsingt. Schliesslich beschenkt er seine Schwester
und den Vater, erschlägt mit einem Mühlstein die Mutter und fliegt davon. Oder, was älter und stimmiger sein dürfte, der Vogel verwandelt
sich nach seinem Racheakt wieder in einen Menschen. Interessant ist
hier nicht nur die Bestattung der Knochen, ein Motiv, das archäolo-

gisch bis in die Alt- und Jungsteinzeit hineinreicht, sondern auch die totemistisch-matriarchale Kombination einer doppel- und vielgestaltigen Göttin: „Tod" des Sohnes und Bruders durch eine „ältere Frau" in Verbindung mit Wiederkehr und Wiedergeburt durch die Schwester bzw. durch eine „junge Frau". Ohne Schwierigkeiten erkennen wir eine Garantin von Leben und Tod, den Greisin- und Mädchen-Aspekt einer göttlichen Ahnfrau.

In einem Märchen aus Griechenland sehen wir noch einmal die Zusammenhänge von Tod, Verwandlung und Wiedergeburt, bzw. „übernatürliche" Empfängnis. In einer Schwester-Bruder-Erzählung leben diese, nachdem ihre Eltern, König und Königin, gestorben sind, im Wald. Eines Tages entdeckt der Bruder auf der Jagd einen Schädel, der von sich behauptet, schon vierzig getötet zu haben. Da nimmt der Bruder einen Stein „und begann, mit beiden Händen den Kopf zu zerstampfen, machte ihn zu Brei. Das Gehirn zog sich zusammen, wurde ein rundes Klümpchen, das Hirn. Er nahm es an sich, es duftete weder, noch roch es übel. Er steckte es in die Tasche." Zuhause wechselt der Bruder seine Kleider, und die Schwester findet in der Tasche das seltsame Klümpchen Hirn. Sie riecht daran, sie beisst hinein, „da klebt es an ihrer Zunge fest, an der Zunge. Sie müht sich ab, es loszulösen. Es geht nicht. Je mehr sie daran reisst, um so mehr rutscht es in sie hinein, es gleitet in ihren Bauch. Die Königstochter wird schwanger damit." Schliesslich gebärt die Prinzessin einen Drachensohn, so dass der Totenschädel durch eine Frau wieder ins Leben geführt worden ist.

Eine Reihe von erklärenden Mythenmärchen berichtet nicht von einer „übernatürlichen" Empfängnis, sondern von einer wundersamen „übernatürlichen" Geburt. Hier handelt es sich gleichsam nochmals um die Bestätigung, dass eine Frau bzw. die Natur von sich aus gebären kann, was mit den mythologischen und totemistischen Konzeptionen zusammenhängt. Das erste Beispiel führt uns nach Indonesien, zum göttlichen Mädchen Hainuwele.

Mythe vom Mädchen Hainuwele

Ameta ging eines Tages mit seinem Hund auf die Jagd. Nach einiger Zeit spürte der Hund im Wald ein Schwein auf und verfolgte es bis zu einem Teich. Das Schwein lief in das Wasser des Teiches, der Hund aber blieb am Ufer stehen. Bald konnte das Schwein nicht mehr schwimmen und ertrank. Der Mann Ameta war inzwischen herangekommen und fischte das tote Schwein heraus. Er fand an dem Hauer des Schweines eine Kokosnuss. Damals aber gab es noch keine Kokospalmen auf der Erde.

Ameta nahm die Kokosnuss an sich. Er ging mit ihr nach Hause und legte sie auf ein Gestell. Dort deckte er sie mit einem Sarong patola zu. Dann legte er sich in das Haus, um zu schlafen und hatte einen Traum. Es kam ein Mann zu ihm, der sagte: „Die Kokosnuss, die du dort auf dem Gestell mit dem Sarong zugedeckt hast, musst du in die Erde pflanzen, denn sie keimt schon." Da nahm Ameta am anderen Morgen die Kokosnuss und pflanzte sie. Nach drei Tagen war die Palme schon hochgewachsen. Nach drei weiteren Tagen trug sie Blüten. Er kletterte in die Palme, um die Blüten zu schneiden, aus denen er sich ein Getränk bereiten wollte. Als er damit beschäftigt war, schnitt er sich in den Finger, und es tropfte Blut auf eine Palmblüte. Er ging nach Hause und verband sich. Als er nach drei Tagen wiederkam, sah er, dass sich das Blut auf dem Palmenblatt mit dem Saft der Blüten vermengt hatte, und dass daraus ein Mensch wurde. Das Gesicht des Menschen war schon geformt. Als er nach drei Tagen wiederkam, war auch der Rumpf des Menschen da, und als er nach drei weiteren Tagen kam, war aus dem Blutstropfen ein kleines Mädchen geworden. In der Nacht kam im Traum derselbe Mann zu ihm und sagte: „Nimm den Sarong patola und wickle das Mädchen aus der Kokospalme sorgfältig hinein und bringe es nach Hause." Am anderen Morgen ging er mit dem Sarong patola zu der Kokospalme, kletterte hinauf und wickelte das Mädchen vorsichtig hinein. Dann trug er es zur Erde und nahm es mit nach Hause. Er nannte es Hainuwele.

In anderen Erzählungen erfahren wir etwas mehr über die Herkunft der Kokospalme. Sie ist ein Baum des Lebens, der auch eine wichtige praktisch-wirtschaftliche Rolle in dieser Region spielt. Und wie so viele Lebensbäume ist sie eine Art Weltachse, die alle Ebenen der Welt miteinander verbindet: Unterwelt, Mittel- und Oberwelt. Auf den Inseln der Umgebung Indonesiens war es die Grosse Göttin Timbehe, die auch die Kokospalme schuf, und wir dürfen sie gleichsam mit ihrem Baum identifizieren. In einem Märchen aus den Philippinen erscheint die Göttin als eine junge Frau bzw. als Töchterchen eines Ehepaares. Diese besitzen einen grossen Garten mit verschiedenen Pflanzen und Obstbäumen. Eines Tages kam die Tochter in den Garten und verlangte von den Eltern eine Kokosnuss, doch diese wussten nicht, was das sein sollte. Schliesslich rief die Mutter verärgert dem Kind nach: „Mögen doch diese Kokosnüsse auf dir wachsen!" Plötzlich war die Tochter verschwunden. Es wurde dunkel, und am nächsten Tag wuchs an der Stelle, wo sich das Kind aufhielt, eine Kokospalme. „Die Pflanze wuchs. Sie ward ein grosser Baum. Der trug süsse Früchte. Die Menschen, die später davon assen, sagten, das Fleisch sei der Körper des Mädchens, die Milch seine Tränen und die beiden Löcher seine Augenhöhlen."

Diese Märchenmythen aus Indonesien und den Philippinen sind sehr alt und gehen nicht nur auf eine frühtotemistische Schicht zurück, sondern auch auf eine matriarchale Zeit, die sich in einigen Regionen heute noch vorfindet. Wenn wir die (Kultur)-Pflanzen in Mythen und Märchen betrachten, so sind diese mindestens so bedeutungsvoll wie die verschiedenen Tiere. Allein schon von daher ist es falsch, den Totemismus in eine patriarchale Jägerkultur zurück zu projizieren, wie es öfter in der (Missions)-Ethnologie geschehen ist, in Ausklammerung der matriarchalen Mythologie, der Sammeltätigkeit, des Gartenbaus und der Pflanzer/innen-Arbeit.

Abschliessend möchte ich eine Herkunftserzählung aus Peru anfügen, die nochmals von einer „übernatürlichen" Geburt berichtet. Wir finden darin eine Grosse Göttin, die sich als Baumgöttin manifestiert und aus sich selbst heraus in einer Tochter verjüngt, die wiederum in eine Tochter übergeht, was eine charakteristische mutterrechtliche Genealogie bildet. Diese Motive gehören zu einer altperuanischen Kultur bzw. zu einer frühtotemistisch-matriarchalen Schicht. Andere Züge wiederum - der Mann und Zauberer, der humoristische Schluss - sind wahrscheinlich nicht sehr alt und können in Varianten anders dargestellt worden sein.

Der Baum, der einem Mann ein Kind schenkte
Es lebte einst ein Mann, der mit einem Baum zu reden verstand. Er ging einmal in den Wald und fand einen grossen Baum mit einem bauchigen Stamm. Er umrundete ihn mehrere Male, dann sprach er ihn an: „Könntest du mir nicht das Kind geben, das in deinem Bauch ist?" Da begann der Baum auf einmal zu sprechen: „Wenn du willst, dass ich ein Kind zur Welt bringe, musst du freundlich mit mir sein und für mich singen."... Da hörte er eigenartige Geräusche, die vom Baum her kamen. Wie wenn eine Frau in den Wehen liegt, klang es. Und dann sah er, wie ein Baby zur Welt kam. Er hob es auf und trennte die Nabelschnur durch. Es war ein Mädchen.

Prozess der „Zivilisierung"

In einem Märchen aus Neapel des 17. Jahrhunderts bei Basile mit dem Titel „Die Küchenmagd" springt die weibliche Hauptfigur Cilla über eine Rose, der dadurch ein kleines Blatt abfällt. Um die Wette mit ihren Gespielinnen zu gewinnen, schluckt Cilla heimlich und geschwind das Rosenblatt hinunter. Nach drei Tagen jedoch fühlt sie sich schwanger. Die Zusammenhänge mit der Rose werden dann dem „unschuldigen" Mädchen von den Feen gedeutet.

Die Küchenmagd

Es war einmal ein Baron von Selvascura. Der hatte eine unverheiratete Schwester, die sprang am liebsten mit ihren Altersgenossinnen im Garten umher. Eines Tages fanden sie eine schöne, völlig erblühte Rose, und sie setzten einen Preis aus für diejenige, die, ohne ein Blättchen zu berühren, glatt über den Rosenstrauch hinwegspringen könne. Und die ganze Mädchenschar sprang rittlings über die Rose, alle aber berührten sie, und keine einzige kam glatt hinüber. Als aber die Reihe an Cilla war, der Schwester des Barons, trat sie ein Stück zurück und nahm einen so gewaltigen Anlauf, dass sie hoch über die Rose hinwegsprang. Nur ein einziges Blättchen fiel ab, sie war aber so schlau und gewandt, dass sie es unbemerkt vom Boden aufhob, hinunterschluckte und den Preis gewann.

Es waren noch keine drei Tage vergangen, da fühlte Cilla sich schwanger. Darüber wurde sie zum Sterben traurig, denn sie wusste genau, dass sie sich nicht gegen Anstand und Ehrbarkeit vergangen hatte, und konnte nicht begreifen, wie ihr der Leib hatte anschwellen können. Sie eilte daher zu einigen Feen, mit denen sie befreundet war. Die hörten sich den Fall an und sagten ihr, sie solle nur ganz ruhig sein, denn das komme von dem Rosenblättchen, das sie verschluckt habe. Als Cilla das erfahren hatte, suchte sie so lange wie möglich ihren Zustand zu verheimlichen. Dann aber kam die Stunde, da sie ihre Bürde ablegen sollte, und sie gebar ein schönes Mädchen. Sie gab ihm den Namen Lisa und schickte es den Feen.

Obwohl wir hier ein echt totemistisches Motiv einer „übernatürlichen" Empfängnis vor uns haben, erhebt sich die Frage: Ist diese Vorstellung für Basile im 17. Jahrhundert noch geglaubte Wirklichkeit? Ist das totemistische Motiv für den Autor nicht vielmehr ein novellistisches Erzählfabulat, eine stilistische Form der Unterhaltung und der Sensation? Wird die archaische - und wohl nicht mehr verstandene - Anschauung in einem nun romanhaften Kontext mit einer „erotisierenden" Sprache nicht zum billigen Kitzel und zur voyeuristischen Trivialität? Wahrscheinlich schöpft Basile aus einer Volkskultur, in der totemistische Anschauungen noch nachwirken, er selbst jedoch, gelehrter Angehöriger der Kultur der Eliten, benützt diese im Sinne einer novellistischen Spielform.

Ich versuche nun, den ethnologischen und stilistischen Prozess der Umdeutungen grob zu skizzieren, indem ich von den Inhalten der totemistischen Frühformen ausgehe und die umformende Entwicklung beschreibe. Wie wir gesehen haben, ist in der totemistisch-schamanistischen Frühform z.B. das Tier nicht das Untermenschliche, sondern von gleicher Abstammung wie der Mensch, ja das Tier ist selbst Ahnenwesen der Menschen. Beide gehören zur gleichen Familie mit einer gemeinsamen Sprache und fliessenden Übergängen: Menschen werden Tiere und Tiere werden Menschen, was als Selbstverständlichkeit erachtet wird. Auch die Heirat mit einem Tier hat weder etwas Negatives noch etwas Perverses an sich, „noch bedarf sie einer besonderen, magisch bewirkten Verwandlung oder Erlösung." (Röhrich) Die Tierverwandlung ist ursprünglich eben keine Strafe oder ein sagenmässiger Schadenzauber, denn Tier- und Menschenwelt begegnen sich auf derselben Ebene, sind keine streng gesonderten Bereiche, was ganz allgemein für alle Erscheinungen der Natur gilt.

In einem ersten Schritt der Umdeutung werden die Inhalte der totemistisch-schamanistischen Frühform zu einer Zauberer- und Magier-Erzählung, in der es nun zur Tierverwandlung magischer Praktiken und Zaubereien bedarf. Das vorhin Selbstverständliche und Allgemeine wird zum Spezialisierten, das von einem besonders Zauberkräftigen ausgeübt wird. In einem nächsten Schritt erhalten diese Inhalte einen moralischen Anstrich. Die Tierverwandlung wird in ein duales System gepresst und mit dem Dämonisch-Bösen verbunden; in den hochreligiösen Ideologien wird die Tierverwandlung zum Musterbeispiel des Schadenzaubers bzw. in Sage und Legende zu einer Strafe Gottes. Damit verbunden erscheint das Motiv der Erlösung, das in den ursprünglichen Erzählungen unbekannt ist. Begriffe wie Verwünschung, Schadenzauber, Strafe und Schuld kennzeichnen nun die Berichte. War das Motiv der „Erlösung" früher einfach eine körperliche Entwandlung, eine ablösende Rückverwandlung, so behaftet die Hochreligion diesen Vorgang mit moralischen Kategorien der Sünde und sieht in ihr einen geistigen Prozess. Allgemein ist nun die Tierverwandlung eine erniedrigende Entmenschlichung, das Tier selbst eine untermenschliche Kreatur.

Ein weiterer Schritt geht in Richtung Entseelung des Tieres und der Natur - für einen Descartes ist das Tier eine Maschine. Diese Rationalisierung hat das Märchen nicht mehr mitgemacht, jedoch eine andere Entwicklung. Der ursprüngliche Wirklichkeitscharakter geht verloren, das Geglaubte wird zur Gattung, zur blossen Spielform der Künstlichkeit. Die totemistisch-schamanistische Frühform und der matriarchale Hintergrund - sofern sie noch erkenntlich oder überliefert sind - werden zum stilistischen Spannungselement und zur novellistischen Abenteuerserie. Wir kennen diese „bürgerliche" Trivialität z.B. mit völlig enterotisierten Figuren oder mit patriarchalen Wunschprojektionen und Verhaltensmustern: die Frau erlöst durch Leiden und Dienen, der Mann durch Befreien. Oder das Märchen wird psychologisch und romantisch, mit einer erlösenden Liebe als Lieblingsmotiv einer Spätzeit. Die Entwicklung zur kunstvollen und künstlichen Liebesnovelle ist vorprogrammiert, in der jede Handlung und Gestalt den trivialen Motivierungen hilflos zur Verfügung steht. Ich bezeichne dies als das Ende der totemistischen Anschauungen. Zugleich ist es das Produkt einer jahrhundertelangen Entwicklung, ja Triumph und Sieg einer expandierenden und herrschenden Hochkultur über eine zu kontrollierende Kultur des Volkes. Schliesslich auch die endgültige „Zivilisierung" der sogenannten Wildnis - der menschlichen wie der natürlichen.

Literatur

Basile, Giambattista: Das Pentameron. Heiter-erotische Geschichten aus dem Neapel des 17. Jahrhunderts. Verschiedene Ausgaben.

Derungs, Kurt (Hg.): Mythologische Landschaft Schweiz. Bern 1997.

Derungs, Kurt: Amalia oder Der Vogel der Wahrheit. Mythen und Märchen aus Rätien im Kulturvergleich. Chur 1994.

Derungs, Kurt: Struktur des Zaubermärchens I. Bern 1994. (siehe Schamanismus)

Derungs, Kurt: Struktur des Zaubermärchens II. Hildesheim 1994. (siehe matriarchale Mythologie)

Enzyklopädie des Märchens. Handwörterbuch zur historischen und vergleichenden Erzählforschung. Berlin 1977 ff.

Frazer, James George: Totemism and Exogamy. 4 Bände. London 1910.

Früh, Sigrid (Hg.): Der Kult der Drei Heiligen Frauen. Märchen, Sagen und Brauch. Bern 1998.

Gélis, Jacques: Die Geburt. Volksglaube, Rituale und Praktiken von 1500-1900. München 1989.

Gimbutas, Marija: Die Zivilisation der Göttin. Frankfurt 1996.

Göttner-Abendroth, Heide/Derungs, Kurt (Hg.): Matriarchate als herrschaftsfreie Gesellschaften. Bern 1997.

Göttner-Abendroth, Heide: Das Matriarchat II,1. Stuttgart 1991.

Göttner-Abendroth, Heide: Die Göttin und ihr Heros. Die matriarchalen Religionen in Mythen, Märchen und Dichtung. München 1993.

Karlinger, Felix: Das Feigenkörbchen. Volksmärchen aus Sardinien. Kassel 1973.

Keplinger, Klaus: Der Baum, der einem Mann ein Kind schenkte. Indianische Märchen und Mythen aus dem Regenwald. Freiburg 1993.

KHM: Kinder- und Hausmärchen der Brüder Grimm, letzte Ausgabe; oder: Die wahren Märchen der Brüder Grimm, herausgegeben von Heinz Rölleke. Frankfurt 1989.

Klaar, Marianne: Die Pantöffelchen der Nereide. Griechische Märchen von der Insel Lesbos. Kassel 1987.

Kraft, John: Die Göttin im Labyrinth. Spiele und Tänze im Zeichen eines matriarchalen Symbols. Bern 1997.

Lixfeld, Hannjost: Die Guntramsage. Volkserzählungen vom Alter Ego und ihre schamanistische Herkunft. In: Fabula 1972, p. 60 ff.

Malinowski, Bronislaw: Das Geschlechtleben der Wilden in Nordost-Melanesien. Frankfurt 1979.

Meier, Harri/Karlinger, Felix: Spanische Märchen. Köln 1961.

Merchant, Carolyn: Der Tod der Natur. Ökologie, Frauen und neuzeitliche Naturwissenschaft. München 1987.

Muchembled, Robert: Kultur des Volks - Kultur der Eliten. Die Geschichte einer erfolgreichen Verdrängung. Stuttgart 1982.

Neumann, Wolfgang: Der Mensch und sein Doppelgänger. Wiesbaden 1981.

Nitschke, August: Soziale Ordnungen im Spiegel der Märchen. Band 1: Das frühe Europa. Stuttgart 1976.

Philippinische Märchen. Verlag Werner Dausien, 1979.

Propp, Vladimir: Die historischen Wurzeln des Zaubermärchens. München 1987.

Reiffenstein, Ingo: Österreichische Märchen. Köln 1979.

Röhrich, Lutz: Europäische Wildgeistersagen. In: Rheinisches Jahrbuch für Volkskunde 10, 1959, p. 79 ff.

Röhrich, Lutz: Märchen und Wirklichkeit. Wiesbaden 1964.

Röhrich, Lutz: Mensch und Tier im Märchen. In: Schweizerisches Archiv für Volkskunde 49, 1953, p. 165 ff.

Rudolf, Ebermut: Das „Andere Ich" des Menschen im Tiere. Ein Beitrag zur Frage des „Lebensgleichlaufes" und anderer psychologischer wie paranormaler Phänomene in der Mensch-Tier-Beziehung. In: Zeitschrift für Ethnologie 1982, p. 23 ff.

Anhang

Quellenverzeichnis

Die folgenden Beiträge sind jeweils gekürzt und mit einem neuen Titel versehen. Ebenfalls gekürzt sind Fussnoten und Literaturangaben.

Traum und Trance. Originaltitel und -Text in: Helmut Petri: Traum und Trance bei den Australiden. Naturvölker in unserer Zeit. Bild der Wissenschaft. Stuttgart 1971.
Verbreitung und Formen des Totemismus. Originaltitel und -Text in: Bernhard Ankermann: Verbreitung und Formen des Totemismus in Afrika. Zeitschrift für Ethnologie 1915, p. 114-180.
Das Tier als Zweites Ich. Originaltitel und -Text in: Hermann Baumann: Das Tier als Alter Ego in Afrika. Paideuma 1950/54, p. 167-188.
Die Vorstellung vom Zweiten Ich. Originaltitel und -Text in: Otto Zerries: Die Vorstellung vom Zweiten Ich und die Rolle der Harpye in der Kultur der Naturvölker Südamerikas. Anthropos 1962, p. 889 ff.
Über die Herkunft der Kinder in Glaube und Brauch. Originaltitel und -Text in: Ferdinand Reitzenstein: Der Kausalzusammenhang zwischen Geschlechtsverkehr und Empfängnis in Glaube und Brauch der Natur- und Kulturvölker. Zeitschrift für Ethnologie 1909, p. 644-683.
Totemzentren. Originaltitel und -Text in: Wilhelm Milke: Totemzentren und Vermehrungsriten in Australien und Ozeanien. Zeitschrift für Ethnologie 1936, p. 211-225.
Australien. Originaltitel und -Text in: Ernst Vatter: Der australische Totemismus. Hamburg 1925. Mitteilungen aus dem Museum für Völkerkunde in Hamburg.
Die Frauen bei den Aranda. Originaltitel und -Text in: Sigrid Hellbusch: Die Frauen bei den Aranda. Zeitschrift für Ethnologie 1941, p. 71-87.
Totemismus in Neuguinea. Originaltitel und -Text in: Paul Wirz: Die totemistischen und sozialen Systeme in holländisch Neuguinea. Bandoeng 1931.
Totemismus in Indien. Originaltitel und -Text in: Hermann Niggemeyer: Totemismus in Vorderindien. Anthropos 1933, p. 407-461 und 579-619.

Geschätzte Leserin, lieber Leser. Sie sind am Ende der Lektüre einer erfolgreichen Ausgabe der Edition Amalia angelangt. Diese Ausgabe wurde auf modernsten Produktionsanlagen umweltfreundlich von der Druckerei Lang in Bern hergestellt - wie alle Bücher der Edition Amalia. Jedes unserer Bücher erkennen Sie deutlich an der charakteristischen Amalia-Konzeption.

Was ist die Edition Amalia?

Die Edition Amalia ist eine Buchreihe, die ihresgleichen sucht, oder wie es eine Buchhändlerin in München beschreibt: „Es ist ja so gut, dass es Ihren feinen Verlag mit dem konsequenten Programm gibt. Ich beglückwünsche Sie sehr; die Bücher sind inhaltlich und von der Gestaltung gleich überzeugend und gut."

In der Edition Amalia erscheinen Bücher, die wir auch selber lesen möchten; nach dem Motto: Schöngestaltete Bücher mit Inhalt und bleibendem Wert. Jedes Buch wird sorgfältig vom Amalia-Team ausgewählt und begleitet. Dazu kommen beratende Fachpersonen und erfahrene Buchhändler/innen.

Die Bücher der Edition Amalia möchten einerseits Vergessenes wieder in Erinnerung rufen, andererseits Sie dazu anregen, in eines der Schwerpunktthemen einzutauchen - Sie werden ein informatives und breites Wissen vorfinden. Besonders freut uns, dass sich dank des positiven Zeichens der Edition Amalia immer mehr Frauen und Männer für Matriarchatsfragen interessieren. Ebenso ist die Umwelt-Ethnologie in einer grossen Vielfalt vertreten und findet rege Beachtung.

Als Bücherschmiede freuen wir uns, wenn Sie unseren Namen weitergeben. Der Verlag erteilt gerne weitere Auskunft.

Edition Amalia

Humboldtstr. 43 ● CH-3013 Bern ● Fon & Fax (+41) 031 331 83 70

Bücher zur Landschaftsmythologie

❧❧❧❧❧❧❧❧❧❧❧❧❧

Eines der schönsten Bücher
zum Thema Lebensbaum

Uno Holmberg
Der Baum des Lebens
Göttinnen und Baumkult
182 Seiten, 82 Abbildungen, ISBN 3-9520764-2-2

Eines der schönsten Bücher zum Thema Baum und Göttin liegt wieder bei der
Edition Amalia auf. Zahlreiche Abbildungen verdeutlichen den Baum des Lebens
in seiner Kulturgeschichte und Mythologie.

❧❧❧❧❧❧❧❧❧❧❧❧❧

Eines der schönsten Bücher
zum Thema Lebenswasser

Uno Holmberg
Das Wasser des Lebens
Göttinnen und Wasserkult
224 Seiten, 28 Abbildungen, ISBN 3-9520764-3-0

Flüsse und Quellen tragen bei verschiedenen Völkern den Namen einer Ahnin. Die
alte matriarchale und totemistische Vorstellung von der Natur zeigt, dass die
Wassergöttinnen in der Mythologie, in Liedern und Festen den gesamten menschlichen Erfahrungsbereich mit dem Wasser beseelen.

Die Drei Heiligen Frauen
in der Landschaftsmythologie

Sigrid Früh (Hg.)

Der Kult der Drei Heiligen Frauen

Märchen, Sagen und Brauch
220 Seiten, Abbildungen, ISBN 3-905581-05-1

Der Kult der Drei Heiligen Frauen beschreibt die verdeckten und matriarchalen Spuren der Grossen Göttin, die sich dreigestaltig in der weissen jungen Frau, in der roten reifen Frau und in der schwarzen weisen Greisin zeigt. Schwerpunkt des Buches ist der europäische Kulturraum (Deutschland, Österreich, Schweiz). Dazu kommen Ortsnamen und christliche Kulte, welche die „heidnischen" Drei Frauen in den Volksglauben einbezogen haben.

Landschaft der Göttin
im vorkeltischen Alteuropa

Kurt Derungs (Hg.)

Keltische Frauen und Göttinnen

Matriarchale Spuren bei Kelten, Pikten und Schotten
330 Seiten, Abbildungen, ISBN 3-9520764-0-6

„Das vorliegende Buch zeigt in den Beiträgen namhafter Experten, dass die Faszination am Keltentum vor allem durch alteuropäisch-matriarchale Spuren bedingt ist. Der Sammelband bietet eine seriöse, mit Wissen angereicherte Fundgrube, die das Bewusstsein über die Kelten massgeblich erweitert." (Roman Schweidlenka)

Landschaftsmythologie
der Alpenländer

Kurt Derungs (Hg.)
Mythologische Landschaft *Schweiz*
Landschaftsmythologie der Alpenländer
Band 1: Schweiz
304 Seiten, 40 Abbildungen, ISBN 3-905581-02-7

Die Mythologische Landschaft Schweiz vereinigt in einer reichen Ausgabe zahlreiche Beiträge, die sich mit den Themen Landschaft, Mythologie und Brauchtum
befassen. Ein ausführliches Ortsverzeichnis ermöglicht den Leserinnen und Lesern,
ihre vertraute Region, die geheimnisvollen Orte und nähere Landschaft mythologisch neu zu entdecken.

Heide Göttner-Abendroth/Kurt Derungs (Hg.)
Mythologische Landschaft Deutschland
Landschaftsmythologie der Alpenländer
Band 2: Deutschland
ca. 300 Seiten, Abbildungen, ISBN 3-905581-04-3
(In Vorbereitung)

Mythologische Landschaft Österreich
Landschaftsmythologie der Alpenländer
Band 3: Österreich
(In Vorbereitung)

edition amalia
Humboldtstr. 43 • CH-3013 Bern